MAKÂLÂT-I İRFAN

AF856329

MAKÂLÂT-I İRFAN

Ali İrfan Eğribozî

Hazırlayan

Dr. Osman Kâmil ÇORBACI

ISBN: 978-625-6894-84-6

1. Baskı: Kriter Yayınevi 2023 / İstanbul

Yayınevi Sertifika No: 45353

Anahtar Kelimeler: Din Eğitimi, Ahlâk Eğitimi, Ali İrfan Eğribozî

Birinci Baskı, 220 s. 16 cm x 23,5 cm

Kaynaklar var, Dizin yok.

Kapak Tasarımı: Ahmet Baran

Mizanpaj: Kriter Yayınevi

Baskı: Çözüm Baskı Merkezi Ticaret Limited Şirketi
Emniyetevleri Mahallesi Güvercin Sokak No:7/1 Kağıthane / İstanbul
Matbaa Sertifika No: 49099

© Kriter Yayınevi

Kriter Basım Yayın Dağıtım Film Müzik Reklamcılık Yapım Sanayi ve Tic. ve Ltd. Şti. Tanıtım için yapılacak kısa alıntılar dışında yayıncının yazılı izni olmaksızın hiçbir yolla çoğaltılamaz.

İletişim:

Kriter Yayınevi

Hobyar Mah. Cağaloğlu Yokuşu Sok. Fevzi Bey Han No: 21 Kat: 2 No: 5

Fatih / İstanbul

Tel: 0 212 527 31 89

info@kriteryayinevi.com

www.kriteryayinevi.com

MAKÂLÂT-I İRFAN

Ali İrfan Eğribozî

Hazırlayan

Dr. Osman Kâmil ÇORBACI

Birinci Baskı

2023 – İstanbul

KRİTER

Önsöz

Ahlâk, insanlara, kötülükten kaçınma ve iyiliği arzulama yönünde rehberlik eden, insan davranışlarının evrensel temelini oluşturan bir ilkedir. Bu ilke, insanlığın farklı kültürlerinde, inançlarında ve tarihlerinde çeşitli biçimlerde ifade edilmiş, ancak özünde insanların toplumsal yaşamda birbirleriyle nasıl etkileşimde bulunmaları gerektiğine dair bir rehberlik sağlamıştır. İnsanların birbirlerine karşı sorumluluklarını, değerlerini ve bu değerleri korumalarına yardımcı olan bir çerçeve sunmuştur.

Ali İrfan Eğribozî, Osmanlı Devleti'nin son dönemleri ile Türkiye Cumhuriyeti'nin ilk yıllarında yaşamış ahlâk eğitimcisi olarak tanınmaktadır. Eğribozî', ahlâkın teorik boyutundan ziyade ahlâki değerlerin günlük hayatta nasıl uygulanabileceği üzerine odaklanır. Ona göre, ahlâk sadece bir teori değil, insanların davranışlarını yönlendiren bir pratik olmalıdır. Bu bağlamda, Eğribozî'nin eserleri, insanların günlük yaşamlarında karşılaştıkları ahlâki zorluklarla başa çıkmalarına yardımcı olacak pratik öneriler sunar. Ahlâk, sadece İslâm toplumlarının değil, insanlığın tümünün gelişimine katkıda bulunabilecek evrensel ilkeler taşımaktadır. Bireyler, sadece kendi ahlâki gelişimlerine odaklanmamalı aynı zamanda toplumlarının ahlâki değerlerini yükseltmek için çaba sarf etmelidir.

Ali İrfan Eğribozî'nin ahlâk felsefesi, İslâm'ın ahlâki prensiplerini yansıtır ve bu prensipler, Allah'ın iradesine ve Peygamberimiz'in sünnetine sıkı sıkıya bağlılığı yansıtmaktadır. Onun düşüncesinin temel taşları, Kur'an'da ve hadislerde bulunan ahlâki ilkelere dayanır. Eğribozî'ye göre, İslâm'ın ahlâki değerleri, insanların kişisel yaşamlarının her yönüne rehberlik eder ve toplumun her seviyesinde adaletin ve dürüstlüğün korunmasına katkı sağlar. İslâm'ın vurguladığı insanlık değerleri, Eğribozî'nin eserlerinde açıkça görülür ve onun ahlâk anlayışını şekillendirir.

Kitabın yazımı sırasında yardımlarını esirgemeyen değerli dostum Eyyup BOSTANCI'ya, akademik hayatımın her safhasında yanımda olan Hasanali YILDIRIM'a, kıymetli hocam Hamit ER'e ve ağabeyim Mesut ÇORBACI'ya teşekkürü borç bilirim.

İÇİNDEKİLER

Önsöz v

Giriş 1
Ali İrfan Eğribozî'nin Hayatı ve Eserleri 3
Eserleri 5

Metin, Transkripsiyon ve Sadeleştirme 11

Sonuç ve Değerlendirme 199
Kaynakça 211

Giriş

Her inanç ve düşüncenin kendine özgü karakteristik özellikleri bulunduğu gibi, İslâm dininin de kendine has bir inancı ve bu inanç temelinde şekillenen ahlâki görüşleri bulunmaktadır. Bireysel ve toplumsal ahlâki ilkeleri içeren bu görüşler, İslâm'ın temelini oluşturan değerlerle uyumlu bir şekilde gelişir. İslâm ahlâkı, zaman ve mekân kısıtlaması olmaksızın yaşamın her alanını kuşatır ve insan merkezli bir yaklaşımı benimser. Bu anlamda, İslâm ahlâkı hayatın tüm yönlerini düzenlemek için geniş bir çerçeve sunar ve insan hayatının temelini oluşturur. İnsan ve toplumun yapı taşlarını teşkil eden tüm insani ve toplumsal kurumlar, bu temel değerler üzerine inşa edilir. İslâm ahlâkının kökeni, Kur'an-ı Kerim ve onun yol göstericiliği ile şekillenen sünnettir. Hz. Peygamber'in ahlâki tutumu da bu temel değerlere dayalıdır.

İslâm ahlâkının zengin dokusuna baktığımızda, din eğitimi ile ahlâk eğitiminin eğitim tarihimizin her safhasında ayrılmaz bir şekilde iç içe geçtiği görülmektedir. Ayrıca, din ve ahlâk arasında, aynı hedeflere ulaşma konusunda güçlü bir iş birliği bulunmaktadır (Erdem, 2023a, s. 29). Tarih boyunca din eğitimi, genellikle resmi eğitim kurumlarının bir parçası olarak var olmuş ve istisnai dönemler dışında, ahlâki değerlerin belirli derslerle din temelli bir perspektifle ahlâk eğitimine aktarıldığı görülmüştür. Bu bağlamda, ahlâk eğitimi ile bağlantılı vicdan eğitimi, karakter gelişimi, bireyselleşme ve toplumsallaşma gibi kavramlar da din eğitimi ve din temelli ahlâk eğitimiyle iç içe anlam bulmuştur. Bir Müslümanın ahlâki yaşamını en güçlü şekilde etkileyen unsur, şüphesiz ki din olmuştur. İslâm'ın özgün yapısından kaynaklanan nedenlerle, din eğitimi sırasında ahlâk eğitiminin göz ardı edilmesi neredeyse imkânsızdır (Kesgin, 2011, s. 212).

İnsanlık tarihinin derinliklerinden günümüze kadar toplumların dayandığı temel ahlâkî ve sosyal değerler her zaman varlığını sürdürmüştür (Erdem, 2021, s. 328). Bu değerler hem teorik hem de pratik açıdan incelenebilecek çok boyutlu bir konsepti içermektedir. Bu bağlamda, ahlâkın teorik ve pratik yönleri, insan davranışlarını şekillendirme ve toplum içindeki etkileşimleri düzenleme açısından önemli bir rol oynamaktadır. Hızlı bir değişim ve dönüşüm süreci içerisinde bulunan toplumlar, zaman zaman bazı değerlerin erozyona uğradığına tanık olmuşlardır (Sağlık, 2023, s. 102). Günümüzde din eğitimi alanında gerçekleştirilen çalışmalarda "değerler" kavramı temel öğe alarak ele alınmaktadır. Bu değerler, Osmanlı dönemi düşünürleri tarafından da ahlâk terbiyesi çerçevesinde ele alınmış ve derinlemesine incelenmiştir. Bu bağlamda, Osmanlı Devleti'nin ahlâk eğitimi alanındaki eserleri, günümüz eğitim çalışmalarını destekleyebilecek kıymetli bir kaynak niteliğindedir. Osmanlı Devleti'nin ilk dönemlerinde oluşan eğitim kurumlarına bakıldığında, ahlâk eğitimi ile din eğitiminin iç içe geçtiği ve dini derslerle birlikte temelde din temelli ahlâk eğitimi verildiği anlaşılmaktadır. Ahlâkî değerler kazanan bireyler kendileriyle birlikte çevreleri, toplumları ve dünya için fayda sağlamaktadırlar (Ünal, 2023, s. 23).

Eğitim, içerisinde din ve ahlâk eğitimini barındıran son derece kapsamlı bir disiplindir. Temel amacı, bireylere yalnızca bilgi ve beceriler kazandırmak değil aynı zamanda ahlâki değerlerin içselleştirilmesine, etik sorumlulukların anlaşılmasına ve dinî inançların hayata geçirilmesine katkı sağlamaktır. Bu nedenle, eğitim bireylerin karakter gelişimine önemli bir katkı sunan çok yönlü bir süreç olarak değerlendirilir. Din eğitimi ise insanın benliğinin şekillenmesinden ahlâki değerlerin içselleştirilmesine kadar birçok toplumsal ve bireysel işlevi yerine getirir. Dolayısıyla, eğitim sistemi içerisinde din ve ahlâk eğitimi, bireylerin hem bilgi ve beceri kazanmalarına hem de ahlâki ve manevi açıdan gelişmelerine katkıda bulunan hayati unsurları içermektedir. Sıbyan mekteplerinde, çocuklara sadece Kur'ân-ı Kerim, tecvid ve ilmihal gibi dersler okutulmamış, aynı zamanda ahlâki değerlerde öğretilmiş ve genel eğitim içerisinde erdemli davranışları içselleştirmeleri beklenmiştir. Okuma yeteneklerini geliştirme amacının yanı sıra çocuklara dini ve ahlâki risaleler okutularak faydalı bilgiler de kazandırılmıştır. Bu bağlamda, Tanzimat dönemi öncesinde mekteplerde dinî derslerden bağımsız bir ahlâk dersinin gerekliliği hissedilmemiştir. Ancak Tanzimat sonrasında, Batı tarzı mekteplerin yaygınlaşması ve modern eğitim yöntemlerinin kabul edilmesi sonucunda din, eğitimi tamamıyla belirleyen ve yönlendiren rolünü kaybederek genel eğitim içerisinde ayrı bir öğretim alanı haline gelmiştir; dinî derslerle birlikte sunulan ahlâki öğütler ve tavsiyeler de ayrı bir ders olarak şekillenmeye başlamıştır (Koç, 2015, s. 201: Ağırakça, 2013, s. 425).

Sıbyan mektepleri, bu devrede yeniden yapılandırılırken dolaylı yoldan da olsa ahlâk dersleri verilmeye başlanmıştır. Bu derste, ilmihal kitabı olarak kabul edilen Birgivî Risalesi ve çeşitli ahlâk risaleleri öğretilmiştir. II. Meşrutiyet sonrasında ise ilkokullardaki ahlâk dersi, form ve içerik olarak dönüşüme uğramış; bu aşamada Musâhabât-ı Ahlâkiyye ve Malûmât-ı Ahlâkiyye ve Medeniyye gibi eserlere ağırlık verilmiştir. Dolayısıyla, erken dönemlerde ağırlıklı olarak dini bir temayı yansıtan ahlâk dersi, sonraki yıllarda eğitim sistemine yönelik amaçlar doğrultusunda vatandaşlık eğitimi sunan bir ders halini almıştır (Ağırakça, 2013, ss. 426-427).

Eğitim tarihimizde, din eğitimi ve ahlâk terbiyesi uzun süre boyunca okulların özdeşleşmiş bir parçası olmuştur. Fakat günümüzün karmaşıklığı içinde, ahlâki terbiyenin yalnızca okulların sınırları içinde şekillenebileceği düşüncesi, bu çağın zorlukları ve çeşitliliği karşısında yüzeysel kalmaktadır. Günümüzde bir çocuğun gelişimini etkileyen faktörler yaygın eğtim dediğimiz doğduğu ailenin öğretileri, çevresel etkenler, arkadaşlık ilişkileri, kitle iletişim araçlarının etkisi, toplumsal yapı, milli ve kültürel değerlerin etkisi, dinin günlük yaşamla buluşma biçimi gibi pek çok dinamikten oluşmaktadır. Bu dinamiklerin etkisi, okul, aile ve sosyal çevre gibi tüm değişkenlerin işbirliği içerisinde olduğu durumlarda daha da artmaktadır (Sağlık, 2022, s. 2). Değerlerin aktarımında okul odaklı resmi eğitimin yanı sıra yaygın eğitim de önemli bir rol oynadığı unutulmamalıdır. Tarihsel bir perspektifle bakıldığında, insanların eğitiminde yaygın din eğitim modelinin, örgün eğitimden daha eski bir geleneğe sahip olduğu gözlemlenmiştir (Erdem, 2023b, s. 70). Örgün ve yaygın eğitim, insanın doğuştan sahip olduğu fıtrata uyumlu bir temel oluşturur ve insanın iradesini doğru yönde kullanmasını teşvik eder.

Osmanlı Devleti'nin son dönemlerinde Batı dünyasıyla yoğun bir etkileşim içerisine girildiği ve bu etkileşimin ahlâk terbiyesinde önemli değişimlere yol açtığı görülmektedir. İşte bu bağlamda, Osmanlı ahlâk düşünürlerinin ve eğitimcilerinin bıraktığı izleri değerlendirmek, ahlâk terbiyesinde benimsedikleri yöntemleri incelemek, günümüz ahlâk eğitimine anlamlı bir perspektif sunacaktır. Bu çerçevede, bu kitap Osmanlı Devleti'nin son dönemlerinde yaşamış olan Ali İrfan Eğribozî'nin Makalât-ı İrfan adlı eseri özelinde Osmanlı dönemindeki ahlâk terbiyesinin dinamiklerini açıklamaya yönelik bir çaba taşımaktadır ve günümüze ışık tutmayı amaçlamaktadır.

Ali İrfan Eğribozî'nin Hayatı ve Eserleri

Ali İrfan Eğribozî, H. 1286 (1869-1870) yılında bugünkü Yunanistan sınırları içerisinde yer alan Eğriboz'da dünyaya gelmiştir (Çapar, 2019, s. 1). Ali İrfan Eğribozî hakkında yayınlanmış biyografik bir çalışma olmadığından hakkındaki bilgiler için Benjamin C. Fortna'nın eseri, kaynak olarak kullanılmıştır (Fortna, 2005, ss. 271-283). Ayrıca yazarın kaleme aldığı "Şiven Yâhud Hâtırât-ı Şebâbım" isimli eseri incelenerek hayatı, kişiliği, eğitim durumu ve mesleği hakkında çıkarımlar yapma yoluna gidilmiştir (Toksöz ve Parlayıcı, 2022, s. 122). Hatırat kitabında yazdığı bir mektup, yazarın genç yaşta anne ve babasını kaybettiğini düşündürmektedir. Kitap içerisinde anne ve babaya saygı ve övgünün önemi vurgulanırken aynı zamanda arkadaşlarına bu perspektiften sunulan tavsiyeler de sıkça yer almaktadır (Koç, 2015, s. 202). Mufassal Ahlâk-ı

Medeni adlı bir kitabında Ali İrfan Memişzade Eğribozi diye geçen bir ifade vardır. Bu ifade yazarın baba adının Memiş olabileceğini düşündürmektedir (Köse, 2013, s. 10).

Ali İrfan Eğribozî'nin eğitim kariyeri, Mekteb-i Sultanî mezuniyetinin ardından Beyrut İdadisi'ndeki öğretmenlik göreviyle başlamış, ardından çeşitli şehirlerdeki okullarda öğretmenlik ve yöneticilik rolleriyle geniş bir yelpazeye yayılmıştır. Bu dönemdeki eğitim faaliyetleri hem kendi yetkinliklerini hem de öğrencilerin entelektüel gelişimini zenginleştirmeyi amaçlayan bir anlayışın yansımasıdır. Rodos, Diyarbakır, Manisa ve Afyon gibi farklı coğrafyalardaki deneyimleri, Eğribozî'nin eğitim alanındaki çok yönlü bilgi birikimini ve pedagojik yaklaşımını geliştirmesine olanak tanımıştır. Bu süreçte, özellikle Fransızca, Tarih, Coğrafya ve Matematik gibi temel derslerdeki becerisi ve öğrencilerle etkili iletişimi, onun eğitim sahasındaki etkisini ve katkısını belirgin kılmıştır (Koç, 2015, s. 203: Toksöz ve Parlayıcı, 2022, s. 122: Çapar, 2019, s. 2) .

Eğitimci kişiliğinin yanı sıra oldukça geniş bir yelpazede, birbirinden farklı alanlarda eserler veren yazar kimliği de bulunmaktadır. Arapça, ticaret, din, ahlâk, mantık ve farklı ders kitapları yazmıştır. Sultan Abdülhamit ve II. Meşrutiyet Dönemi'nde İzmir'de ve İstanbul'da, tarım, fen, edebiyat ve pedagoji alanlarında birçok ders kitabı yayımlamıştır (Çapar, 2019, s. 2). Benjamin C. Fortna 50 civarında ders kitabı yazdığından bahsetmektedir. Yazmaya, henüz bir idadi öğrencisiyken bitirdiği "Çocuklara İstifade" isimli kitabını gören öğretmenlerinin teşvikiyle başlamış ve kendi ifadesiyle o günden sonra sürekli yazmıştır (Koç, 2015, s. 203). Kişiliğinin çok yönlülüğü ve meraklı oluşuyla dikkat çeken Eğribozî, müzikten resme, şiirden edebiyata kadar çok çeşitli alanlara ilgi göstermiştir. Şiire olan ilgisi arkadaşlarına yazdığı mektuplardan anlaşılmaktadır. Resme ilgi duyduğu ise kendi ifadelerinden anlaşılmaktadır. Rodos'ta geçirdiği bir döneme ait bir mektupta, bir İtalyan müzisyenden ders alarak müzik alanındaki yeteneklerini geliştirdiğini belirtmiştir (Köse, 2013, s. 11).

Ali İrfan Eğribozi, kendine has muhafazakâr kimliğiyle öne çıkarken, eserlerinde ahlâk ve maneviyatın önemini derinlemesine ele almaktadır. Ona göre Osmanlı Devleti'nin son dönemlerinde görülen gerileme, vatan evlatlarının dinî ve ahlâkî prensiplere gerektiği kadar sıkı sıkıya bağlı olmamalarından kaynaklanmaktadır. Eserlerinde genç nesillere din, ahlâk ve maneviyat aktarımının eğitim sistemi tarafından sağlanmasının kaçınılmaz bir gereklilik olduğunu ifade etmektedir (Çapar, 2019, s. 3). Bu değerlerin sağlam temeller üzerine inşa edilmediği takdirde, toplumun geleceğinde olumsuz sonuçların kaçınılmaz olduğuna dikkat çekmektedir. Bu bağlamda, yazarın perspektifi, dinî değerlerin ve maneviyatın toplumsal yapıyı ayakta tutan temel taşlar olduğu yönündedir (Eğribozî, 1897, s. 3). Eğribozî, arkadaşlarına yazdığı mektuplarda ve eserlerinde; dinin, ibadetin ve Allah'a inancının hayatın merkezinde yer aldığını sürekli olarak vurgular (Koç, 2015, s. 203). Bu durum, yazarın dünya görüşünün ve değer yargılarının odak noktasını belirlemektedir. Onun gözünde gerçek mutluluk, güzel ahlâk sahibi olmak, dindar bir yaşam sürdürmek, bilgi edinmek ve sürekli çaba sarf etmekle elde edilir. Çünkü dünyada hayatın varlığı ve devamı için güneş ne kadar gerekliyse diyanet de o kadar gereklidir. İslâmi değerlerin toplumdaki her bireyinin yaşamına entegre edilmesi, toplumun sadece bugününü değil, geleceğini de inşa etmek açısından hayati bir öneme sahiptir (Köse, 2013, s. 12).

Eserleri

1. Çocuklara İstifade Tehzib-i Ahlâk ve Malumat-ı Nafia, A. M. Şirket-i Mürettibiye Matbaası, İstanbul, 1304.
2. Medhal-i Mantık, Ahenk Matbaası, İzmir, 1313.
3. Şiven Yahud Hâtırât-ı Şebâbım, Ahenk Matbaası, İzmir, 1315.
4. Mükemmel ve Muvazzah Türkçe ve Fransızca Usul-i Mükaleme, Ahter Matbaası, İstanbul, 1316.
5. Gonca Gül, İkdam Matbaası, İstanbul, 1341-1343. (Bir Gonca Gülün Beni Suret-i İğfali)
6. El-Mülâhhas yahut Teshil-i Tahsil Arabî, 2. Nüsha, 1. Defter, Ahenk Matbaası, İzmir, 1317.
7. Vatanını Seven Okusun, Mahmut Bey Matbaası, İstanbul, 1324.
8. Son Elifba'yı Osmanî, Şems Matbaası, İstanbul, 1328.
9. Birinci Kıraat, Şems Matbaası, İstanbul, 1326-1328.
10. Üçüncü Kıraat, Şems Matbaası, İstanbul, 1328-1330.
11. Malûmât-ı Diniyye, 1. Kısım, Şirket-i Mürettibiye Matbaası, İstanbul, 1329.

12. Çocuklara Talim-i Fezail-i Ahlâk

İstanbul'da m. 1895 (H.1313) yılında Mahmut Bey Matbaası'nda basılan "Çocuklara Tâlim-i Fezâil-i Ahlâk" isimli kitabı yazarın ahlâk alanına ilişkin yazdığı ve ders kitabı olarak okutulan eserlerden biridir. Eserin kapağında, içerisinde birçok faydalı bilgi, nasihat ve özenle seçilmiş hikmet dolu sözler bulunduğu belirtilmektedir. Rüşdiye ve idâdî mekteplerin birinci ve ikinci sınıflarında okutulmak amacıyla hazırlanmış olan kitabın içinde çocukların anlayabileceği kolay bir üslupla yazılmış ahlâki manzumeler de yer almaktadır. Mukaddime ile başlayan eserde insanın haysiyetini, namusunu ve vakarını, sadece ahlâkla koruyabileceği ifade edilmektedir. Bu nedenle kişinin ahlâk kitabını her zaman yanında bulundurması gerektiğini vurgulanmaktadır (Eğribozî, 1895, s. 2). Yazara göre, mektepte öğrencilerin ilk aldığı ders ahlâk olup, son ders de yine ahlâk olacaktır. Böylece ahlâkın, öğrencilerin eğitim hayatının temel taşı olduğuna dikkat çekmektedir (Koç, 2015, s. 205).

Eser, toplam yirmi altı konuyu ele almış ve her bir konu, soru-cevap şeklinde ayrıntılı bir biçimde anlatılmıştır. İlk başlık "Malûmât-ı İbtidâiye" olarak yer alırken, diyanet, ahlâk-ı hamide, nezafet (temizlik), mesaî, riyâzat, hüsn-i idare, kanaat, ilim, sabır, hilm (yumuşak huyluluk), intizam, tecrübe-i nefs, ıslah-ı nefs, zabt-ı lisan, ictinâb-ı hevâ-yı nefs, itaat ve ihtiram, hakşinaslık (hakkı tanımak), insaniyet, hayırhahlık, sadakat, nevaziş (iltifat) ve mülâyemet (yumuşak huyluluk), muhalasat (dostluk, iyi muamele), adalet, muhabbet, uhuvvet (kardeşlik) ve din diğer başlıkları oluşturmaktadır (Koç, 2015, s. 206).

Eser, diğer ahlâk kitaplarında da sıklıkla rastladığımız şekilde, derin ve etkileyici bir sonla tamamlanmaktadır. Yazar, "Cümel-i Müntehibe" olarak adlandırdığı bu bölümde, eserin ana temasını özlü ifadelerle yinelemektedir. Kitap, "Bağışlama ve ihsan, büyüklüğün esasıdır. Sağlık, yüce bir mutluluk ve Allah'ın bir hediyesidir. İddia, mahcubiyetin kaynağıdır. Herkesin anlayabileceği terimlerle konuşarak iletişim kurun. En iyi yemek, hazır olan yemektir." şeklindeki veciz sözlerle eser sona erdirilmektedir (Ağırakça, 2013, s. 352).

13. Rehber-i Ahlâk

İstanbul'da rüşdiye ve idadilerin ikinci senesinde okutulmak için m.1900 (Hicri 1318) yılında, Asadoryan Şirket-i Mürettibiye Matbaası tarafından basılan eserde bir mukaddime, yirmi altı konu başlığı ve kitabın sonunda nazım kısmı bulunmaktadır. Kitabın her sayfasının bitimine bir sözlük ilave edilmiştir. Bu metod, dönemin ahlâk dersi kitaplarının birçoğunda uygulanmıştır. Eserde, güzel ahlâkın önemi özellikle vurgulanmakta olup aynı zamanda temizlik (nezafet), çaba (gayret), etkili yönetim (hüsn-i idare), yeterlilik (kanaat), bilgi (ilim), sabır, yumuşaklık (hilm), düzen (intizam), dürüstlük, adalet, sevgi ve kardeşlik (muhabbet ve uhuvvet), olumlu tavır (hayırhahlık), dilin kontrolü (zabt-ı lisan), kanaat ve kendini tanıma (tecrübe-i nefs) gibi somut ahlâki konular detaylı bir biçimde ele alınmıştır. Eğribozî, kitapta aynı zamanda ahlâk-ı hamîde yani güzel ahlâk sahibi olmanın ne faydası olacağı sorusunun cevabını da vermektedir. Güzel ahlâk sahibi olanların iki cihan saadetine nail olacaklarını belirtmekte ve insanları güzel ahlâk sahibi olmaya çağırmaktadır (Çapar, 2019, s. 23: Koç, 2015, s. 206).

Yazar eserini oluşturma motivasyonunu mukaddime kısmında açıklamaktadır; ayrıca mekteplerde ahlâk dersinin öğretimindeki hayati rolüne vurgu yapmaktadır: "... Eğitim hayatına başlayan, genel mektepte bulunan bir genç öğrencinin ilk öğreneceği ders, ahlâk ve terbiye olduğu gibi, son alacağı ders de yine ahlâktır... İnsanın kişisel saygınlığı, namusu, itibarı ve onuru sadece ahlâkla korunabilir... İşte bu sebep dolayısıyla, bir ahlâk kitabının yazılıp yayımlanmasını uzun zamandır arzulamaktaydım. Bu istekle, bugün elimizdeki bu değerli kitap ortaya çıkmış bulunmaktadır." demiştir (Eğribozî, 1900, s. 4).

Eserde, öğrenci ve öğretmen arasında geçen diyalog formunda düzenlenmiş "Temel Bilgi Alanları" başlığı altında öğrencinin edep ile ilgili sorular sorduğu ve öğretmenin bu sorulara cevap verdiği bir bölüm mevcuttur. Öğretmen, âdabı hem Allah'ın hoşnutluğunu kazanmak hem de toplumda kabul gören davranışları yerine getirmek olarak tanımlamakta ve iman etmeyi, bunu pratiğe dökmeyi, insanın en temel sorumluluğu olarak açıklamaktadır. Eserin sonunda yer alan "Seçilmiş İfadeler" başlığı altında, "Bağışlama ve lütuf büyüklüğünün ruhu", "Sağlık büyük bir mutluluk ve ilahi bir lütuftur.", "Ruhi bir hekim olan rehber, heva ve heves hastalığına yakalananları tedavi eder ve arındırır." gibi etkileyici ifadelere yer verilmektedir (Koç, 2015, s. 207).

14. İlm-i Ahvâl-i Ruh.

İstanbul'da, m. 1909 (Hicri 1327) yılında Ruşen Matbaası'nda basılan "İlm-i Ahvâl-i Ruh" adlı eser, Osmanlı Devleti son dönem psikoloji kitapları arasında öne çıkan bir eser olarak dikkat çekmektedir. Bu eser, ruh halinin incelendiği önemli bir çalışma olarak günümüze kadar ulaşmış ve çeşitli inceleme ve çalışmaların odağı olmuştur (Köse, 2013, s. 41). Ali İrfan Eğribozî tarafından kaleme alınan eser, "Mebhas-ü Ruh," "Vesait-i İdrak-i Ruh" ve "Kuvâ-yı Ruh" olmak üzere üç bölümden oluşmaktadır. Toplam 102 sayfa olan eserin sonunda yazar, Allah'a hamd ederek eseri tamamlamanın gururunu yaşamaktadır (Koç, 2015, s. 204).

Kitabın ilk bölümünde yazar, psikoloji alanında kaleme alınmış nitelikli eserleri açıklar ve bu eserlerde ruh kavramının yeterince ele alınmamış olmasını eleştirir. Fakat özverili ve çalışkan doğaya sahip aydın bireylerin, gizli de olsa insanlara hizmet etmekten kaçamayacaklarını vurgular. Yazar kendisinin de bu içsel gayreti hissederek böyle bir görevi üstlendiğini belirtir. Başlangıçta ahlâki bir kitap yazmayı düşündüğünü fakat daha sonra vazgeçip bu eseri kaleme aldığını ifade eder (Eğribozî, 1911, s. 4). Kitap içerisinde, "ruh" kavramı İslâm düşüncesinin çerçevesinde ele alınmış ve bu kavram, hadis ve ayetlerle temellendirilmiştir. Bu yaklaşımın temel nedeni, dini inançları zayıf olan bireylerin, sağlam delillerle bu inançlarını sağlamlaştırmadan modern bilimlere yönelmeleri durumunda sapkınlığa düşebilecekleri endişesidir. Yazar bazı gençlerin kısmi bilgiye sahipken hemen materyalist görüşlere kayabileceğine dikkat çeker. Bu bağlamda, eğer bu tür araştırmalar yapılacaksa, öncelikle İslâm'a ve inançla ilgili konuların zihinlerde sağlam bir temelde yerleştirilmesi gerektiğini önerir (Koç, 2015, s. 204)

Eserde, insanın iç dünyasına ait yetiler arasında his, ihtisas, idrakat ve iradat gibi kavramlarla akıl, ilim, hulk, vicdan ve ahlâk gibi unsurlar öne çıkarılmaktadır. Yazar ahlâki terbiyenin, bireyin kendi özünü tanıma ve ruhsal yeteneklerini fark etme sürecini izledikten sonra gelişebileceğini öne sürmektedir (Çapar, 2019, s. 9). Eserin son bölümünde ise "Mekârim-i Ahlâk" başlığı altında, ahlâkın kişisel ve toplumsal hayattaki olumlu ve olumsuz sonuçları ele alınmıştır. Ahlâk bir medeniyet ilkesi olarak kabul edilirken, ahlâksızlık da vahşetle aynı kefeye konulmuştur. Milletlerin, devletlerin ve hükümetlerin ahlâk sayesinde yükseldiği, ahlâksızlıkla da aşağılık ve çöküntüye sürüklendiği ifade edilmektedir. Ahlâk büyüklerin küçüklere, güçlülerin zayıflara, liderlerin hizmetkarlara zulmetme eğilimini engelleyen tek erdem olarak öne çıkarılırken, tarihsel olarak ahlâki değerlere sahip toplumların ahlâksızlara üstünlük sağlayarak varlıklarını sürdürdüğü belirtilmektedir. Yazar aynı bölümde, İslâm dininin güzel ahlâka büyük bir vurgu yaptığını, güzel ahlâkın teşvik edildiğini ve kâmil imanın güzel ahlâkla birlikte gerçekleşebileceğini ayet ve hadislerle açıklamaktadır (Koç, 2015, s. 205).

15. Mufassal Ahlâk-ı Medeni

İstanbul'da, m. 1910 (Hicri 1327) yılında Artin Asadoryan ve Mahdumları Matbaası tarafından basılan "Mufassal Ahlâk-ı Medeni" adlı eserde "Kemâl-i Âdem" mertebesini, ahlâkî olgunluğun zirvesi olarak tanımlayarak, bu olgunluğa erişmenin yolunu üç ayrı başlık altında ele almaktadır. Eserin başlangıcında yazar, İlm-i Ahlâk'ın önemini vurgulayarak tıpkı demirin yüzeyine etki eden eğe gibi benzer bir etkiyle insanın iç dünyasını şekillendirdiğine dikkat çekmektedir (Eğribozî, 1910, s. 3). Yazar önceki eserlerinde olduğu gibi bu metinde de İslâmi değerlere referansla bir anlatım sunmuş ve İslâmın tamamlanmış bir din olarak var olduğunu vurgulamaktadır. Giriş bölümünün sonunda ise "Hakikati sadece Allah bilir." ifadesi mevcuttur (Eğribozî, 1910, s. 7).

Eserde yer alan "Ahlâk iledir Kemal-i Âdem / Ahlâk iledir Nizam-ı Alem" beyti, yazarın ahlâk anlayışını ve temel düşüncesini özetlemektedir. Ona göre medeniyetin kökeni, zarif bir ahlâkla ilişkilendirilmiş ve güzel ahlâkın kaynağı, medeniyet iradesine sahip olmaktır. İnsan ne kadar bilgi sahibi olursa olsun, ahlâkî değerleri zayıfsa, tam bir insan olma noktasına erişemez. Diğer yandan, cahil olup yüksek ahlâkî değerlere sahip olsa dahi, ilmî yönden eksikliklerinden dolayı medeniyet oluşturamaz (Eğribozî, 1910, s. 57). Bu bağlamda, sadece eğitimli ve ahlâkî değerlere sahip toplumlar medeniyeti sürdürebilirler. Eğribozî'ye göre, "İslâm dini, eksiksiz bir ahlâktır." Dolayısıyla, eserlerini kaleme alırken farklı kaynaklara ihtiyaç duymadan, ayet ve hadisleri kullanarak İslâm ahlâkını yansıtmaya çalışmıştır (Çapar, 2019, ss. 24-26: Koç, 2015, s. 208).

Yazara göre "ahlâk" kelimesinin temel kökeni kabul edilen "hulk" kelimesi, insanın içsel davranışlarına, diğer yandan "halk" terimi ise insanın dışsal eylemlerine işaret eder. Daha doğru bir ifadeyle "hulk", insanın iç dünyasının tanımlanmasında kullanılırken, "halk" görsel olarak algılanabilir duruş, yüzey ve şekil anlamında kullanılmaktadır. Bu ayrım temelinde, ahlâk, "hulk" teriminin çoğul halini ifade eder. Eğer insanın içsel davranışları olumluysa, dışsal davranışları da olumlu bir şekilde tezahür eder. Bu ise sadece erken yaşlardan itibaren sağlanacak bir terbiye ile mümkündür (Eğribozî, 1910, s. 63) Yazara göre ahlâk terbiyesi, bireyin hayatının başlangıcında verilmelidir; aksi takdirde istenilen sonuçlar elde edilemez. Ertelenmiş bir ahlâkî terbiye, istenilen etkiyi yaratamaz. Ciddi bir ahlâkî terbiye sağlandıktan sonra bile, çocuklar başıboş bırakılmamalıdır; çünkü insanın içinde hem olumlu hem de olumsuz eğilimleri kabul etme kapasitesi mevcuttur. Bu yüzden, doğumdan ölüme kadar süren yaşam döneminde, güzel ahlâkî değerler edinmek ve sürdürmek için çaba sarf etmek gerekmektedir (Eğribozî, 1910, s. 71).

Eserde ayrıca bireyin öz farkındalığını elde etmenin önemine odaklanılmış ve insan anatomisinin çeşitli yönleri ve işlevleri ayrıntılı bir şekilde tasvir edilmiştir. İlerleyen bölümlerde yazar, ruhsal yetenekler olarak adlandırdığı vicdan, nefs gibi terimleri ele alarak ahlâk ile olan ilişkilerini analiz etmiş ve ahlâkî olgunlaşmanın yollarını anlatmıştır.

16. Makâlât-ı İrfan, Ahenk Matbaası, İzmir, 1317:

1900 yılında Ahenk Matbaası tarafından basılan eser, Ahenk ve Hizmet Gazeteleri'nde bağımsız olarak yayımlanmış makalelerin bir araya getirilmesiyle oluşmuştur. Aşağıda metnin orijinalinin yanısıra transkripsiyonu ve günümüz Türkçesi'ne çevrilmiş hali sunulmuştur.

Metin

Transkripsiyon

ve

Sadeleştirme

1642

مقالات عرفان

ملت نجیبهٔ اسلامیه و دولت علیهٔ عثمانیه‌نك منافع معنویه
و مادیه‌سنی حاکیدر

Belediye
Kütüphanesi
No. K/1558

{ اثر }

علی عرفان اغریبوزی

« آهنك » و « خدمت » جریده‌لرینه تفرقه ایدلدکدن صکره
رساله صورتنه وضع اولنمشدر

معارف نظارت جلیله‌سنك رخصتیله « آهنك » مطبعه‌سنده
طبع اولنمشدر

— ازمیر —

سنه

۱۳۱۷

1

MAKÂLÂT-I İRFÂN

Millet-i Necîbe-i İslâmiye ve Devlet-i Aliyye-i Osmaniye'nin Münâfî-i Maneviye

ve Maddiyesini Hâkidir.

(İslâmın necip milleti ve Osmanlı Devleti'nin maddi ve manevi sorunlarını anlatır.)

{Eser}

Ali İrfan Eğribozî

"Âhenk" ve "Hizmet" ceridelerine tefrika edildikten sonra

risâle sûretine vaz' olunmuştur.

(Ahenk ve Hizmet Gazetelerinde yayınlandıktan sonra küçük bir kitap hâline getirilmiştir.)

Maârif Nezâret-i Celîlesinin ruhsatıyla "Âhenk" matbaasında

tab olunmuştur.

(Millî Eğitim Bakanlığının izniyle Ahenk Matbaasında basılmıştır.)

-----İzmir-----

Sene

1317

معارف

معارف، بيلمك ، جهل ايسه بيلمهمكدر . بو حالده بونلردن هانكيسى مقبولدر ؟ هيچ شبهه يوقكه بر شيئك علمى، جهلندن اييدر . بو مدعايى ايسه جناب حق قوللرينه بيك اشو قدر سنه اول « بيلنلرله بيلميانلر برميدر؟ » نص جليل حقيقت نمونياله پك واضح صورتده اثبات و تبيين بيورمشدر .

معارف نه عالى كلام ، نه معنيدار سوز ! بونك جامع اولديغى علويت وحقيقت كلمات موجودهنك هيچ برنده يوقدر . بونده مكنوز اولان معانى وحقايق هيچ بر لفظده اولهماز . معارف ! نصل اكلاتمالى ، هانكى بر فوائد جهاندرجانى تعداد ايتملى ؟ « معارف » كلام علويت انسانى ـ حقيقت بين اولانلره كوره ـ ايشيدنلر، ذكر ايدنلر لبريز شوق وسرور اولهرق وجودينك كافۀ اعصابى تترهر . كوزلرنده، لبلرنده اثار مسرت وشكرانيت تموجنما اولور. اى معارف منددان ! نه قدر

3 **Maârif**

Maârif, bilmek, cehil ise bilmemektir. Bu hâlde bunlardan hangisi makbûldür? Hiç şüphe yoktur ki bir şeyin ilmi cehlinden iyidir. Bu müddeâyı Cenâb-ı Hakk kullarına bin şu kadar sene evvel "Bilenlerle bilmeyenler bir midir?" nass-ı celîl-i hakîkat-nümûnuyla pek vazıh surette isbât ve tebyîn buyurmuştur. Maârif ne âlî kelâm ne manîdâr söz! Bunun câmi olduğu ulûviyet ve hakîkat kelimât-ı mevcûdenin hiçbirinde yoktur. Bunda meknûz olan maânî ve hakâik hiçbir lafızda olamaz. Maârif! Nasıl anlatılmalı, hangi fevâid-i cihân derecâtını tadâd etmeli? "Maârif" kelâm-ı ulviyet ittisâmını--- hakîkat-bîn olanlara göre--- işitenler, zikredenler, lebrîz-i şevk ve sürûr olarak vücûdunun kaffe-i asâbı titrer. Gözlerinden, leblerinden asâr-ı meserret ve şükrâniyet temevvüc-nümâ olur. Ey maârif-mendân! Ne kadar…

Eğitim

Maarif, bilmek cehalet ise bilmemektir. Bu durumda bunlardan hangisi geçerlidir? Hiç şüphe yok ki bir şeyin ilmi bilgisizlikten iyidir. Bu iddiayı Cenab-ı Hak, kullarına bin şu kadar sene önce "Bilenlerle bilmeyenler bir midir?" hakikatini gösteren ayetiyle pek açık bir biçimde ispat edip açıklamıştır. Maarif ne yüce kelam ne manalı söz! Bunun taşıdığı yücelik ve gerçek diğer kelimelerin hiçbirinde yoktur. Bunda saklı olan mana ve hakikatler hiçbir sözde olmaz. Maarif! Nasıl anlatılmalı, dünyaya faydası olan hangi derecelerini saymalıdır? "Maarif" ululuk kelamının damgalanmasını -gerçeği görenlere göre- işitenler, zikredenler, şevkle dolmuş olanlar ve mutlu olarak vücudunun her yeri titrer. Gözlerinden, dudaklarından mutluluk eserleri ve şükür ortaya çıkar. Ey maarif sahibi kişi! Ne kadar...

بختيارسكز ! نه بيوك ، نه روحانى حسلر ايچنده يشايورسكز ! نعمت معارفله پرورده اولان اوحيات معززه‌كز نه قدر مسعودانه‌در ! بتون عالم ، شو حال سعادت اشتمالكزه غبطه‌كش تحسر اولسه بجادر . معارف پك بيوك ، پك مقدسدر ديمشدك . زيرا دنيوى ، اخروى دائما بزه طريق مستقيمى ، شاهراه ترقى وسعادتى ارائه ايدر . داريننده مسعود يشامه‌مز ، بختيار اولمه‌مز ايچون توسلنه مجبور بولنديغمز وسائط مرغوبه عادى كورديكمز وفقط كنه وحقيقتنه هنوز كسب وقوف تام ايده‌مديكمز شو « معارف » لفظ جليلنده مندمجدر . انسان ؛ عينى خالص ، صاف بر كولچه آلتونه بكزر . بو آلتونى استعمال ، بونكله تزين قابلمى ؟ خير ، ديمك غايت قيمتدار بيلديكمز ، هر آن مفتونى بولنديغمز او جوهر قيمتدار صنعتكار الندن چيقمدقجه هيچ كيمسه ايچون فائده بخش اوله‌ماز . ايشته بونك كبى انسانده حدهٔ معارفدن چيقمدقجه نه كنديسى ونه‌ده همجنسى ايچون سودمند اوله‌ماز . اى قارئ ! تحصيل معارف بعض كوته بينانك ذهاب باطلى كبى يالكز استحصال مأموريت اعلان مفخرت ايچون دكل ؛ بالعكس امور مستحسنه‌نك كافه‌سنده كسب بهره واقتدار ايله تزيين صفات وتزييد مقادر وجود ايلمكدر . انسان اللهنه ، پيغمبرينه عبادات وطاعاتى ، ابوينه ، اقربا وتعلقاتنه والحاصل فرمانبر اطاعتى بولنديغى كافهٔ ذوات ذوى الاحترامه

…bahtiyârsınız! Ne büyük ne rûhânî hisler içinde yaşıyorsunuz! Nimet-i maârifle perverde olan o hayât-ı muazzezeniz ne kadar mesûdânedir! Bütün âlem, şu hâl-i saâdet-iştimâlinize gıpta-keş-i tehassür olsa becâdır. Maârif pek büyük, pek mukaddestir demiştik. Zirâ dünyevi, uhrevi dâimâ bize tarÎk-i müstakîmi, şahrâh-ı terakkî ve saâdeti îrâ eder. Dârinde mesûd yaşamamız, bahtiyâr olmamız için tevessülüne mecbûr bulunduğumuz vesâit-i mergûbe âdî gördüğümüz ve fakat künh ve hakîkatine henüz casp ve kavf-ı tâm edeemediğimiz şu "Maârif" lafzı celilinde mündemiçtir. İnsan; aynı hâlis, saf bir külçe altına benzer. Bu altını istimâl, bununla tezyîn kâbil mi? Hayır, demek gayet kıymetdar bildiğimiz, her an meftunu bulunduğumuz o cevher kıymetdar sanatkâr elinden geçmedikçe hiç kimse için fayda bahşiş olamaz. Işte bunun gibi insandı hide-i maâriften geçmedikçe ne kendisi ve ne de hemcinsi için sûdmend olamaz. Ey kari! Tahsil-i maârif bazen kûteh- binânın zhâb-ı bâtılı gibi yalnız istihsâl-i memûriyet ilân-ı mefharet için değil; bilakis umûr-u müstehsenenin kaffesinde kesb-i behre ve iktidâr ile tezyîn-i sıfat ve tezyîd-i makâdir-i vücûd eylemektir. İnsan Allah'ına, peygamberine ibâdât ve tâatı, ebeveynine, akraba ve taallukâtına velhâsıl fermânber-i itaati bulunduğu kaffe-i zevât zevi'l-ihtirâma…

…Mutlusunuz! Ne büyük ne ruhani hisler içinde yaşıyorsunuz! Maarif nimetiyle beslenen o muazzez hayatınız ne kadar mesuttur. Bütün âlem, şu saadet hâliyle dolu olmanıza hayran olsa yeridir. Maarif, pek büyük pek mukaddestir demiştik. Zira dünyevi ve uhrevi olarak daima bize doğru yolu, ilerleme ve saadet yolunu bağışlar. Dünyada mesut yaşamamız, bahtiyar olmamız için vesile sayıp mecbur bulunduğumuz, rağbet edilen vasıtalara, değersiz gördüğümüz ve fakat iç yüzüne ve hakikatine henüz tam olarak hâkim olamadığımız şu kıymetli maarif kelimesinde saklıdır. İnsan aynı halis, saf bir külçe altına benzer. Bu altını kullanma, bununla süsleme mümkün mü? Hayır, demek gayet kıymetli bildiğimiz her an hayranı bulunduğumuz o cevher bir kıymet bilen sanatçı elinden geçmedikçe hiç kimse için fayda ortaya çıkmaz. İşte bunun gibi insan da maarif terbiyesinden geçmedikçe hem kendisi hem de diğer insanlar için faydalı olamaz. Ey okur! İlim tahsili bazen ileriyi göremeyen batıl yolda gitmek gibi yalnız memnuniyeti elde etmek ve övgüyü ilan etmek değil, aksine güzel emirlerin tamamından nasip elde etmeye ve güç ile vasfını süsleme ve vücudunu kudretle ziyadeleştirmedir. İnsan, Allah'ına, peygamberine ibadet ve itaat etmeyi; annesine, babasına ve akrabalarına sözün kısası itaate emrolunduğu herkese...

لازمهٔ عبودیت ، واجبهٔ شکرانیتی آنجق معارفله ایفا ایده‌بیلن انسانلك عائلهٔ محترمه‌سیله حسن معاشرتی ، ابنای جنسی ایله حسن امتزاجی، امور مودوعه‌سنده مشاغل ومکتسباتنده موفقیتی، ترقیسی هپ معارفه منوط ومفتقردر . بی ارتیـاب هر نره‌ده اولور ایسه اولسون هر شی معارفله رهین کمال ، هرحال معارفله قرین سعادت اولور . وقوعات فجیعه‌نك؛ متجاسرات ابلهکارانه‌نك سبب یکانه‌سی جهلدر. فقر وضرورتك ، سیئات وسفالتك باش کوسترمسی هپ فقدان معارف یوزندندر. خلاصه معارف؛ مسبب رفاه عالم ، متکفل سـعادت وسـلامت امدر . سحائب جهل ایچنده پویان اولان ، هیچ برزمان نعمت حیاتدن بحق لذتیاب اوله‌ماز . بکر سعادت هیچ بروقت جبههٔ لامعه‌سـنی اکا توجیه ایتمز. معارفك بحق تصویر ماهیت، تبیین اهمیتندن قلم عاجزدر . آنجق پیغمبر ذیشانمزك معارفك درجهٔ علویت وقدسیتی حقنده ایراد بیـورمش اولدقلری بر حدیث شریفك زیرده‌کی مآل حقیقت اشتمالی نظر تدقیق ومطالعه‌یه آلندیغی تقدیرده معارفك ابنای بشره اولان درجهٔ وجوب والزمیتی تظاهر ایدر . علمای کرام حضراتنك قلم مبارکلرندن طاملایان مرکبلر، الله یولنده ، وطن اوغرنده اعدایه قارشی سینهٔ حمیت وصداقتنی سپر ایدرك وطننی جانسپارانه محافظه ایدن غیور قهرمانلرك، خلدبرین ایله تبشـیر اولنان شهدای مغفوزه‌نك قانلرندن دها مقـبول، دها

5

...lâzime-i ubûdiyet, vâcibe-i şükrâniyeti ancak maârifle ifâ edebilen insanın âile-i muhteremesiyle hüsn-ü muâşereti, ebnâ-yı cinsi ile hüsn-ü imtizâcı, umûr-u mevdûasında meşâgil ve muktesebâtında muvaffakiyet, terakkîsi hep menût ve müftekirdir. Bî-irtiyâb her nerede olur ise olsun her şey maârifle rehîn-i kemâl, her hâl-i maârifle karîn-i saâdet olur. Vukûât-ı facianın; mütecâsirât-ı eblehkâranenin sebeb-i yegânesi cehildir. Fakr-u zarûretin, seyyiât ve sefâletin baş göstermesi hep fıkdân-ı maarif yüzündendir. Hülâsa maârif; müsebbib-i refâh-ı âlem, mütekeffil-i saâdet ve selamet-i ümmettir. Sehâib-i cehil içinde pûyân olan, hiçbir zaman nimet-i hayattan bihakkın lezzetyâb olamaz. Bikr-i saâdet hiçbir vakit cephe-i lâmiasını ona tevcÎh etmez. Maârifin bihakkın tasvîr-i mâhiyet, tebyîn-i ehemmiyetinden kalem acizdir. Ancak peygamber-i zîşânımızın maârifin derece-i ulûviyet ve kudsîyeti hakkında îrâd buyurmuş oldukları bir hadîs-i şerifin zirdegî meâl-i hakîkat iştimâl nazar-ı tetkîk ve mütâla'aya alındığı takdirde maârifin ebnâ-yı beşere olan derece-i vücûb ve elzemiyeti tezâhür eder. Ulemâ-yı kirâm hazerâtının kalem-i mübâreklerinden damlayan mürekkepler, allah yolunda, vatan uğrunda a'dâya karşı sine-i hamiyet ve sadâkatini siper ederek vatanını cansiperâne muhâfaza eden gayûr kahramanların, haldberîn ile tebşir olunan şühedâ-yı mağfûrenin kanlarından daha makbûl, daha...

...ibadetin gerektirdiği ve şükrün vacip olduğu şeyleri ancak bilgi ile yerine getirebilecek insanın muhterem ailesiyle yaşaması, kendi cinsinden olan insanlarla iyi geçinmesi emanet bırakılmış işlerle uğraşması ve elde ettiği tecrübelerinde başarılar elde etmesi, ilerlemesi hep buna bağlıdır. Şüphesiz her nerede olursa olsun her şey, maarifle olgunlaşır. Her hâl maarifle saadete ulaşır. Yanlış işlerin ve küstahça davranışların yegâne sebebi cehalettir. Zor durumda kalmanın, kötülük ve düşkünlüğün baş göstermesi hep maarif eksikliğidir. Hülasa maarif, âlemin refahının kaynağıdır, toplumun saadet ve selametini sağlar. Cehalet bulutları içinde koşan hiçbir zaman hayat nimetinden hakkıyla lezzet alamaz. Saadet fikri hiçbir zaman parlayan tarafını ona çevirmez. Maarifin hakkıyla mahiyetini ve önemini açıklamaya kalem yetersiz kalır. Ancak, Peygamber Efendimizin, ilimlerin derecesi ve kutsallığı hakkındaki hadis-i şerifinin derinlemesine incelendiğinde, ilimlerin insanlık için zorunlu ve kritik bir öneme sahip olduğu gerçeği açığa çıkar. Âlimlerin mübarek kalemlerinden damlayan mürekkepler Allah yolunda, vatan uğrunda düşmana karşı sadakatini ve hamiyetini siper edinerek vatanını canını verircesine korumaya çalışan çok gayretli kahramanların daima müjde olunan bağışlanmış şehitlerin kanlarından daha makbul daha...

افضلدر . الله ! الله ! تصوير حقيقت ايچون بوندن عالی ، بوندن مؤثر، بوندن مفيد كلام اولورمی . ؟

— جريده‌لر —

جريده ، غزته‌لر نه‌در ؟ تراجم احوال عالم ، تواريخ روزمره . بوحالده بونلرك الزميت واهميت فوق العاده‌يی حائز بولندقلرينه شبهه يوقدر . فقط نه چاره‌كه بزده هنوز بونلرك حائز بولندقلری اهميتلری ، بخش ايلدكلری فوائدی بحق تقدير ايديله‌مديكندن شايان و حسباناولدقلری رغبت عموميه‌يه مظهراوله‌مامشلردر ! بوكوناوروپا ، امريقانك هركوشه‌سنده يوزلرجه جرائد نشر اولنيور . هم هر دفعه‌سنده ايكی اوچ بيك دكل؛سكز اون بيك نسخه طبع ايديليور . زيرا طالبی، قارئی چوق ، هيچ بر فرد تصور اولنه‌مازكه كونی غزته مطالعه ايتمدنگچورسون ، حتی قادينلری، قيزلری؛ سكزاون ياشنده‌كی چوجقلری بيله غزته‌سز اوله‌مايور . بر كون غزته اوقوماسه‌لر كوياكه بيوك بر ضرره اوغرامشلر، مهم بر حوادث ، معلوماتدن محروم قالمشلر كبی انديشه‌ناك اولورلر. خدمات خسيسه‌ده بولونان حمال ، لغمجيلرينه وارنجه‌يه قدر احوال عالمه واقف اولمق ارزوسی وار .

…efdâldir. Allah! Allah! Tasvîr-i hakîkat için bundan âlâ, bundan müessir, bundan müfîd kelâm olur mu?

...faziletlidir. Allah! Allah! Gerçeğin tasviri için bundan daha büyük daha etkili bundan daha faydalı söz olur mu?

Cerîdeler

Cerîde, gazeteler nedir? Terâcim-i ahvâl-i âlem, tevârih-i rûz-merre. Bu hâlde bunların elzemiyet ve ehemmiyet fevkalâldeyi hâiz bulunduklarına şüphe yoktur. Fakat ne çâre ki bizde henüz bunların hâiz bulundukları ehemmiyetleri, bahş eyledikleri fevâidi bihakkın takdîr edilemediğinden şâyân ve cesbân oldukları rağbet-i umûmiyeye mazhar olamamışlardır! Bugün Avrupa, Amerika'nın her köşesinde yüzlerce cerâid neşrolunuyor. Hem her defasında iki üç bin değil; sekiz on bin nüsha tab ediliyor. Zira talebi, kâri çok, hiçbir fert tasavvur olunamaz ki gününü gazete mütalaa etmeden geçirsin, hatta kadınları, kızları; 8-10 yaşındaki çocukları bile gazetesiz olamıyor. Bir gün gazete okumasalar güya ki büyük bir zarara uğramışlar, mühim bir havâdis malû-mâtdan mahrûm kalmışlar gibi endişe-nâk olurlar. Hademât-ı hasîsede bulunan hamal, lağımcılarına varıncaya kadar ahvâl-i âleme vâkıf olmak arzusu var.

Gazeteler

Gazete, gazeteler nedir? Âlemin durumunun tercümesi, gündelik tarihler. Bu hâlde bunların oldukça fazla önem ve ehemmiyete sahip olduklarında şüphe yoktur. Fakat ne çare ki bizde henüz bunların haiz bulundukları önem ve sağladığı fayda gerçek anlamda takdir edilemediğinden kendisine yakışır genel rağbete mazhar olamamışlardır. İki üç bin değil sekiz on bin nüsha basılıyor. Zira talebi ve okuru çok hiçbir kimse düşünülemez ki gününü gazete okumadan geçirsin. Hatta kadınları, kızları 8-10 yaşındaki çocukları bile gazetesiz olamıyor. Bir gün gazete okumasalar sanarsınız ki büyük bir kayba uğramışlar, önemli bir olay ve bilgiden mahrum kalmışlar gibi endişeli olurlar. İş başındaki hamaldan lağımcılarına varıncaya kadar âlemin durumu hakkında bilgi sahibi olma arzusu vardır...

بونلری بو درجه غزته مطالعه‌سنه سوق وانهماك ایتدیرن عجبا نه‌در ؟ تقدیر ! .. وجوده کتیریلن بالجمله اختراعاتك ، میدان استعماله چیقاریلان الات وموادك ؛ ساحهٔ عالم مطبوعاته وضع ایدیلان کتب ورسائلك والحاصل هر شیئك درجهٔ قدر واهمیتنی تقدیر ایتمك هپ اپی بر هنر معرفت وعارفیتدر . دکلمی ؟

جریده‌لر یالکز ، وسعتکدهٔ جهانك اك درین کوشه‌لرندن ؛ اك ایصسز چوللرندن انسانی خبردار ایتدیکی، معلومات ویردیکی ایچون حائز اهمیت دکلدر . جریده‌لر ابنای بشرك ذهن وادراکلرینی توسیع ؛ مساعیٔ متوالیه‌لرینی تزیید ؛ ثروت وسامانلرینی تکثیر ؛ حقانیته ؛ مرحمت وحمیته دعوت ؛ تصحیح اخلاقلرینه دخی معاونت ایلر . اوت جریده‌لر انسانك ابکار افکارینی توسیع ایلر ، انبساط ایتدیرر . زیرا انسان مطالعه‌سیله اقطار عالمك هرکونه اختراعات وکشفیاتنی ، احوال وحرکاتنی ، وقوعاتنی ومسائل سیاسیه‌سنی کوزیله کورمش کبی اولور . بونلره وقوف ایسه هرحالده لابددر . بوکون انسان اجدادینك ، اسلافنك احوال سابقه‌سنه اطلاعنی کندیسنه واجبهٔ ذمت کوریور . یوزلر ؛ بیکلرجه لیرالر صرفیله برابر بیوك بیوك تهلکه‌لره مزاحمه قاتلانه‌رق کتب عتیقه‌دن اوراق پژمرده‌دن ؛ بر قالقاندن ؛ بر اوقدن ؛ بر خرابه‌دن ؛ بر طاش

7

Bunları bu derece gazete mütalaâsına sevk ve inhimak ettiren acaba nedir? Takdir! Vücûda getirilen bilcümle ihtiraâtın, meydan-ı istimâle çıkarılan âlât ve mevâdın; saha-yı âlem matbuâta vaz edilen kitap ve risâilin velhâsıl her şeyin derece-i kader ve ehemmiyetini takdir etmek hep iyi bir hüner marifet ve arifiyettir değil mi? Cerîdeler yalnız, vüsâtgede-i cihânın en derin köşe-lerinden; en ıssız çöllerinden insanı haberdar ettiği, malumat verdiği için haiz-i ehemmiyet değildir.

Cerideler ebna-yı beşerin zihin ve idraklarını tevsi; mesâyi-i mütevâliyelerini tezyît; servet ve samanlarını teksir, hakkaniyete, merhamet ve hamiyete davet, tashîh-i ahlâklarına dahi muavenet eyler. Evet, cerideler insanın ebkar-ı efkarını tevsi eyler, inbisât ettirir. Zira insan mütalaasıyla aktar-ı alemin her güne ihtiraat ve keşfiyatını, ahval ve harekâtını, vukuatını ve mesail silsilesini gözüyle görmüş gibi olur. Bunlara vukuf ise her halde labüddür. Bugün insan ecdadının, eslafının ahval-i sabıkasını ıtlaını kendisine vacibe-i zimmet görüyor. Yüzler; binlerce liralar sarfıyla beraber büyük büyük tehlikeleri mezahime katlanarak kitab-ı atikadan, evrak-ı pejmürdeden; bir kalkandan, bir oktan, bir harabeden, bir taş...

Bunları bu derece gazete okumaya sevk eden ve kaptıran nedir? Takdir! Meydana getirilen bütün buluşların, kullanılması için üretilen alet ve eşyaların, piyasaya çıkarılması için yayına sunulan kitap ve dergilerin velhasıl her şeyin kadrini ve önemini takdir etmek hep iyi bir hüner, marifet ve arifiyettir değil mi? Gazeteler sadece dünyanın en uzak yerinden, en derin köşelerinden, en ıssız çöllerinden insanı haberdar ettiği, bilgiler verdiği için önemli değildir.

Gazeteler, insan oğlunun zihin ve idraklarını genişletme, devamlı olarak işlerini artırma, servet ve mallarını çoğaltma, gerçeğe, merhamet ve yardımseverlik duygularını destekleme ve ahlâklarını olgunlaştırmalarına yardımcı olur. Evet, gazeteler insanın yeni fikirlerini yaygınlaştırır, ilerilere taşır. Zira insan gazeteyi okuyunca dünyanın her tarafından her gün buluşlar ve keşifleri, durum ve hareketleri, olayları ve örnekleri gözüyle görmüş gibi olur. Bu durum, bu konularda bilgi sahibi olanlar için her zaman önemlidir. Günümüzde insanlar, önceki nesillerin yaptıklarını ve bıraktıklarını, kendilerine bir sorumluluk olarak kabul ediyorlar. Yüzler binlerce lira harcayarak büyük tehlikelere, zorluklara katlanarak eski eserlerden, yıpranmış sayfalardan bir kalkandan, bir oktan bir harabeden, bir taş...

پارچه‌سندن معلومات مصیبه وصحیحه اخراجنه چالیشیور . متصل اوغراشیور ؛ اوصانمیور . بو بابده جاننی فدایه قدر انهماکلر کوستریور . نره‌ده قالدی که ایچنده بولندیغی زمانك ؛ برابرجه یشادیغی همجنسنك ـ هر محتاج بولندیغی وسائطی موجود اولدیغی حالده ـ احوالنه ؛ حرکاتنه کسب وقوف ایلمکی آرزو ایتمسون ؛ آندن بی بهره بی‌خبر اولسون . بناءً علیه هیچ برکیمسه‌نك اوقات حاضره‌سنه عدم وقوفی تجویز اولنه‌مدیغی کبی شان مدنیت وتمدنه‌ده یاقیشماز . اوت ؛ جریده‌لر جمعیت بشریه‌نك مساعئ متوالیه‌لرینی تضعیف و تزیید ایدر . زیرا هیچ بر فرد تصور اولنه‌مازکه غیرت فوق‌العاده‌سندن ویا خدمات ومساعئ خیرخواهانه وصادقانه‌سندن طولایی همجنسنك مظهر لطف وکرم جلیل پادشاهی اولدیغنی کورسون واوقوسونده حال سعادتك اشتمالنه غبطه واثرینه اقتفا ایتمسون. اوت جریده‌لر انسانلرك ثروت وسامانلرینك تکاثر و توافرینه خادمدر ؛ زیرا بر تاجر النده‌کی اموالی انجق غزته‌نك کوستره‌جکی بورسه‌یه ؛ پیاچه‌یه کوره بیع ودور ایدر ویا اشتراده بولنور .

اوت جریده‌لرك حقانیت ؛ مرحمت ؛ حمیت خصوصنده دخی پك بیوك خدمتلری وار . مثلا : بر سارقك ؛ بر محتکرك ؛ بر جانینك پنجهٔ قانون عدالته دوشوب دوچار مجازات

...parçasından malûmatı musîbet ve sahihe ihrâcına çalışıyor. Muttasıl uğraşıyor; usanmıyor bu babda canını fedâya kadar inhimâklar gösteriyor. Nerede kaldı ki içinde bulunduğu zamanın; berâberce yaşadığı hem cinsinin— her muhtâç bulunduğu vesâiti mevcut olduğu halde — ahvâline; harekâtına kesb ve kavf eylemeyi arzu etmesin; Ondan bihaber olsun. Binaenaleyh hiçbir kimsenin evkât hazinesine âdem vukufu tecvîz olunamadığı gibi şanı medeniyet-i temeddüne de yakışmaz. Evet; cerîdeler cemiyet-i beşeriyenin mesâi mütevâliyelerini tazyîf ve tezyîd eder. Zira hiçbir fert tasavvur olunamaz ki gayreti fevkalâdesinden veya hizmet ve mesâi hayırhâne ve sadâkânesinden dolayı hem-cinsinin mazhar-ı lütûf ve kerem-i celîl pâdişâhı olduğunu görsün. Okusun da hal-i saâdetin iştimâline gıptâ ve eserine iktifâ etmesin. Evet cerîdeler insanların servet ve mallarının tekasür ve tevâfürüne hâdimdir; zira bir tüccar elindeki emvâli ancak gazetenin göstereceği borsaya; piyasaya göre alır ve satar veya yatırım yapar.

Evet cerîdelerin hakkâniyet; merhamet, hamiyet husûsunda dahi pek büyük hizmetleri vardır. Muselâ: Bir suçlu; bir hırsız, bir katilin kanunun pençesine ve adalete düşüp cezasının...

...parçasından bilginin yanlış ve doğruluğunu çıkarmaya çalışıyor. Hiç durmadan uğraşıyor, usanmıyor bu hususta canını fedaya kadar alışkanlıklar gösteriyor. Nerede kaldı ki içinde bulunduğu zamanın, beraberce yaşadığı hem cinsinin -muhtaç olduğu aletleri mevcut olduğu hâlde- durumuna hareketine yönelmeyi arzu etmesin. Ondan nasipsiz habersiz olsun. Bundan dolayı hiçbir kimsenin vakit hazinesine insanın müdahalesi uygun olmadığı gibi medeniyet kültürüne de yakışmaz. Evet, gazeteler, beşerî cemiyetin iş ve uğraşlarını keyifli ve güzel hâle getirir, zira hiçbir fert tasavvur olunamaz ki gayreti üstünlüğünden veya hizmeti veya hayırlı işlerinden ve sadık işlerinden dolayı hemcinsinin lütuf ve kerem padişah olduğunu görsün. Okusun da saadethanenin görüntüsüne gıpta ve eserine rıza göstersin. Evet, gazeteler insanların servet ve mallarının çoğalması ve artması için görevlidir. Zira bir tüccar elindeki malları ancak gazetenin göstereceği borsaya, piyasaya göre satar ve devreder veya ortaklıkta bulunur.

Evet, gazetelerin hakkaniyet, merhamet ve hamiyet hususunda dahi pek büyük hizmetleri vardır. Mesela bir hırsızın bir yalancının bir katilin kanunun pençesine ve adalete düşüp cezasının...

شدیده اولمسی عجبا قارئین ایچون‌ده موجب انتباه اولمازمی ؛ فلاکت‌زدکانك ؛ بیچارکانك آواز استمدادکارانه‌سنی ایشیدنلر عجبا قلبلرنده مرحمت ؛ حمیت اثری طوغماز ؛ اویانمازمی ؟

اوت جریده‌لر ؛ بالجمله انام عالمك مکارم اخلاق ایله متحلی اولمسنی دخی ناصحدر . مثلا بر بدخویك ؛ بر بی‌ادبك ؛ بر بکرینك اختیار وارتکاب ایتدیکی معاملات مذمومه ومردوده‌سندن طولایی کریوۀ کدرکاك درین اوچورروملرینه ؛ موجب ندامت ورذالت تهلکه‌لره دوشمسی ؛ مجازات عدالت آیات ربانیه‌یه اوغرامسی کبی احوال پرملال هپ تصحیح اخلاقه خدمت ایتمزمی ؟

نتیجۀ کلام ؛ جریده‌لرك هر بری عصر حاضرك عالم و متفنن برر معلم فاضل ؛ برر مرشد کاملی و برر انموذج عبرت آمیزیدر . غزته‌لر مرآت عوالم و امم ؛ براهین ساطعۀ ترقیٔ مدنیتدر .

9

…şedîde olması acaba kârî'in için de mucîb-i intibâ olmaz mı? Felâketzeğânın, biçâregânın avâz-ı istimdâtkâranesini işitenler acaba kalblerinde merhamet, hamiyet eseri doğmaz mı?

Evet, cerîdeler: bilcümle enâm-ı âlemin mekârim-i ahlâkıyla mütehallî olmasına dahi nasıhtır. Meselâ bir bed-huyun bir bi-edebin bir bekârinin; ihtiyâr ve irtikâp ettiği muâmelet-i mezmûme ve merdûdesinden dolayı küreyve-i keder en derin uçurumlarına mucîb nedâmet ve rezalet tehlikelere düşmesi, mücâzat-ı adalet-i âyât-ı rabbâniyeye uğraması gibi ahvâli pür melâl hep tasfiye-i ahlâka hizmet etmez mi?

Netice-i kelâm; cerîdelerin her biri asr-ı hazırın âlim ve mütefennin birer muallim-i fazl, birer merşed-i kâmili ve bir enmuzec-i ibret-âmidir. Gazeteler mîrât-ı âvâlim ve ümmem berâhin-i satı'-ı terakki-i medeniyettir.

...şiddetli olması acaba okur için de icap eden bir durum olmaz mı? Felakete uğramışların ve çaresizlerin yardım istercesine seslerini işitenlerin kalplerinde acaba merhamet, hamiyet eseri doğmaz mı? Bir şeyler uyanmaz mı?

Evet, gazeteler tamamen âlemin, bütün yaratılmışlarının ahlâkının iyiliklerle dolmasını, süslenmesini dahi nasihat eder. Mesela bir kötü huyun, bir edepsizin, bir hırsızın reddedilen ve eleştirilen eylemlerinden dolayı keder küresinin en derin uçurumlarına sebep olan pişmanlık ve rezalet tehlikelerine düşmesi, Allah'ın ayetlerinin, adaletinin cezasına uğraması gibi durumlar, hep ahlâkın düzelmesine hizmet etmez mi?

Sonuç itibarıyla gazetelerin her biri günümüzün âlim ve bilim adamlarının birer fazilet öğretmeni birer kâmil mürşidi ve bir ibret verici örnek numunesidir. Gazeteler, âlemlere ve ümmetlere bakış ve medeniyetin yükselmesinin delileridir.

— عالم اطفاله بر نظر —

م . امین افندی یه :

سزی شخصاً طانیمام . احتمال که سزده بنی طانیمازسکز . فقط پك براق بر وجدان خالصه ؛ بیوك بر فکر ترقی جویانه یه مالك بر ذات ستوده صفات اولدیغکزی « آهنك » جریدهٔ فریده سنده مندرج مقالات صفوت نشانکز بکا اعلام ایتدی . طبیعت بو یا ! وطننك ترقیسنی دوشونن ؛ ملتنك رفاه وسعادتنی آرایان وانلردن کلدیکی مرتبه بلا غرض بو بابده خدمات خیرخواهانه ابرازینه غیرت ایدنلرك مفتونی یم .

ایشته نام عالیکزه اوله رق شو مقاله جکمك وجود بولمسی بکنده آهنك جریده سنك ۱۲۹۸ نومرولی نسخه سنده مندرج (سوء اقران) مقالهٔ ادب آرا کزك مطالعه سندن حاصل اولان تأثیر شوق انکیز سایه سنده در . او اثر ؛ نه قدر موشکفانه ؛ نه قدر خیرخواهانه یازلمشیدی ؟ !

بر زمانلر مقالاتکزك مندرجات منیفه سی [هرکسجه معلوم شیلر] دیه بعضلری طرفندن دوچار تعرض اولدیغنی ینه سز یازمشدیکز . احتمالکه (سوء اقران) ده عین اعتراضه هدف

10

Âlim-i etfale bir nazar

M. Emin Efendi'ye

Sizi şahsen tanımam. İhtimal ki siz de beni tanımazsınız. Fakat pek berrak bir vicdan-ı halise; büyük bir fikr-i terakki-cûyâne mâlik bir zât-ı sütûde sıfat olduğunuzu "Ahenk" cerîde-i Ferîdesi'nde müntak makâlât-ı safvet-nişânınız bana ilâm etti. Tabiat bu ya! Milletinin refah ve saadetini arayan ve elinden geldiği mertebe bila-garaz bu babda hidmet-i hayırhâne ibrâsına gayret edenlerin meftûnuyum.

İşte nam-ı âlinize olarak şu makâleciğimin vücûd bulması geçen de "Ahenk" cerîdesinin 1298 numaralı nüshasında müntec "su-i akrân" makâle-i edeb aranızın mütâlasından hasıl olan tesîr-i şevkengiz sayesindedir. O eser ne kadar müşikâfâne ne kadar hayırhâhâne yazılmıştır.

Bir zamanlar makâlâtımızın müntecât-ı münifesi [herkesçe malûm şeyler] diye bazıları tarafından düşar-ı taarruz olduğunu yine siz yazmıştınız. İhtimal ki ("Su-i Akrân") da aynı itirâza hedef olacaktır.

Çocuk öğretmenine bir bakış

M. Emin Efendi'ye

Sizi şahsen tanımam. İhtimal ki siz de beni tanımazsınız. Fakat pek temiz bir vicdana, büyük bir fikri ilerlemeye sahip bir kişisiniz ki Ceride-i Feride gazetesinde yayınlanan makaleniz bunu bana bildirdi. Milletinin refah ve saadetini arayan ve elinden geldiği ölçüde tamamen bu alanda hayırlı işler yapmak için gayret edenlerin hayranıyım.

İşte sizin değerli isminize istinaden bu yazının ortaya çıkması, geçen günlerde Ahenk gazetesinin 1298 numaralı sayısında yer alan "kötü akran" isimli edebî yazınızın incelenmesinden sonra meydana gelen şevkin etkisiyledir. O eser ne kadar inceden ne kadar hayırlı bir şekilde yazılmıştır.

Bir zamanlar yazılarımıza "herkesçe malum olan şeyler" denilerek, bazıları tarafından taarruza uğradığını yine siz yazmıştınız. İhtimal ki (kötü akran) da aynı itiraza hedef...

اولور . فقط نه بأس وار ! (الحق مر ولوکان‌در) ضرب مثلی میدانده . وارسون ارباب تعندوادئ ضلالت وسفالتده پویان وخسران اولسون ! .. حقیقت حاله واقف اولدیغی ؛ عقللری ایردیکی حالده عنود اولسون ! .. لکن شوراسی دهـا غریب دکلیدرکه فنالغی هرکسجـه معلوم و مشهود اولدیغی حالده کشی احوال وافعال ناهمواره ملتفت کورونسون ؟ .. آنلرك اسیری بولنسون ؟ ! ! ایشته بو غرابته مبنیدرکه اصل انسان ؛ عقلنك ایردیکی ؛ فنالغنی بیلدیکی شیلردن صاقنمالیدر . چونکه قوۀ ادراکنك خارجنـده بولنان مساوی ومعاصینك ارتکابندن طولایی (بیلمیوردم) جواب ناصوابیله بر درجـه کندیسنی معذور کوستره‌بیلور .

تربیۀ اطفـال ؛ اوقدر مهم بر مبحثدرکه هرکون بو بابده ستونلر ؛ صحیفه‌لر طولوسی ارشادنامه‌لر ؛ ایقاظنامه‌لر یازلسه ینه آزدر . چونکه بر ملك وملتك سلامتی ؛ بر دولت و حکومتك شوکت و عظمتی انلر تأییـد ؛ انلر ادامه ایلیه‌جکلردر .

اوت ! بوکون زمرۀ اطفالك بیوك بر قسمی دائرۀ ادب و تربیه‌دن او درجـه چیقمشدرکه کندیلرینی او دائرۀ فوز ونجاته دعوت ایچون قنطارلر ثقلتنده کاغد وقلمك ؛ بحر عمان محیطنده مرکبك صرف واستهلاکی لزومی بدیدار بولنیور ! !

11

...olur. Fakat ne beis var! (Doğruluk dönse de acıdır) Darb-ı mesel meydanda. Varsın erbâb-ı teanüd vâdi-i delalet ve sefalette püyân ve hüsrân olsun! Hakikat hâlâ vâkıf olduğu akılları erdiği hâlde en anûd olsun. Lâkin şurası daha garip değil midir ki fenâlığı herkesçe malum ve meşhûd olduğu halde kişi ahvâl ve ef'âl nâhemvâre-i mültefit görünsün! Onların esiri bulunsun? İşte bu garabete mebnîdir ki asıl insan aklının erdiği fenalığı bildiği şeylerden sakınmalıdır. Çünkü kuva-yı idrâkinin haricinde bulunan müsâvî ve muasirin irtikâbından dolayı bilmiyordum cevap na sevabıyla bir derece kendisini mâzur gösterebilir.

Terbiye-i etfâl o kadar mühim bir mübâhesedir ki her gün bu babda sütunlar sahîfeler dolusu irşâdnâmeler ikazât-nâmeler yazılsa yine azdır. Çünkü bir milik ve milletin selâmetini bir devlet ve hükûmetin şevket ve azâmetini onlar teyit onlar idame eyleyeceklerdir.

Evet! Bugün zümre-i etfâlin büyük bir kısmı daire-i edeb ve terbiyeden o derece çıkmıştır ki kendilerini o daire-i fevz ve necat'a davet için kantarlar sıkletinde kâğıt ve kalemin bahr-i ummân mahiyetinde mürekkebin sarf ve istimlâkı lüzumu bedîdar bulunuyor.

...olur. Fakat ne sakınca var! (Doğruluk dönse de acıdır?) atasözü meydandan. Varsın inatçı kişiler delalet ve sıkıntı vadisinde koşup perişan olsunlar! Hakikat hâlâ bilindiği gibi akılları erdiği hâlde en inatçı olsun. Lakin şurası daha garip değil midir ki fenalığı herkesçe bilinen ve şahit olunduğu hâlde kişi bu durum ve işlere daima iltifat göstermiştir! Onların esiri bulunsun! İşte bu tuhaflıktan dolayı ki asıl insanın aklının erdiği, hatası hakkında bildiği şeylerden sakınması gerekir. Çünkü idrak kuvvetinin haricinde bulunan eşit işlerden dolayı bilmiyordum cevabı doğru bir cevap vererek kendisini mazur gösterebilir.

Çocukların terbiyesi o kadar mühim bir konudur ki her gün bu hususta sütunlar sayfalar dolusu irşatnameler, ikazlar yazılsa yine azdır. Çünkü bir yeri ve milletin selametini, bir devletle hükûmetin şevket ve yüceliğini onlar teyit ederler onlar devam ettirirler.

Evet! Bugün çocukların büyük bir kısmı edep ve terbiye dairesinden o derece çıkmıştır ki kendilerini saadet ve kuruluş dairesine davet için kantarlar ağırlığında kâğıt ve kalemin bir umman gibi mahiyetinde ve mürekkebin de sarf ve istimlaki lüzumu meydanda görünüyor.

یارم عصر اول ؛ یکرمی بش اوتوز سنلرینه واران ارککلر دها چوجق صاییلیر ایدی . بنابرین قهوه‌لره کیدوب ایاقلرینی بربری‌اوزرینه آته‌رق قهوه ؛ نارکوله ایچمکه ؛ اویون‌اویناماغه دکل ؛ او تنباخانه‌نك قپوسندن کیرمکه ؛ حتی اوکندن کچمکه بیله استحیا ایدرلردی . اقران وامثالی‌اولمیانلر ایله کوروشمك و یولده راست کله‌جکی بر اختیاره احترامات مخصوصه‌ده بولنمه‌دن کچمك نه ممکن ایدی ! .. لکن هیهات ! اوکوزللکلر بو رعایتلر؛ بو تربیه‌لر اوزمان سعادت اقترانك آغوش حسرت رساننده اولدیغی حالده قعر بی امان عمانه ابدی اولمق اوزره دوکولوب کیتدی !! .

— معارف عمومیه —

ایشته بر کلام علوی که بتون جمعیت بشریه‌نك انسانیتی ؛ مدنیتی ؛ ترقیسی ؛ رفاهی ؛ تکملی ؛ سعادتی هپ بوکا ؛ معارف عمومیه‌یه مربوط ومفتقردر . بو حقیقته مبنیدرکه بیك شوقدر سنه اول شرفصادر اولان شو (مهددن لحده قدر تحصیل‌علمه چالیشکز . خزینهٔ علم ولو چینده اولسه کیدوب اوکرنکز) احادیث پیغمبری‌ایله دخی معارفك عالم انسانیت واسلامیته درجهٔ وجوب والزمیتی افهام و اعلام بیورلمشدر . بوحقیقت

12

Yarım asır evvel yirmi beş otuz senelerine varan erkekler daha çocuk sayılırdı. Binâberin kahvelere gidip ayaklarını birbiri üzerine atarak kahve nargile içmeye oyun oynamaya değil o tembel hânenin kapısında girmeye hatta önünden geçmeye bile istihyâ ederlerdi. Akran ve emsâli olmayanlar ile görüşmek ve yolda rast geleceği bir ihtiyâra ihtirâmat-ı mahsûsede bulunmadan geçmek ne mümkün idi. Lâkin heyhat o güzellikler bu riâyetler bu terbiyeler o zaman saâdet iktirânın agûşu hasret-resânında olduğu hâlde karîb-i âman-ı ummâna ebedî olmak üzere dökülüp gitti.

Yarım asır önce 25-30 senelerine varan erkekler daha çocuk sayılırdı. Bu nedenle kahvelere gidip ayaklarını birbiri üzerine atarak kahve ve nargile içmeye, oyun oynamaya değil o tembel mekânın kapısından girmeye hatta önünden geçmeye bile utanırlardı. Akran ve emsali olmayanlar ile görüşmek ve yolda rast geleceği bir ihtiyara hususi hürmette bulunmadan geçmek ne mümkün idi. Lakin eyvah ki o güzellikler, bu riayetler, bu terbiyeler o zaman mutluluğundan mahrum yetişenlerin devrinde ebedi olmak üzere yok olup gitti.

Maarif-i umumiye

İşte bir kelâm-ı ulvî ki bütün cemiyet-i beşeriyenin insaniyeti medeniyet-i terakkisi refah-ı tekamülü saadeti hep buna maarif-i umûmiyeye merbût ve müftekiridir. Bu hakîkat-mebnîdir ki bin şu kadar sene evvel şeref-sâdir olan (Mehdden lahde kadar tahsil-i ilme çalışınız. Hazine-i ilim velev Çin'de olsa gidip öğreniniz) ahâdis-i Peygamberi ile dahi maarifin âlem-i insaniyet ve İslâmiyet'e derece-i vücûb ve elzemiyeti efham ve ilam buyurmuştu. Bu hakîkat

Genel eğitim

İşte bir ulvi kelam ki bütün toplumların insanlığı, medeniyetinin ilerlemesi, refahı ve mutluluğu hep buna yani genel maarife bağlı ve muhtaçtır. Bu gerçek kaynaktır ki bin şu kadar sene evvel Yüce Peygamber'imizin "Beşikten mezara kadar ilim öğrenmek için çalışınız. İlim hazinesi velev Çin'de olsa da gidip öğreniniz" hadisi ile maarifin insanlık âlemi ve İslâm dinine zorunluluk derecesinde önemi ilan edilmiştir. Bu gerçek...

والزميتی بر زمانلر تماماً اکلامش وقبول ایتمش اولدیغمزدندرکه بو کون شو ترابستان فانی بر کلشن آسا حالنی آلمش؛ نیجه معموره‌لر عرض چهرهٔ مدنیت وسعادت ایلمکده بولنمشدر.

معرفت اسلامیه سایه‌سنده‌درکه بر زمان شاکردمز بولنان اوروپالیلر بو کون بزه کمال افتخار واغترار ایله معاملك ایده‌یورلر. دینك که (معارف عمومیه) نك احتوا ایتدیکی سعادت؛ بخش ایلدیکی رفاهت هیچ بر قدرت وثروتده موجود دکل واوله‌ماز. بو حالده بزده معارف عمومیه نیچون ترقی ایده‌مسون؟. نیچون آنك ایلرولمسنه غیرت ایتمیه‌لم؟.. هرشی کبی بونیده‌می حکومتدن بکلیه‌لم؟.. فقط شونی بیلمه‌لی یزکه اولادواحفادمزك انفاق واعاشه‌سنه؛ حسن تربیه‌سنه عقلاً؛ شرعاً؛ دیانةً؛وظیفةً نصل مجبورایسه‌ك کندیلرینه‌عقائد دینیه‌لرینی؛ مبادیٔ علمیه‌یی دخی تفهیم وتعلیمه اویله‌جه مجبور ومکلفز. بومجبوریت محققه‌یه مبنیدرکه دولتمز بلا استثنا هپمزی بو وظیفه ایله توظیف بیورمش ودستورده دخی بو خصوصده آیروجه تصریحات لازمه ویرلمشدر. فقط نه چاره‌که دولت ابدمدتمزك مساعدهٔ پدرانه ومسامحهٔ مشفقانه‌لرینی سوء تلقی یه آلشمش اولدیغمزدن بو مجبوریت قانونیه‌یه اصلا التفات ایتدیکمز یوق وشمدیکی حالده بو تکلیف محاسن ردیفدن استفاده ایدنلر آنجق حق ونیسك بین اولانلردر. کروه جهلا ایسه کندیلریله برابر

13

... ve elzemiyeti bir zamanlar tamamen anlamış ve kabul etmiş olduğumuzdandır ki bugün şu turâbistân-ı fânî bir gülşen-âsa halini almış nice memûreler arz-ı çehre-i medeniyet ve saâdet eylemekte bulunmuştur.

Maarifet-i islâmiye sayesindedir ki bir zaman şâkirdimiz bulunan Avrupalılar, bugün bize kemâl-i iftihar ve iğtirâr ile müallimlik ediyorlar. Demek ki maarif-i umûmiye'nin ihtivâ ettiği saâdet bahşeylediği refahat hiçbir kudret ve servette mevcut değil ve olamaz. Bu halde bizde maarif-i umûmiye niçin terakki edemesin niçin onun ilerlemesine gayret etmeyelim? Her şey gibi bunu da mı hükûmetten bekleyelim? Fakat şunu bilmeliyiz ki evlât ve ahfadımızın infâk ve iaşesine hüsn-ü terbiyesini aklen şer'an diyaneten vazîfeten nasıl mecbur isek kendilerine akâid-i diniyelerini mübâdi-i ilmiyeyi dahi tahfîm ve talîme öylece mecbur ve mükellefiz. Bu mecburiyet-i muhakkakiye mebnîdir ki devletimiz bila-istisnâ hepimizi bu vazife ile tevzîf buyurmuş ve düsturda dahi bu hususta ayrıca tasrîhât verilmiştir. Fakat ne çare ki devlet-i ebed müddetimizin müsâade-i pederâne ve müsamaha-yı müşfikâne lerinin su-i telâkkîye alışmış olduğumuzdan bu mecburiyet-i kanûniye asla iltifat ettiğimiz yok ve şimdiki halde bu teklif-i mehâsin-i rediften istifâde edenler ancak hak ve nikbin olanlardır. Güruh-u cühelâ ise kendileriyle beraber...

...ve gerekliliği bir zamanlar tamamen anlamış ve kabul etmiş olduğumuzdandır ki bugün şu fani yerler gül bahçesi hâlini almıştır. Nice memurlar medeniyet sahasında güzel işler yapmıştır.

İslâmi maarif sayesindedir ki bir zaman talebemiz olan Avrupalılar, bugün bize övünerek ve gururlanarak öğretmenlik yapıyor. Demek ki maarifin bulundurduğu saadet ve bahşeylediği refah, hiçbir kuvvet ve servette yoktur ve olamaz. Bu durumda bizde umumi maarif neden ilerlemesin ve onun ilerlemesi için çaba sarf etmeyelim. Her şey gibi bunu da mı hükûmetten bekleyelim? Fakat şunu bilmeliyiz ki evlatlarımızın yeme ve içmesine, iyi yetişmesine aklen, şer'an, diyaneten, vazifeten nasıl mecbur isek kendilerine dini akideleri, ilmi bilgileri dahi anlamaya ve öğretmeye öylece mecbur ve sorumluyuz. Bu gerçek bir mecburiyettir ki devletimiz istisnasız hepimizi bu vazife ile vazifelendirmiş ve bu yönde de ayrıca izahlar vermiştir. Fakat ne çare ki o yüce devletimizin müşfik ve müsamahakâr müsaadelerini yanlış anladığımız için bu kanuni mecburiyete asla dikkat ettiğimiz yok ve şu anda bu güzel tekliften yararlananlar ancak doğru ve iyimser olanlardır. Cahil grubu ise kendileriyle beraber...

اخفادی دخی وادیٔ ضلالت و جهالتده پویان اولمقده !
حالبوکه بو مجبوریت قانونیه الك زیاده جاهللره ؛ قصیرالعقللره
موضوع بولنمه‌کرك ؛ چونکه نعمت معارفی طاتمش ؛ مزیت
علمی طاتمش بولنانلر کافهٔ موانع واحتیاجاتی اقتحام ایده‌رك
بر ارزوی شدید ایله اولادلرینك دخی او نعمت جهانقیمتدن
حصه‌یاب کمال اولمسنه طبعاً چالیشیر .

غریبدرکه انسان ـ عقلی ایرسه بیله ـ حسب‌البشریه اکثریا
رخاوت وبطائته ؛ سیئات وسفالته متمایل بولندیغندن سعادت
وسلامتی مستلزم کافهٔ تکالیف قانونیه‌یه قارشی هر بار زبون
براقلمه‌لیدر . چونکه جزئی بر مسامحه ؛ اوفق بر قیدسزلق
او دائرهٔ سعادت وسلامتدن تباعدینی موجب اولور . بونك
ایچون اولادلرینك سوقاقلرده سوروننمه‌لرینی تجویز ایدن
پدرلر ؛ نونهالان استقبالك کمالیله نشوونماسنه اعتنا ایتمین ولیلر
شدیداً مسئول طوتلمه‌لی ؛ احکام قانونیه‌یه توفیقاً شدتله‌دوچار
مجازات‌ایدلمه‌لیدر . باق اوزمان سوقاقلرده ؛ بایرلرده‌چوجقدن
اثر کوریلورمی ؟ هرکس چوجغنی یرلشدیرمك ایچون جمع
ایده‌جکلری اعانات ایله‌مکتبلر تأسیس ایتمزمی ؟ فقط شمدی‌یه
قدر هانکی بر پدر چوجغنی مکتبه کوندرمدیکندن طولایی
مسئول طوتلمش وحبس ایدلمش و یا جزای نقدی الحمشدر ؟
بیلنمز؛که نه حکمتدر ؟ محلی مأمورلری ؛ آمال سعادت اشتمالـه

…ahfadı dahi vâdî-i dalâlet ve cehâlette pûyân olmakta. Halbuki bu mecbûriyet-i kanûnîye en ziyâde câhillere kasîrü'l-ukûllara mevzûu bulunsa gerek çünkü nimet-i maarifî tatmış, meziyet ilmî tanımış bulunanlar kâfî-i mevânî ve ihtiyâcâtı iftihâm ederek bir arzû-yı şedîd ile evlâtlarının dahi o nimet-i cihânkıymetten hisseyâb-ı kemâl olmasına tabiiyen çalışır.

Gariptir ki insan aklı erse bile hasbel beşerîye ekseriyâ rehâvet ve betâate ve seyyiât ve sefâlete mütemâil bulunduğundan saâdet ve selâmetini müstelzim kâfî-i teşkilât-ı kanûnîye karşı her bar zebûn bırakılmalıdır. Çünkü cezâyı bir müsamaha ufak bir kayıtsızlık o daireyi saâdet ve selâmetten tebaüdünü mucîb olur. Bunun için evlâtlarının sokaklarda sürünmelerini tevzî eden pederler nevnihâlân istikbâlin kemâliyle neşv ü nüma-sına itina etmeyen velîler şedîden mes'ûl tutulmalı, ahkâm-ı kanûnîye tevfîken şiddetle düçâr edilmelidir. Bak o zaman sokaklarda bayırlarda çocuktan eser görülür mü? Herkes çocuğunu yerleştirmek için cem edecekleri inat ile mektepler tesis etmez mi? Fakat şimdiye hangi peder çocuğunu mektebe göndermediğinden dolayı mes'ûl tutulmuş, hapsedilmiş veya ceza-yı nakdî alınmıştır? Bilinmez ki ne hikmettir? Mahalle memurları amâl-i saâdeti iştimâl."...

...çocuğu bile dalalet ve cehalet vadisinde koşturmakta. Hâlbuki bu kanuni zorunluluk en fazla cahillere, aklı kıt olanlara mevzusu bulunsa gerek çünkü maarif nimetini tatmış, yetenek ilmini tanımış bulunanlar engellerin hepsini ve ihtiyaçları anlayarak şiddetli bir arzu ile evlatlarının bile o dünyaya değer olan nimetten nasiplenmeleri için çaba sarf ederler.

Gariptir ki insan aklı erse bile, genellikle gevşeklik, düşüncesizlik, kötülük ve sıkıntı gibi olumsuzluklara yatkın olduğundan, mutluluğunu ve güvenliğini korumak için yasal sorumluluklara karşı her zaman dikkatli olması gerektiği kabul edilmelidir. Ceza vermeksizin gösterilen bir müsamaha ve ufak bir kayıtsızlık, o daireyi saadet ve selametten uzaklaştırır. Bunun için evlatlarının sokaklarda sürünmelerine müsaade eden babalar taze fidanların geleceğin kemaliyle gelişmelerine itina etmeyen veliler şiddetli bir şekilde sorumlu tutulmalı, kanuni hükümlere göre şiddetle çaresiz bırakılmalıdır. Bak o zaman sokaklarda, bayırlarda çocuktan eser görülür mü? Herkes çocuğunu yerleştirmek için toplayacakları yardımlarla okullar yaptırmaz mı? Fakat şimdiye kadar hangi baba çocuğunu okula göndermediğinden dolayı sorumlu tutulmuş, hapsedilmiş veya para cezası almıştır? Bilinmez ki ne hikmettir? Mahalle memurları saadet işlerini kapsayan...

حكومته رغماً امر معارفه همان هيچ همت بيورمايورلر !

دولت ابد مدتمز بوكون معارف عموميه‌نك تعميم وترقيسى ايچون‌ده آز فداكارلقده‌مى بولنمامشدر ؟ آز منابع وارداتمى كوسترممشدر ؟ بوكون با ارادۀ سنيۀ حضرت پادشاهى جهت معارفه ترك وتبرع ايديلن اوقاف مندرسه ونقود موقوفه ايله (١٣٠٠—١٣١٠) سنه‌سنه قدر معارف بقاياسى تحصيل وجبايت قلنسه ميليونلر ايدر . فقط بونلرك درج وجمعيله دارالتحصيللر ميدانه كتورمك ايچون هانكى مأمور چاليشه‌جق ويا بونلره هانكى ارباب نفوذ واقتدار تسهيلات ومعاونت كوستره‌جك ؟! بناءً عليه انصاف ايده‌لم‌ده هر بار ديللرمزده دستان اولان حميت سوزلرينك؛ ترقى ارزولرينك اثار فعليه‌سنى ساحۀ علانيته وضع ايده‌لم . چونكه :

آيينه‌سى ايشدر كشينك لافه باقلماز
شخصك كورينور رتبۀ عقلى اثرنده

15

…hükûmete rağmen emr-i marife hemen himmet buyurmuyorlar! Devlet-i ebed müddetimiz bugün maarif-i umumiyenin temin? Ve terakkisi için de az fedakarlıkta mı bulunmuştur? Az ve menabi-ı varidat göstermiştir? Bugün ba-irade-i seniyye-i hazreti padişahı cihet-i maarife terk ve teberru edilen evkaf-ı münderise ve nukud-u mevkufe ile 1300 1310 senesine kadar maarif-i bekayası tahsil ve cibayet kılınsa milyonlar eder. Fakat bunların derc ve cemiyle darültahsilleri meydana getirmek için hangi memur çalışacak? Veya bunlara hangi erbab-ı nüfuz ve iktidar muavenet gösterecek? Binaenaleyh insaf edelim de her bar dillerimizde destan olan hamiyet sözlerinin terakki arzularının asar-ı fiiliyesini saha-yı ilaniyete vaz edelim. Çünkü:

Ayinesi iştir kişinin lafa bakılmaz.

Şahsın görünür rütbe-i aklı eserinden.

...hükûmete rağmen maarif emrine hemen yardım buyurmuyorlar. Büyük devletimiz bugün umumi maarifin temin ve gelişmesi için az mı fedakarlıkta bulunmuştur? Gerekli olan kaynaklarını göstermiştir. Bugün Padişah'ımızın irade-i seniyeleriyle maarif işleri için kaynak olan ve bağışlanan vakıf eserleri ve harcanan paralarla 1300-1310 senesine kadar maarifin gelişmesi ve kalkınması için harcanan paralar hesap edilse milyonlar eder. Fakat bunların bir araya getirilmesi ve toplanmasıyla okulları meydana getirmek için hangi memur çalışacak? Veya bunlara hangi nüfuz ve iktidar sahibi yardım edecek. Bundan dolayı insaf edelim de her zaman dilimizde destan olan vatanseverlik sözlerinin, ilerleme arzularının fiili eserlerini sahada gösterelim. Çünkü:

Kkişinin aynası işdir, lafa bakılmaz.

Şahsın aklının derecesi yaptığı işte görünür.

— مصاحبهٔ ادبیه —

محمد شرف و م. کامل افندی برادرلرمزه :

لسان حقنده یکدیکرکزه تعاطی قلنان و توالی ایدن مقالاتدن نه دیمك ایستلدیکی اکلاشیله‌مایور. اسانمزك صرف ترکجه اوله‌رق سویلنوب یازلسی‌می؟ فقط شمدی‌یه قدر بو بابده وقوع‌بولمش و بوله‌جق اولان مناظرات ومجاهداتك ثمره‌سز اوله‌جغی امثالی ایله مثبت اولدیغی کبی ساده‌لکك تشنه‌لب وخواهشکری بولندیغنی کوسترن محمد شرف افندی برادرمزك « آهنك » جریدهٔ فریده‌سیله نشرینه همت بیوردقلری اکثر مقالات حمیت‌ایاتنك لایعد نکات ومواضعات ایله مالی بولنمسی ایله دخی مؤیددر. حالبوکه قائلك اقوال مسروده‌سیله عامل اولمسی لازم کلیر دکلمی؟ ...

اوت کلمات عربیه وفارسیه‌یه او درجه میل محبت وعرض احتیاج کوسترمشزکه عصرلردنبری مألوف اولدیغمز او ایکی لسان عذب الباندن تماماً دامن کش فراغت اولنه‌رق قطع مناسبت ایتمك همان امکان خارجنده‌در. وهم نه‌دن قطع علاقه‌یه قالقشالم؟ او ایکی لسان سایه‌سنده دکلمیدرکه بوکون لسانمز همان عموم السنه‌دن رنکین و زنکین بولنیور. یالکز بز دکل؛

16

Müsahabe-i edebiye

Mehmet Şerif ve M. Kâmil Efendi biraderlerimize:

Lisan hakkında yekdiğerinize teati kılınan ve tevali eden Makalâttan ne demek istenildiği anlaşılamıyor. Lisanımızın sırf Türkçe olarak söylenip yazılmasını fakat şimdiye kadar bu babda vuku bulmuş ve bulacak olan münazarat ve mücahedâtın semeresiz olacağı emsali ile müsbet olduğu gibi sadeliğin teşneleb ve hahişgeri bulunduğunu gösteren Mehmet Şerif Efendi biraderimizin Ahenk Ceride-i ferîdesiyle neşrine himmet buyurdukları ekser Makalâtı hamiyet ebyâtının lâ-yuad nikat ve muvazat ile mali bulunması ile dahi müeyyiddir. Halbuki kailin akval mesrudesiyle amil olması lazım gelir değil mi?

Evet kelimat-ı Arabiyye ve Farsiyeye o derece meyil-i muhabbet ve arz -ı ihtiyaç göstermişiz ki asırlardan beri meluf olduğumuz o iki lisan-ı azbü'l-beyândan tamamen daim kûşe-i ferâğat bulunarak kata münasebet etmek hemen imkân haricindedir. Vehim neden kata alakaya kalkışalım? O iki lisan sayesinde değil midir ki bugün lisanımız hemen umum elsineden rengin ve zengin bulunuyor yalnız bize değil...

Edebî sohbetler

Mehmet Şerif ve M. Kâmil Efendilere:

Dil hakkında birbirine karşılıklı ve arkası kesilmeyen makalelerle ne demek istedikleri anlaşılamıyor. Dilimizin sırf Türkçe olarak söylenip yazılmasını fakat şimdiye kadar bu minvalde vuku bulmuş ve bulacak olan münazaraların ve mücadelenin neticesiz olacağı örneğini açıkladığı gibi sadeliğin arandığını ve arzulandığını gösteren Mehmet Şerif Efendi'nin Ahenk gazetesinde yayımlanmasına yardım ettikleri genel makaleleri vatanseverlik beyitlerinin, sayısız nüktelerin ve esprilerin de ortaya çıkmasını dahi teyit etmiştir. Hâlbuki, söyleyenin söylemiş olduğu sözleri yapmış olması gerekmez mi?

Evet, Arapça ve Farsça kelimelere o kadar ilgi göstermiş ve kendimizi muhtaç hissetmişiz ki asırlardan beri alışmış olduğumuz o iki tatlı akıcı dilden tamamen uzaklaşmak, temas kurmamak imkânsızdır.? O iki dil sayesinde değil midir ki bugün dilimiz hemen diğer dillerden daha renkli ve zengin bulunuyor. Yalnız bize değil...

هر لسان محتاجی اولدیغی الفاظ وکلماتی السنهٔ سائره‌دن المش و بو صورتله تکمل تام حاصل ایلمشدر . ایشته بو حقیقته مبنیدر که بو کون کرهٔ ارض[ی] اوزرنده مجرد بر لسان متصور دکلدر . اما دنیله‌جك که (آنلر لسانلرنده اساساً بولنمیان شیلری آلمشلردر؛ بوحالده بزده اولان شیلرك برده عینی سائرلرندن آلمغه نه حاجت و مجبوریت واردر ؟) طوغری ! فقط فضله مال کوز چیقارمز) ضرب مثلنجه آلنسه بر ضررمی کوریلور ؟ .. اصلا ! برده کنکرهٔ آسمانه نجوم شعله‌پرور نه درجه رونق بخش اسه عربی ؛ فارسی‌ده لسانمزه او نسبتده حلاوت و لطافت ویرمشدر . بو بر حقیقتدر که انکارینه احتمال یوقدر .

لکن تکرار دینیله بیلیر که (سویلیوب یازدیغمزی نیچون کافهٔ افرادمز اکلایه‌ماسون ؟) اعلا ! فقط بوکون بر فرانسز غزته‌سنی هانکی بر کویلیسی اکلایه بیلیور ؟ دیمك که هر لسانك فصاحتنی هر صنف اهالیسی آکلایه‌مازمش . دیمك که هر لسانك ایکی درلو اسلوب افاده‌سی وارمش . بوحالده بوقاعدهٔ عمومیه‌یه بزده اتباعه مجبورز .

یالکز آرزو اولنه‌جق بر شی وارسه اوده قبول اولنمش واولنه‌جق اولان کلمات عربیه وفارسیه‌یه بر حد ویره‌رك لسانمزك بسبتون مشکلاته دوشورمکدن وقایه‌سیدر .

(٢)

17

...her lisan muhtaç olduğu elfaz ve kelimât-ı elsine-i saireden almış ve bu suretle tekemmül-ü tam hasıl eylemiştir. İşte bu hakikate mebnidir ki bugün küre-i arz üzerinde mücerret bir lisan mütesavvur değildir. Ama denilecek ki (Onlar lisanlarında esasen bulunmayan şeyleri almıştır. Bu halde bizde olan şeylerin bir de aynını sairlerden almaya ne hacet ve mecburiyet var idi) doğru fakat fazla mal göz çıkarmaz) darb-ı meselince alınsa bir zararı mı görülür? Yok asla bir de küngüre-i âsumana nücûm şû'le-perver ne derece revnak-bahş ise Arabi Farsiyi de lisanımızda o nispette halavet ve letafet vermiştir. Bu bir hakikattir ki inkârına ihtimal yoktur.

Lakin tekrar denilebilir ki söyleyip yazdığımızı niçin kaffe-i efradımız anlayamasın?) Ala! Fakat bugün bir Fransız gazetesini hangi bir köylüsü anlayabiliyor? Demek ki her lisanın fesahatini her sınıf ahalisi anlayamazmış. Demek ki her lisanın iki türlü üslub ve ifadesi varmış. Bu halde bu kaide-yi umumiyeye biz de ittibaa mecburuz.

Yalnız arzu olunacak bir şey varsa o da kabul olunmuş ve olunacak olan kelimat-ı Arabiyye ve Farsiyeye bir had vererek lisanımızı büsbütün müşkülata düşürmekten vikâyedir.

...her dil muhtaç olduğu sözleri diğer dillerin kelimelerinden almış ve bu şekilde tam gelişmesini sağlamıştır. İşte bu gerçeğe bağlı olarak bugün yeryüzünde bağımsız bir dil düşünülemez. Ama denilecek ki "Onlar dillerinde esasen bulunmayan şeyleri almıştır. Bu durumda bizde olan şeylerin bir de aynısını diğer dillerden almaya ne gerek ne mecburiyet vardı?" Doğru; fakat "fazla mal göz çıkarmaz." atasözünden hareketle alınsa bir zararı olur mu? Yok asla bir de gökyüzüne yıldızlar ne kadar ışık ve parlaklık vermişse Arapça ve Farsça da dilimize o nispette sevimlilik ve güzellik vermiştir. Bu bir hakikattir ki bunu inkâr edemeyiz.

Lakin tekrar denilebilir ki söyleyip yazdığımızı neden bütün fertlerimiz anlamasın? Doğru! Fakat bugün bir Fransız gazetesini hangi Fransız köylüsü anlayabiliyor? Demek ki her dilin anlam ve uyumunu her sınıftan kişi anlayamazmış. Demek ki her dilin iki türlü üslup ve ifadesi varmış. O hâlde bu genel kaideye biz de uymak mecburiyetindeyiz.

Yalnız tek istenen husus, kabul olunmuş ve olunacak Arapça ve Farsça kelimelere bir sınır koyarak dilimizi tamamen sıkıntıya düşürmekten korumaktır.

— اجزاجيلق و اجزاجيلرمز —

انسان ؛ مدنى الطبع يعنى فطرةً تشكيل جمعيت وتأسيس مدنيته مستعد ؛ عالم تجرد و وحشتدن مجتنب بولنمغله كندندن قوى حيوانات وحشرات مخوفه ومضرديه قارشى محافظهٔ نفس ايچون آلات مدافعه‌دن ؛ استدامهٔ حياتى ايچون‌ده وسائط استحضاريهٔ غدائيه‌دن كلياً محروم اولديغى حالده مجرد جناب خالق عوالمك كنديسنه احسان بيورمش اولديغى عقل وحسن تدبير سايه‌سنده بو بابده‌كى احتياجاتنى بالوجوه بلغاً مابلغ تدارك واستكمال ايتدكدن بشقه عالم كائناته نظراً جزئى اولمقله برابر خارق العاده ومحيرالعقول قوتنك بر تجربه‌سنى‌ده عادتا كرهٔ ارضك خارجنده كورمك و كوسترمك هوسلرينه قدر دوشمشدر . حتى بونكاه‌ده قناعت وا كتفا ايتميه‌رك حيات امواتى تأخير وتجديد ايتمك وهيچ بر جزؤ و آلتى نقصان اولمامق اوزره تركيب وتصنيع ايلديكى اجساد بشرك مشى وحركتنه چاره‌لر آره‌مق جرأتنه قدر وارمشلردر . زهى جسارت ؛ زهى غفلت ! . ولكن كنديسنجه پك بيوك ، پك مهم عد ايتديكى موفقيات واختراعاتنك شئ قليل وبلكه‌ده هيچ اولديغنى بلآخره عجزنده آكلايجه درحال :

سبحان من تحير صنعه العقول
سبحان من بقدرته يعجز الفحول

18

Eczâcılık ve eczâcılarımız

İnsan; medenî'l tabiî yani fıtraten teşkîl-i cemîyet ve tesîs teşkîl-i medeniyete müstaid; âlem-i tecerrüd ve vahşetten müctenib bulunmakla kendinden kuvve-yi hayvanât ve haşerât-ı mahûfe ve muzıraya karşı muhâfaza-yı nefis için alât-ı müdâfaadan; istidâme-i hayâtı için de vesâit hâlik-i avâlimin kendisine ihsan buyurmuş olduğu akıl ve hüsn-ü tedbîr sâyesinde bu bâbdaki ihtiyacâtını bilvücûh belâgan mâ-belâğ tedârik ve istikmâl ettikten başka âlem-i kâinâta nazaran cezai olmakla beraber hâriku'lâde ve muhayyirü'l ukûl kuvvetinin bir tecrübesini de âdeta küre-i arzın hâricinde görmek ve göstermek heveslerine kadar düşmüştür. Hatta bununla kanâat ve iktifâ etmeyerek hayât-ı emvâtı tehîr ve tecrît etmek ve hiçbir cüz ve aleti noksân olmamak üzere terkîb ve tesnî eylediği ecsâd-ı beşerin meşi ve hareketine çâreler aramak cürretine kadar varmışlardır. Zahî cesâret; zahî gaflet! Velâkin kendisince pek büyük, pek mühim ad ettiği muvaffakiyât ve ihtirâtının şerr-i kalîl ve belki de hiç olduğunu bilâhere aczinden anlayınca derhâl:

Subhâne men tahayyera fî sun'ihi'l-ukûl,

Subhâne men bikudretihî ya'cizü'l-fühûl.

Eczacılık ve eczacılarımız

İnsan, doğal olarak medenidir yani yaratılış itibarıyla topluluk oluşturma ve medeniyet kurmaya kabiliyetlidir. Vahşi ve yalnız yaşamaktan uzak bulunmaktadır. Kendisini hayvan ve diğer zararlı şeylerden korumak için aletler kullanır. Hayatını devam ettirmek için de araçlar ve Âlemin Yaratıcısı tarafından kendisine verilen akıl ve tedbirli olma sayesinde bu alandaki ihtiyacını bol bol karşılayıp temin etmektedir. Bunun haricinde kâinata nazaran cezai olmakla beraber harika ve akıllara hayranlık veren kuvvetinin bir tecrübesini de âdeta yeryüzünde görmek ve göstermek isteğine düşmüştür. Hatta bununla yetinmeyerek ölümü ertelemek, uzaklaştırmak ve hiçbir parçası ve eşyası eksik olmamak üzere oluşturduğu insan cesedinin yürüyüş ve hareketine çareler aramak cüretine kadar varmışlardır. Bu nasıl bir cesaret bu nasıl bir gaflet. Velakin kendisince büyük pek büyük pek önemli saydığı bu mücadelenin bir hata ve belki de gereksiz olduğunu daha sonra acz ile anlayınca hemen...

Sanatıyla, eserleriyle akılları hayrete düşüren,

Kudretiyle anlayışları aciz bırakan Allah'ı tesbih ederim.

تهلیل تسلیمیت آمیز یله جناب قادر مطلقك قدرت وعلویت سرمدیه‌سنی انکشت بردهن حیرت اوله‌رق بالتقدیر ذات الوهیته اولان محبت وطاعتنی برقات دها تزیید وتأیید ایلمشدر. دیمك که انسان خلقةً همان کافهٔ مخلوقات ذوی ارواحدن دها عاجز وناچیز ایکن مجرد حدت ذکا؛ وفرت عقل؛ شدت دها سایه‌سنده آلات وسائطی حسن استعمال ایله موجب فخر وسرور؛ مستوجب کبر وغرور اوله‌جق نیچه ابداعات واختراعات خارق العادیه موفق اولیور!

اوت انسانك، انسان کامل و اکمل مخلوقات شرفنه مظهریتی آنجق جودت عقل وفکرینك ترقیات ومحسنات اموره حصر وصرف ایدلمسیله‌در. بونك ایچون هرقوم وملتك بوش طورمیوب کیجه وکوندوز چالیشه‌رق بلا استثنا ممدوح ومشروع اولان کافهٔ اموردە اختصاص تام کسب ایتمسی وهیچ برندن اعراض واستغنا ایلمه‌مسی لازمه‌دندر. حالبویله ایکن بیلمم نیچوندرکه بز آنجق بر ایکیمزك احوالنی نظر دقت و رقابته آلوب کیتدکلری یوله سلوك وامتثال ایده‌رك کافهٔ مقاصد ومساعیمزی تحدید ایتمکده و بو صورتله شعبات امورك بر چوغنده وقوفسز، بهره‌سز قالمقده‌یز. اوت بوکون کوریلیورکه جملهٔ ترقیات محاسن غایات شاهانه‌دن اوله‌رق الکامزك همان هر کوشه‌سنده حمداً ثم حمداً برر دوقتور بولنیور. کوزل! هم.

19

Tahlîl-i teslimiyet amîziyle cenâb-ı kâdir- mutlakın kudret ve uluviyet-i sermediyesini engüşt bir dehen-i hayret olarak biltakdîr zâtü'l bahtına olan muhabbet ve tâatini bir kat daha tezyîd ve teyîd eylemiştir. Demek ki insan hilkaten hemen kaffe-i mahlûkât züy-i ervâhdan daha âciz ve nâçiz iken mücerred-i hizmet-i zekâ; vefret-i akıl; şiddet-i dehâ sâyesinde alât vesziti hüsn-ü istimâl ile mûcib-i fahr-ü-server; müstevcib-i kibir ve gurur olacak nice ibdâat ve ihtirâat harikûlâdeye muvaffak oluyor!

Evet insanın, insan-ı kâmil ve ekmel-i mahlûkât şerefine mazhariyeti ancak cevdet-i akıl ve fikrinin terakkiyât ve muhsenât-ı umûra hasr ve sarf edilmesiyledir. Bunun için her kavim ve milletin boş durmayıp gece ve gündüz çalışarak bilâistisnâ memdûh ve meşrû olan kaffe-i umûrda istihsâs-ı tâm kesbetmesi ve hiçbirinden irâz ve istiğnâ eylememesi lâzımedendir. Hal böyle iken bilmem niçindir ki biz ancak bir ikimizin ahvâlini nazar-ı dikkat ve rekâbete alıp gittikleri yola sülûk ve imtisâl ederek kaffe-i makâsıd ve mesâîmizi tehdîd etmekte ve bu sûretle şuabât-ı umûrun birçoğunda vukûfsuz, behresiz kalmaktayız. Evet bugün görülüyor ki cümle-i terakkiyât-ı mehâsin gayat-ı şahâneden olarak ülkemizin hemen her köşesinde hamden sümme hamden birer doktor bulunuyor. Güzel! Hem....)

Tam bir teslimiyet ile Yüce Yaratıcı'nın kudretini, yüceliğini ve sonsuz büyüklüğünü parmağı ağzında ve hayretler içerisinde kalarak Allah'a olan sevgi ve itaatini bir kat daha artırmış ve teyit etmiştir. Demek ki insan yaratılış itibarıyla diğer yaratılmışlardan ve ruhlardan daha aciz ve daha hassas iken zekâsı ölçüsünde akıl bolluğu ve deha gücü sayesinde aletleri ve eşyaları güzel bir şekilde amacına uygun kullanıp gururlanacak nice emsalsiz ürünler ortaya koymayı başarıyor.

Evet, insanın, olgun insan ve yaratılmışların en şereflisi hâline ulaşması ancak akıl ve fikir güzelliği, ilericilik ve topluma fayda sağlamasıyla olur. Bunun için her kavim ve milletin boş durmayıp gece gündüz çalışarak istisnasız güzel ve faydalı işler için çaba sarf etmesi ve hiçbirinden yüz çevirmemesi gerekmektedir. Hâl böyleyken bilmem ne içindir ki biz ancak bir ikimizin durumunu dikkate alarak ve rekabete girip onların gittikleri yola yönelerek bütün maksatlarımızı ve mesaimizi sıkıntılara sokmakta ve bu şekilde işlerin çoğunda bilgisiz, nasipsiz kalmaktayız. Evet bugün görülüyor ki ülkemizin hemen her köşesinde ham üstüne hamd eder birer doktor bulunuyor. Güzel! Hem...

پك كوزل ! .. لكن نيچون بر اجزاجى بولنمسون ؟! ..
اجزاجيلق عادى مى ؟ اعتبارسزمى ؟ قزانجسزمى ؟ اهميتسزمى ؟ ..
غفلت ؛ صد هزار غفلت !! .. بيلنمزكه فن اسپنچارى دوقتو-
لقدن معتبر ؛ هكيملكدن اهميتلى ، طبابتدن قزانجليدر .

بر كره دوشونلسون ! دوقتورك تنظيم ايتديكى رچته‌نك محتوياتنى كيم ترتيب وتركيب ايده‌جك ؟.. اجزاجى ! بو حالده خسته‌كانك نقاهت وعافيتى ؛ دوام مرض وعلتى اجزاجينك انصاف ومرحمتنه ؛ اقتدار و بهره‌سنه وابسته قالمش اولور دكلى ..
حقيقت بومركزده ايكن يازيق دكلى كه هپمز حياتمزى اجانب واغيارك النه تسليم ايتمش بولنه‌لم ؟

تأسف اولنمازمى كه طبابتك مابه الاحتياجى اولان اجزا-
جيلقدن بى خبر بولنه‌لم ؟

عيب دكليدر كه بر زمانلر هپ بونلرك موجد واستادكاملى بز ايكن بوكون يارەمزك مرهمنى كنديمز تدارك واحضار ايده‌ميه‌لم ؟
اى اوليای كرام ! نظر بصيرتمزى آچه‌لم . قويون كبى مقلد اولوب ده ايچمزدن برينك بر يوله انهماكيله هپمزك اوطريقه امتثالى لازم كلميه‌جكى حقيقتنى اكلايه‌لم . دور انديش ؛ حق بين اوله‌لم . ملكمزده هانكى جهت نقصان ايسه آنكده اتمامنه غيرت ايده‌رك عصر حاضر علوم وفنونك كافه‌سندن حصه‌مند مفخرت اوله‌لم . رغبت كوستره‌لم‌ده فن طبابت كبى فن

20

…pek güzel! Lakin niçin bir eczâcı bulunmasın? Eczâcılık âdî mi? İtibârsız mı? Ehemmiyetsiz mi? Gaflet; sad hezâr gaflet! Bilinmez ki fenn-i ispençiyari doktorluktan muteber; hekimlikten ehemmiyetli, tebâbetten kazançlıdır.

Bir kere düşünülsün! Doktorun tanzîm ettiği reçetenin muhteviyâtını kim tertîb ve terkîb edecek? Eczâcı! Bu hâlde hastegânın nekâhet ve afiyeti; devâm-ı maraz ve illeti eczâcının insâf ve merhameti; iktidâr-ı bi-behresine vâbeste kalmış olur değil mi? Hakîkat bu merkezde iken yazık değil mi ki hepimiz hayâtımızı ecânib ve ağyârın eline teslîm etmiş bulunalım?

Teessüf olunmaz mı ki tebâbetin mâbe'l ihtiyâcı olan eczâcılıktan bîhaber bulunalım?

Ayıp değil midir ki bir zamanlar hep mûcid ve üstâd-ı kâmili biz iken bugün yaramızın merhemini kendimiz tedârik ve ihzâr edemeyelim? Ey evliyâ-i kirâm! Nazar-ı basîretimizi açalım. Koyun gibi mukallid olup da içimizden birinin bir yola inhimâkıyla hepimizin o tarîke imtisâli lazım gelmeyeceği hakîkatini anlayalım. Dûrendîş; hak-bîn olalım. Mülkümüzde hangi cihet noksân ise onun da itmâmına gayret ederek asr-ı hâzır ulûm ve fünûnun kaffesinden hisse-mend mefharet olalım. Rağbet gösterelim de fenn-i tebâbet gibi fenn-i...

... pek güzel. Lakin niçin hiçbir eczacı bulunmasın? Eczacılık kötü mü? İtibarsız mı? Önemsiz mi? Gaflet, yüz binlerce gaflet! Bilinmez ki eczacılık doktorluktan kıymetli, hekimlikten önemli, doktorluktan kazançlıdır.

Bir kere düşünülsün! Doktorun yazdığı reçetenin muhteviyatını kim düzenleyip oluşturacak? Eczacı! Bu durumda hastanın iyileşmesi ve sağlığı ve yine rahatsızlığının devamı eczacının insaf ve merhametine, nasipsiz kuvvetine bağlı kalmış olur değil mi? Gerçek bu merkezde iken yazık değil mi hepimiz hayatımızı yabancıların eline teslim etmiş bulunalım.

Teessüf olmasın ki hekimliğin bütün ihtiyacı olan eczacılıktan habersiz bulunalım.

Ayıp değil midir ki bir zamanlar, her şeyde en iyiler bizde iken bugün yaramızın merhemini kendimiz tedarik edemeyip hazırlayamayalım. Ey kıymetli dostlar! Basiretimizin gözünü açalım. Koyun gibi taklitçi olup da içimizden birinin bir yola yönelmesiyle hepimizin o yöne yönelmesi lazım gelmeyeceği hakikatini anlayalım. Gelecek için kaygılı ve gerçeği gören olalım. Memleketimizde hangi yön eksikse onun da tamamlanmasına gayret ederek zamanın ilim ve fenninin cümlesinden faydalanalım. Rağbet gösterelim de tıp ilmi gibi eczacılık...

اسپنچاری بی ده ترقی ایتدیره‌رك معمورهٔ دلارامزك هرکوشه‌سنده فائق ، حمدی بکلر کبی نیچه پارلاق ؛ ماهر اجزاجیلر یتیشدیره‌لم .

— کتب تدریسیه —

معلومدرکه انسان هرنه‌یه تشبث ایتسه ؛ هرهانکی برمطلبك استحصال واستحضارینه ابتدار ایلسه هرشیدن اول بر آلته محتاجدر . اوت ! کافهٔ مساعئ معنویه ؛ بالجمله مشاغل مادیه آلات دنیلن وسائط اجرائیه‌نك مفتقریدر . مثلا بر کاتب ؛ بر تاجر ، بر زارع ؛ بر صنعتکارك والحاصل بلا استثنا هر ارباب اشتغالك مسلکنه مخصوص بر ویا بر قاچ آلتی اولوب کافهٔ اقتدارلرینی ؛ بتون مساعیلرینی بونلره تحمیل ایتمکده وآنجق بوصورتله آمال واعمالی واصل سرحد موفقیت اولمقده‌در .

برده معلومدرکه مبادی ومنتهای اعماله نظراً آلات اکثریا تخلف ایدر . مثلا بر قویومجی ؛ چراغه ابتدا اك ساده آلاتی بالتسلیم صورت استعماللرینی ارائه ایدر وبونلره تماماً کسب رسوخ واقتدار ایتمدکجه دیکر دها اهمیتلی ؛ دها اوست آلاتك هیچ بریله اجرای صنعت ایتمسنه مساعده کوسترمز . زیرا کندیسنده دها او اقتدار اولمادیغی جهتله بیهوده اشتغال ایده‌جکنی ومیدانه کتیره‌جکی ایشلرك اصلا مطلوبه موافق

21

…ispençiyârîyi terakkî ettirerek memûre-i dilâramızın her köşesinde Faik, Hamdi Beyler gibi nice parlak; mâhir eczâcılar yetiştirelim.

…ilmini de geliştirerek memleketimizin her köşesinde Faik, Hamdi Beyler gibi nice parlak yetenekli eczacılar yetiştirelim.

Kitâb-ı tedrisiye

Malûmdur ki insan her neye teşebbüs etse; herhangi bir matlabın istihsâl ve istihzârına ibtidâr eylese her şeyden evvel bir alete muhtaçtır. Evet! Kaffe-i mesai-i maneviye; bilcümle meşâgil-i maddiye alât denilen vesâit-i icraiyenin müftekiridir. Meselâ bir kâtib, bir tâcir, bir zâri, bir sanatkârın velhâsıl bilâ-istisnâ her erbâb-ı iştigâlin mesleğine mahsûs bir veya birkaç aleti olup kaffe-i iktidârlarını; bütün mesâierini bunlara tahmîl etmekte ve ancak bu sûretle amâl ve imâli vâsıl-ı serhadd-i muvaffakiyet olmaktadır.

Bir de malûmdur ki mübâdi ve müntehâ-i imâle nazaran alât-ı ekseriyâ tahallüf eder. Meselâ bir kuyumcu; çerâğa ibtidâ en sâde alâtı bitteslîm sûret-i istimâllerini irâ eder ve bunlara tamamen kesh rüsûh ve iktidâr etmedikce diğer daha ehemmiyetli; daha evsat alâtın hiçbiriyle icra-yı sanat etmesine müsaâde göstermez. Zîrâ kendisinde daha o iktidâr olmadığı cihetle beyhûde iştigâl edeceğini ve meydana getireceği işlerin aslâ matlûba muvâfak...

Eğitim / Ders Kitabı

Malumdur ki insan her neye teşebbüs etse, herhangi bir talebin gerçekleşmesi ve oluşması için girişimde bulunsa her şeyden önce bir alete ihtiyacı vardır. Evet! Manevi mesaimizin tamamı bilcümle maddi meşgalelerimiz alet denilen iş yapma gereçlerine muhtaçtır. Mesela bir kâtip bir tüccar bir çiftçi bir sanatkârın velhasıl istisnasız bir işle uğraşanların mesleğine mahsus bir veya birkaç aleti olup bütün işlerini, bütün mesailerini bunlarla gerçekleştirmekte ancak bu suretle iş ve işlemlerini yapmaktadır.

Bir de malumdur ki iş yapılma süreçlerindeki aletlerin kullanımı da değişir. Mesela bir kuyumcu; çırağına işe başlarken en sade en kolay aletleri verip bunları kullandırır. Ve bunları tamamen doğru bir biçimde kullanmadığı takdirde diğer daha önemli daha zor kullanılan aletleri verip iş yapmalarına müsaade etmez. Zira kendisinde daha o beceri olmadığı şekilde boşuna uğraşacağını ve yapacağı işlerin asla amacına uygun…

اولمایه‌جغنی بیلایر . بونك ایچون هر صنعت اشتغالك استاد کمالاتپرور نججه بو نقطهٔ مهمه هیچ بر وقت نظر اهمیتدن دور براقیلماز و براقیله‌مز .

آیا ! اطفال معارف که‌هر بری بردرناب ؛ بر شاگرد مألوف آدابدر ؛ بوقانون طبیعی ؛ بوقاعدهٔ معتنا بهایه تابع طوتلمقده‌میدر؟ بو بابده‌کی ترددات و مشکلاتی حل وفصل ایده بیلمك ایچون او معصومجقلرك حرزجان ایدندکلری کتابلرینی نظر تدقیق وتفتیشدن کچیرمك کافیدر . کوریله‌جك که قسم اعظمی ـ مفید اولمغله برابر ـ قوهٔ ادراکلری ؛ وسعت اقتدارلریله متناسب دکلدر . زیرا ایچلرنده اوقدر طمطراقلی عباره‌لر ؛ اوقدر غوامض مشکله‌لر؛ اودرجه ضعف تألیفلر واردرکه زواللیلر آنلری آکلامق شویله طورسون تلفظه بیله قدرتلری یتمیور . مثلا عموم مکاتب رشدیه واعدادیهٔ ملکیه‌لرك ایکنجی‌سنه‌لرنده الیوم تدریس اولنمقده بولنان جغرافیا کتابنك یتمش التنجی [illegible]سی نظر مطالعه‌دن کچیریله‌جك اولور ایسه کوچکلرك دکل بوکلرك بیله کوچلکله آکلایه بیله‌جکی شو عباره‌یه تصادف اولنور :

« ترکستانك روسیه‌نك سیبر یایه مربوط اولان وترکستان روسی دنیلان قسمندن ماعدا مرکز یایلاسی اوزرنده وترکستان غربینك شرقنده طاغلق وعارضه‌لی بر اراضیدن عبارت اولان

…olmayacağı beyândır. Bunun için her sanat-ı iştigâlin üstâd-ı kemâlatperverince bu nokta-yı mühimme hiçbir vakit nazar-ı ehemmiyetten dûr bırakılmaz ve bırakılamaz.

Âyâ! Etfâl-i maârif-güher biri dürr-i nab; bir şâkird-i melûf adâbdır; bu kanûn-u tabiî; bu kâide-i mutenâ-behâya tâbi tutulmakta mıdır? Bu bâbdaki tereddüdât ve müşkülâtı hal ve fasl edebilmek için o masûmcukların hırz-ı cân edindikleri kitâblarını nazar-ı tedkîk teftîşten geçirmek kâfîdir. Görülecek ki kısm-ı azimi– müfîd olmakla beraber— kuvve-i idrâkları; vasıta-i iktidârlarıyla mütenâsib değildir. Zîrâ içlerinde o kadar tumturaklı ibâreler; o kadar gavamîz müşküleler, o derece zaaf-ı telîfler vardır ki zavallılar onları anlamak şöyle dursun telaffuza bile kudretleri yetmiyor. Meselâ umûm-u mekâtib-i rüşdiye ve idâdiye-i mülkiyelerin ikinci senelerinde elyevm tedrîs olunmakta bulunan coğrafya kitabının yetmiş altıncı nazar-ı mütâlaadan geçirilecek olur ise küçüklerin değil büyüklerin bile güçlükle anlayabileceği şu ibâreye tesâdüf olunur:

"Türkistan'ın Rusya'nın Sibirya'ya merbût olan ve Türkistan Rus'u denilen kısmından mâadamerkez yaylası üzerinde ve Türkistan garîbinin şarkında dağlık ve ârızalı bir arâzîden ibâret olan...

...olmayacağı açıktır. Bunun içindir ki sanatla uğraşan üstatlarca bu mühim nokta hiçbir zaman dikkatten uzak bırakılmaz ve bırakılamaz.

Acaba! Maarif cevheri evlatlarımızın her biri kıymetli bir inci, bir edep timsali öğrencilerimiz bu doğal kanuna, bu önemli kurala tabi tutulmakta mıdır? Bu alandaki tereddütleri ve sıkıntıları izah edebilmek için o masum çocukların canlarını verir gibi okudukları kitapların iyi bir tetkik ve teftişten geçirilmesi yeterlidir. Görülecektir ki büyük bir çoğunluğu başarılı olmakla beraber bazı bilgiler, idrak edip anlamalarına uygun değildir. Zira içlerinde o kadar tumturaklı ifadeler o kadar anlaşılması zor konular o derece büyük hatalar vardır ki zavallıların onları anlamak şöyle dursun telaffuz etmeleri de oldukça zordur. Mesela ortaokulun ve liselerin ikinci senelerinde hâlâ okutulmakta bulunan coğrafya kitabının yetmiş altıncı sayfası gözden geçirilecek olursa küçüklerin değil büyüklerin bile güçlükle anlayabileceği şu ibareyle karşılaşılır:

Türkistan'ın Rusya'nın Sibirya'ya bağlı olan ve Türkistan Rus'u denilen kısmından yakın merkez üzerinde Türkistan batısının şarkında dağlık ve arızalı bir toprak parçasından ibaret olan...

و ترکستان چین شرقی نامیله مشتهر اولان قسمی چینه مربوطدر »

شمدی انصاف بیورلسون ! سکز اون یاشنده بر طفل نوهوسك اوقودیغنی یکی آکلامغه ؛ مرامنی یکی آکلاتمغه باشلادیغی بر موسمده هالایه طاغلری کبی عارضه‌لی ؛ متسلسل شو الفاظدن بر معنا ؛ بر مفهوم استخراجنه موفق اوله بیله جکی تأمین اولنه بیلورمی ؟

هنوز نشوونمایه یکی باشلایان او حوضهٔ ذکاسی بونکات پرمشکلاتی نصل استیعاب ایده بیلورکه آنك دکل هر ارباب اقتدارك بیله اویله قولای قولای درك مفهوم ومقاصدهٔ ظفریاب اوله‌مایه جغی درکاردر .

فی الواقع جملهٔ موفقیات محاسن غایات حضرت پادشاهیدن اوله‌رق اون بش یکرمی سنه ظرفنده شاهراه مسعدت اکتناه معارفده دخی آتدیغمز خطوه‌لر؛ کوستردیکمز ترقیلر همان شمدی‌یه دکین هیچ بر قوم وملته میسر اولمامشدر . فقط نظارت جلیلهٔ معارف ، امور محاسن موفور معارفك هرسنه و بلکه‌ده هرکون ترقی واصلاحنی دوشنمکده وخیلی‌ده موفق اولمقده بولنمسنه رغماً هرنصلسه کتب تدریسیه‌مز ذهن یوره‌جق ، زکایی کورلته‌جك مغلقات واصطلاحاتدن هنوز مع التأسف قورتیله‌مامشدر . فی الواقع هرنقدر شاکردانك معلومات مکتسبه ، اقتدارات حاضره‌لرینی کوز اوکنه آله‌رق آکا کوره

23

…ve Türkistan Çin-i şarkî namıyla müştehir olan kısmı Çin'e merbuttur". Şimdi insâf buyurulsun! Sekiz on yaşında bir tıfıl nev-hevesin okuduğunu yeni anlamaya; merâmını yeni anlamaya başladığı bir mevsimde Himalaya dağları gibi ârızalı; müteselsil şu elfâzdan bir manâ, bir mefhûm istihrâcına muvaffak olabileceği temîn olunabilir mi?

Henüz neşvünemâya yeni başlayan o havza-i zekâsı nikât-ı pür müşkülâtı nasıl istiyab edebiliyor ki onun değil her erbâb-ı iktidârın bile öyle kolay kolay derk mefhûm ve makâsıda zaferyâb olamayacağı derkârdır.

Filvaki cümle muvaffakiyât-ı mehâsin gâyât hazret-i pâdişâhiden olarak on beş yirmi sene zarfında şâhrâh-ı mesadet iktinâh-ı maârifde dahi attığımız hatveler, gösterdiğimiz terakkîler hemen şimdiye değin hiçbir kavim ve millete müyesser olmamıştır. Fakat nezâret-i celîle-i maârif, umûr mehâsin-i mevfur-u maârifin her sene ve belki de her gün terakkî ve ıslâhını düşünmekte ve hayli de muvaffak olmakta bulunmasına rağmen her nasılsa kitab-ı tedrisiyemiz zihin yoracak, zekâyı görültecek muğlakât ve ıstılâhâttan henüz mateessüf kurtulamamıştır. Filvaki her ne kadar şakirdânın malûmât-ı muktesebe, iktidârât-ı hâzıralarını göz önüne alarak ona göre...

...ve Türkistan'ın Doğu Çin adıyla bilinen kısmı Çin'e bağlıdır. Şimdi insaf buyurulsun! Sekiz, on yaşındaki bir küçük çocuğun okuduğunu yeni anlamaya, derdini yeni anlatmaya başladığı bir durumda Himalaya Dağları gibi problemli zincirleme şu laflardan bir mana, bir anlam çıkarması ve muvaffak olması mümkün müdür?

Henüz delişmeye daha yeni başlayan o taze zekâsı bu sıkıntılı şeyi nasıl anlayabilir ki onun değil her akıllı insanın bile böyle kolay anlayıp idrak edemeyeceği ortadadır.

Bütün başarıların tamamı Padişah'ımızdan beri 15 20 sene zarfında eğitimin kalkınması üzerine yaptığımız çabalar, gösterdiğimiz ilerlemeler hemen şimdiye değin hiçbir kavim ve millete nasip olmamıştır. Fakat Maarif Bakanlığının işleri, güzel çalışmaları her sene ve belki de her gün ilerlemesini ve gelişmesini sürdürmekle birlikte her nasılsa ders kitaplarımızı zihin yoracak, zekâyı zorlayacak muğlaklıktan ve anlayıştan maalesef kurtulamamıştır. Gerçekte her ne kadar öğrencinin anlayacağı bilgileri onların algı durumları göz önüne alınarak ona göre...

تأليف وتصنيف رسـائل ايلمك پك قولاى بر شى دكلسـه‌ده خصوصات سـائره مثـللو بوجهت مهمه‌يه دخى عطف لحاظهٔ اهميت وعاطفت بيـورلديغى تقديرده ايكى اوچ سـنه ظرفنده كتب تدريسيه مزدن متعلمينك تصعيب تحصيلنه ، كسرغيرتنـه بادى بولنان بو مثللو محاذيرك دخى رفع اولنه بيله‌جكى بديداردر.

هم عصر ترقئ حضرت پادشاهيده هر شيئمز كبى ادبياتمز دخى خيلى اصـلاح اولنـه‌رق رسمى؛ غيررسمى كافهٔ محررات وتصنيفاتك وعلى الخصوص كتب فنيه‌نك غايت ساده بر اصـول واسـلوب اوزره محرر بولنمسى؛ قانون ادبيسى بوكون ممـالك محروسهٔ شاهانه‌نك هر طرفنده قبول اولنمش ايكن نه مجبوريت واردركه تشويش افكار؛ تصعيب ادراكى بادى برطاقم زنجيرلى، منجيرلى مصطلح الفاظ ايله افاداتده بولونلسون ؟!

اى ارباب اقتدار؛ اى مؤلفين كرام ! عصر تسهيل وترقيده بولنديغمز جهتله اولاد وطنك يكانه مدار تحصيل معرفت اكتساب كمالاتى اولان كتابلرينك ممكن مرتبه وسع اقتدارلرينـه كوره مرتب ومؤلف بولنمسنه غيرت وهمت بيوريله‌رق بيهوده تخديش اذهانه؛ تضييق جنانه؛ اضـاعهٔ ازمانه سببيت ويرلمسـون . بر صورتده كه مندرجات منيفه‌سنى ايلك مطالعه‌ده محفظهٔ ادراكلرينه نقل ايتمك بختيارلغنه نائل اوله بيلسونلر وسزلره‌ده اومعصوم؛ صاف قلبلريله عرض شكران فراوان ايده‌رك دعاخوان اولسونلر؛

24

…telîf ve tasnîf-i risâil eylemek pek kolay bir şey değilse de husûsât-ı sâire misillü bu cihet-i mühimmeye atıf-ı lihâza-i ehemmiyet ve atıfet buyurulduğu takdîrde iki üç sene zarfında kitab-ı tedrisiyemizden müteallîmin tasîb tahsîline, kesr-i gayretine bâdî bulunan bu misillü mahâzîrin dahi ref olunabileceği bedidârdır.

Hem asr-ı terakkî-i hazret-i pâdişâhîde her şeyimiz gibi edebiyatımız dahi hayli ıslâh olunarak resmî; gayriresmî kaffe-i muharrerât ve tasnifâtın ve alelhusûs kitab-ı feniyyenin gayet sâde bir usûl ve üslûb üzre muharrer bulunması; kânûn-u edebîsi bugün memâlik-i mahrûse-i şâhânenin her tarafında kabûl olunmuş iken ne mecbûriyet vardır ki teşvîş-i efkâr; tasîb-i idrâkı bâdî birtakım zincirli mıcırlı mustalah elfâz ile ifâdâtta bulunulsun?

Ey erbâb-ı iktidâr; ey müellifîn-i kirâm! Asr-ı teshîl ve terakkîde bulunduğumuz cihetle evlâd-ı vatanın yegâne medâr-ı tahsîl-i marifet iktisâb kemâlâtı olan kitâblarının mümkün mertebe vasi iktidârlarına göre müretteb ve müellef bulunmasına gayret ve himmet buyurularak beyhûde tahdîş-i ezhâna; tazyîk-i cenâna; izaâ-i ezmâna sebebiyet verilmesin. Bir sûrette ki mündericât-ı munîfesini ilk mütâlaada muhafaza-i idrâklarına nakletmek bahtiyârlığına nâil olabilsinler ve sizlere de o masûm; saf kalpleriyle arz-ı şükrân firâvân ederek dua-hân olsunlar.

…telif etmek ve düzenlemek pek kolay bir şey değilse de bu önemli husus dikkate alınarak çaba sarf edildiği takdirde iki üç sene zarfında ders kitaplarımızdaki, talebelerin zor öğrenmelerine ve gereksiz emek harcamalarına sebep olan bu gibi problemlerin ortadan kalkacağı aşikârdır.

Hem Padişah Hazretlerinin kalkınma devrinde her şeyimiz gibi edebiyatımız dahi hayli gelişerek resmî; gayriresmî bütün yazılmış ve sınıflandırılmış eserlerde özellikle fen kitaplarında gayet sade bir usul ve üslup üzere yazılmış bulunması gibi bir anlayış Osmanlı memleketlerinin her tarafında kabul olunmuş iken ne mecburiyet vardır ki akıl karışıklığına idraki zorlamaya sebep olan birtakım zincirli, mıcırlı az kullanılan kelimelerle ifade edilsin?

Ey iktidar sahipleri, ey büyük üstatlar, gelişme ve kalkınma devrinde bulunduğumuz yönüyle vatan evlatlarının yegâne marifet bilgisi elde etmelerinin kaynağı olan kitapların mümkün mertebe anlayacakları şekilde düzenlenmesine gayret gösterilerek boşu boşuna zihinlerin karıştırılmasına, sıkıntı çektirmeye, zamanın boşa gitmesine sebebiyet verilmesin. Bir şekilde bir şeyler söylemek istediklerinde bunu kolay bir biçimde söyleme bahtiyarlığına ulaşabilsinler ve sizlere de o masum saf kalpleriyle şükranlarını sunarak dua etsinler.

بر قلب پاك ؛ بر فم صافدن طنین انداز اولان بویله بر دعای خالصك درکاه عزتپناهده قرین قبولی ایسه نه بیوك سعادت نه بیوك بختیارلقدر ؟!..

کافهٔ ترقیات وموفقیات اتحاد قوت وعقد شرکته منوطدر

آیا ! هیچ برقوم ؛ هیچ بر فرد تصور اولنه بیلورمی که مسلکنده خطوه انداز ترقی وکمال اولمسنی ارزو ایتمسون ؟ مأموریتنك، صنعتنك ؛ زراعتنك ، تجارتنك ترقیسیله کسب یسار وسعادت ورفاهت ایلمسنی ایستمسون ؟ والحاصل یارینکی کوننك بو کونکی کوندن دها ایی اولمسنه چالیشماسون ؟ بونك عکسنی ادعا ایده جك ظن اولنمازکه برفرد آفریده بولنسون ! چونکه بلا استثنا کافهٔ بنی ادمك عالم اشتغاله داخل اولدیغی تاریخدن ترك عالم فانی ایدنجه یه دکین سعادت واستراحتنك تأمین واستکماله چالیشمسی امر طبیعی وضروریدر . انسان دکل ، حتی بر حیوان بیله منافعنی کوزه دیر ، راحتنی ایستر . بوندن ماعدا انسانلر فکر اعتلا حس ترقی ایله خلق وتجهیل بیورلمشدر . ایشته انسانلرك طبیعتلرنده مرکوز ومکنوز اولان

25

Bir kalb-i pâk; bir fem-i sâfdan tanîn-endâz olan böyle bir duâ-yı hâlisin dergâh-ı izzetpenâhta karîn-i kabûlü ise ne büyük saâdet ne büyük bahtiyârlıktır!

Bir temiz kalpten, bir masum ağızdan çıkan böyle halis bir duanın Allah katında makbul olması ne büyük bir saadet ne büyük bir bahtiyarlıktır!

Kaffe-i terakkiyât ve muvaffakiyât ittihâd-ı kuvvet ve akd-i şirkete menûttur

Ayâ! Hiçbir kavim; hiçbir ferd tasavvur olunabilir mi ki mesleğinde hatve-endâz-ı terakki ve kemâl olmasını arzû etmesin? Memûriyetinin, sanatının, ziraâtinin, ticâretinin terakkisiyle kesb-yesâr ve saadet ve refâhat eylemesini istemesin? Velhâsıl yarınki gününün bugünki gününden daha iyi olmasına çalışmasın? Bunun aksini iddiâ edecek zan olunmaz ki bir ferd-i aferîde bulunsun! Çünkü bilâ-istisnâ kâffe-i beni âdemin âlem-i iştigâle dâhil olduğu târihten terk-i âlem-i fânî edinceye değin saâdet ve istirahâtinin temîn ve istikmâle çalışması emr-i tabiî ve zarûridir. İnsan değil, hatta bir hayvan bile münâfîini gözetir. Rahatını ister. Bundan mâadâ insanlar itilâ hiss-i terakki halk ve tecîl buyurulmuştur. İşte insanların tabiatlarında merkûz ve meknûz olan...

İlerleme ve başarının tamamı kuvvetlerin birliğine ve şirket anlaşmalarına bağlıdır

Evet! Hiçbir kavim hiçbir fert tasavvur olunabilir mi ki mesleğinde ilerleme kaydetmeyi istemesin? Memuriyetinin, sanatının, ziraatının, ticaretin ilerlemesiyle zengin olup saadet ve refaha kavuşmayı istemesin? Velhasıl yarınki gününün bugünkü günden daha iyi olmasına çalışmasın? zannolunamaz ki bunun aksini iddia edecek bir insan bulunsun! Çünkü istisnasız âdemoğlunun tamamı dünya meşgalesine dahil olduğu tarihten bu fani dünyayı terk edinceye kadar saadet ve istirahatının teminine ve gelişmesine çalışması tabii ve zaruri bir emirdir. İnsan değil hatta bir hayvan bine menfaatlerini gözetir. Rahatını ister. Bundan sebep insanlar yükselme ve terakki hissiyle halk edilmiş ve bir vakte kadar tecil buyurulmuştur. İşte insanların tabiatlarında bulunan ve saklanan...

بومثللو خصائل جليله واستعدادات جميله ايله‌دركه بو كونكی مدنيت ومعموريت خيز آرای حصول اولمشدر . فقط بو كون هپمزك منظور عيون افتخار ومساری اولان بومعموريت جنت آسا ، بومدنيت حيرت‌بخشا اويله قولای قولای وجود بولمشميدر ؟ طبيعيدركه نيجه‌عصرلر چاليشلمش پك‌چوق امكار لايعد پاره‌لر صرف اولنمشدر . اوت ! چاليشلمش ؛ فقط منفرداً دكل ، متحداً طوغری ! ميليارلر صرف ايدلمش ؛ لكن يالكز منافع شخصيه‌يه مبنی دكل ، منافع عموميه‌دخی در پيش ملاحظه اولنمشدر .

اكر خلقت عالمدنبری هركس كندی منافعی خارجنده بركونا همت وخدمتده بولنمامش اولسه ايدی هيچ‌شبهه يوق‌كه‌بوكونكی مدنيت‌وجوده كلمز وهپمزاسكی حال وحشت ويا نيم بروحشتده قاليردق . بناءً عليه بوكونكی حال مدنيت وسعادتمزه يوز بيك كره‌لر حمد وشكر ايتسه‌ك ينه آزدر .

حال بويله‌ايكن نيچون اسلافمز وياخودده معاصرمز بولنان ملل سائره كبی دولت ابدمدتمزی ؛ ملت پرميمتمزی جداً مستفيد قيله‌جق ؛ حال واستقبالمزی اوج سعادته ايصال ايليه‌جك صورتده ابراز جهد وفداكاری ايلميورز ؟ نيچون دست وفاقمزی يكديكرمزه اوزادوب بده شركتلر عقديله منهاج ترقيده شدرحل ايتميه‌لم ؟ حالبوكه اقطار جهانك هرهانكی بر ترقياتنك اسبابی تحری ايديله‌جك اولسه نتيجة تحقيقاتده ؛ اتفاق آرا ،

...bu misillü hasâil-i celîle ve istidadât-ı cemile iledir ki bugünki medeniyet ve memûriyet-hîz-arâ husûl olmuştur. Fakat bugün hepimizin manzûr-u uyûn-u iftihâr-müsâri olan bu memûriyet-i cennet-âsâ, bu medeniyet-i hayret bahşâ öyle kolay kolay vücûd bulmuş mudur? Tabiîdir ki nice asırlar çalışılmış pek çok emekler lâyuad paralar sarf olunmuştur. Evet! Çalışılmış; fakat münferiden değil, müttehiden doğru! Milyarlar sarf edilmiş; lâkin münâfi şahsiyemebnî değil, münâfi-i umûmiyeye dahi derpîş malâhaza olunmuştur. Eğer hilkat-i âlemden beri herkes kendi münâfi-i hâricinden bir gûnâ himmet ve hizmette bulunmuş olsa idi hiç şüphe yok ki bugünki medeniyet vücûda gelmez ve hepimiz eski hâl-i vahşet veya nîm-ber-vahşette kalırdık. Binâenaleyh bugünki hâl-i medeniyet ve saâdetimize yüz bin kereler hamd ve şükür etsek yine azdır.

Hal böyle iken niçin eslâfımız veyahut da muâsırımız bulunan milel-i sâire gibi devlet-i ebed müddetimizi; millet-i pür meymenet cidden müstefîd kalacak; hâlve-istikbâlimizi ûc-ı saâdette isâl eyleyecek sûrette ibrâz-ı cehd ve fedâkari eylemiyoruz? Niçin dest-i vifakımızı yekdiğerimize uzatıp da şirketler akdiyle minhâc-ı terakkide şedr-i hal etmeyelim? Halbuki aktâr-ı cihânın herhangi bir terakkiyâtının esbâbı taharri edilecek olsa netice-i tahkîkâtta; ittifâk-ı ârâ...

...bu gibi güzel huylar ve iyi kabiliyetlerledir ki bugünkü medeniyet ve memuriyetin sıçramasına hasıl olmuştur. Fakat bugün hepimizin gururlanarak baktığımız bu cennet gibi güzel memuriyet bu hayret veren medeniyet öyle kolay kolay vücut bulmuş mudur? Tabiidir ki nice asırlar çalışılmış pek çok emekler, sayısız paralar sarf olmuştur. Evet! Çalışılmış fakat tek başına değil birlikte çalışılmış! Milyarlar sarf edilmiş; lakin menfaatler şahsi olarak değil umumi menfaatler gözetilerek ele alınmıştır. Eğer âlemin yaratılışından beri herkes kendi menfaatine uygun olan bir şeye hizmet etmiş olsaydı hiç şüphe yok ki bugünkü medeniyet meydana gelmez ve hepimiz eski vahşet hâlinde ve yarım beşer hâlde kalırdık. Bundan dolayı bugünkü medeniyet hâlimize ve saadetimize 100.000 kere hamd ve şükretsek yine azdır.

Hâl böyle iken niçin bizden öncekiler veyahut da günümüz insanlarında bulunan diğer milletler gibi bu güzel ülkemizi cidden böyle güzelliklerle faydalı kılacak istikbalimizi yukarılara taşıyacak surette çaba sarf etmiyoruz.? Niçin samimi bir biçimde elimizi birbirimize uzatıp da şirketler akdiyle ilerleme yolunda gelişmeler göstermeyelim? Hâlbuki dünyanın kısımları herhangi bir ilerlemenin sebepleri incelenecek olsa araştırma sonucunda fikir birliği...

تعاطیٔ وفادن بشقه بر شی اولمدیغی تحقق وتبین ایدر .

اوت ! بوکون ملل متمدنه‌نك کافۀ ترقیاتی ، طاقت فرسا ، محیر العقول امور عظیمه‌ده‌کی موفقیاتی هپ اتحاد قوت ومزج ثروت سایه‌سنده‌در .

شرکتلر سایه‌سنده‌درکه بر وقت شوکتلهٔ معظمه‌نك اکثر اقسام وجهاتی مجهولمز ایکن بوکون جزؤی بر زمان ظرفنده دور عالم ایتمك اسهل اموردن بولنیور .

شرکتلر ایله‌درکه خرابه‌لر معموره‌لره مبدل اولمش ودرونلرنده میلیونلرجه نفوس بشر کمال آسوده‌کی ورفاه ایله عمر کذار سعادت اولمقده بولنمشدر .

والحاصل شو مهد قدیممزك هر کوشه‌سنك کلشن آسا حالنی آلمسی هپ عقد شرکت ، رابطۀ محبت ، توحید ثروت ایله‌در . فی الواقع شرکت ومعاونتك ملك وملته بخش ایلدیکی فوائد ومنافع عظیمه وکثیره ایسه بیك شوقدر سنه اول [تعاونوا ...] آیت جلیله‌سی ایله تفهیم وتبیین بیورلمش اولدیغندن بو بابده نقدر تطویل کلام ، نقدر بیان حقایق ایدلسه بالطبع معلومی اعلام ایتمك دیمك اولور . لکن نه چاره که منهاج ترقی وسعادتمز ، سراج رفاه وهدایتمز اوله‌جق المزده بونلرکبی دها نیچه براهین قاطعه ، نیچه دلائل ساطعه بولندیغی حالده مجرد حس رقابتدن محروم بولنمه‌مز یوزندن مع التأسف هنوز اویله شرکتلر عقدیله

27

…teâti-i vefâdan başka bir şey olmadığı tahakkuk ve tebyîn eder. Evet! Bugün milel-i mütemeddinenin terakkiyâtı, takât-fersâ, muhayyirü'l-ukûl umûr-u azîmedeki muvaffakiyât hep ittihâd-ı kuvvet ve mezc servet sâyesindedir.

Şirketler sâyesindedir ki bir vakit şu kitle-i muazzamanin ekser aksâm ve cihâtı meçhûlümüz iken bugün cüzî bir zaman zarfında devr-i âlem etmek eshel-i umûrdan bulunuyor.

Şirketler iledir ki harâbeler mamûrelere mübeddel olmuş ve derûnlarında milyonlarca nüfûs- u beşer kemâl asûdegî ve refâh ile ömr- güzâr-ı saâdet olmakta bulunmuştur.

Velhâsıl şu mehd-i kadîmimiz her köşesinin gülşen-asâ hâlini alması hep akd-i şirket, rabıta-i muhabbet, tevhîd-i servet iledir. Filvaki şirket ve muâvenetininin mülk ve millete bahş eylediği fevâid ve münâfi-i azîme ve kesîre ise bin şu kadar sene evvel [teâvünvâ] ayet-i celÎlesi ile tefhîm ve tebyîn buyurulmuş olduğundan bu bâbda takdir tatvîl-i kelâm, ne kadar beyân-ı hakâik edilse bittabî malûmu ilâm etmek demek olur. Lakin ne çâre ki minhâc-ı terakkî ve saâdetimiz, sirâc-ı refâh ve hidâyetimiz olacak elimizde bunlar gibi daha nice berâhîn, kâta, nice delâil-i sâtıa bulunduğu hâlde mücerred hiss-i rekâbetten mahrûm bulunmamız yüzünden maateessüf henüz öyle şirketler akdiyle...

...karşılıklı vefadan başka bir şey olmadığı görülecektir. Evet! Bugün medenileşmiş milletlerin ilerlemesi ve devamlılığı, ayakta kalması akıllara hayret verir bir biçimde büyük işlerdeki başarılar hep kuvvet birliği ve servetleri birleştirmek sayesindedir.

Şirketler sayesindedir ki bir vakit şu muazzam kitlenin büyük bir kısım ve cihazı bilmediğimiz şeyler iken bugün küçük bir zaman zarfında devrialem etmek işlerin en kolayı olmuştur.

Şirketler iledir ki harabeler imar edilip düzeltiliyor ve içlerinde milyonlarca insan mutlu, mesut ve refah ile yaşıyor. Velhasıl şu eski dünyamızın her köşesinin gül bahçesi hâlini alması hep şirket akdi, muhabbet bağlılığı ve servet birleştirme iledir. Doğrusu şirket ve birlikteliğinin mülk ve millete sunduğu faydalar ve büyük menfaatler bin şu kadar sene evvel yardımlaşma ayetiyle anlatılmış ve belirtilmiş olduğundan bu alanda takdir etme ve sözü uzatma ne kadar beyan edilse elbette malumu ilam etmek demek olur. Lakin ne çare ki ilerleme ve mutluluk yolunda hidayet ve yükseliş ışığımız olacak bunlar gibi daha nice deliller bulunduğu hâlde rekabet hissinden mahrum bulunmamız yüzünden maalesef henüz öyle şirketler birleşmesiyle…

بیوك بیوك ایشلرده ؛ امور نافعهٔ فوق العادهده ابراز مهارت ولیاقت ایدهممشزدر . فقط آیا ! بو رقابتسزلك بلای نارواسنه نه زمانه قدر محکوم اولوب قالهجغز ؟ !... یکدیکرمزه اولان عدم امنیتمزك نه زمان منسلب وفناپذیر اولدیغنی کورمکله قریر العین شکر ومحمدت اولهجغز ؟!.. آرتق بو طینت نابجا؛ بو خولیای ناروادن دست فراغ ملامت اولهلم . یکدیکرمزه حسن ظن؛ اعتماد تام حاصل ایدهلم ده ملکمزك آغوش یسارینه کون بکون کمال تهالك ایله آتلمقده اولان اجانبه کافهٔ امتیازاتی قاپدیرمیهلم . اجانبك بش پارهسز کلوبده بر زمان قلیله ظرفنده میلیونر اولدقلرینی کوروب حال سعادتلرینه غبطه وحتی حسد ایدرك التونلرمزی یالکز کاشانهلره، مغازهلره ؛ آپارتمانلره حصر وقصر ایتمیهلم . (ناسك الك خیرلیسی همجنسنه الك نافع اولانیدر) مألندهکی کلام حکمت انسامی دائما ورد زبان انصاف وعبرت ایدهرك کلشنسرای ملکمزك هر جهتنده : حمیدیه : خیریه وقره مرسللرکبی نیجه مؤسسات نافعهنك کشادینه موفقیت ومظهریتله دولت و ملتمزه جداً خدمت ایلیهلم :

...büyük büyük işlerde; umûr-u nâfia-i fevkalâdede ibrâz-ı mahâret ve liyâkat edememişizdir. Fakat ayâ! Bu rekâbetsizlik belâ-i nâ-revâsına ne zamâna kadar mahkûm olup kalacağız? Yekdiğerimize olan âdem-i emniyetimizin ne zamân münselib ve fenâpezîr olduğunu görmekle karîrü'l-ayin şükür ve muhammedet olacağız? Artık bu tıynet-i nâbecâ; bu hülyâ-i nâ-revâdan dest-i firâğ melâlet olalım. Yekdiğerimize hüsn-ü zan; itimâd-ı tâm hâsıl edelim de mülkümüzün ağûş-u yesârına günbegün kemâl-i tehâlük ile atılmakta olan ecânibe kaffe-i imtiyâzâtı kaptırmayalım. Ecânibin beş parasız kalıp da bir zamân-ı kalîl zarfında milyoner olduklarını görüp hâl-i saâdetlerine gıpta ve hatta hased ederek altınlarımızı yalnız kâşânelere, mağazalara; hasr ve kasr etmeyelim. (Nâsın en hayırlısı hemcinsine en nâfi olandır.) mealindeki kelâm-ı hikmet ittisâmı dâimâ vird-i zebânı insâf ve ibret ederek gülşensaray mülkümüzün her cihetinde; keşâdına muvaffakiyet ve mazhariyetle devlet ve milletimize cidden hizmet eyleyelim.

...büyük büyük işlerde; fevkalade bayındırlık işlerinde de maharet belirtme ve liyakat gösterememişizdir. Fakat yazık bu rekabetsizlik bu yakışık almayan belaya ne zamana kadar mahkûm olup kalacağız? Birbirimize olan güvensizliğin ne zaman ortadan kalkacağını ve yok olacağını görerek şükredip hamdeder olacağız. Artık bu uygunsuz yaratılıştan, bu gereksiz hayallerden ayrılmamız gerekiyor. Birbirimize karşı güzel düşünceler besleyelim tam itimat edelim ki ülkemizin zenginliğine günbegün olgunlaşıp ilerlemeyle atılmakta olan ecnebilere imtiyazları kaptırmayalım. Ecnebilerin beş parasız kalıp da kısa bir zaman zarfında milyoner olduklarını görüp saadetli hâllerine gıpta ve hatta haset ederek altınlarımızı yalnız köşklere mağazalara saklayıp gizlemeyelim. (İnsanın en hayırlısı insanlara en faydalı olandır.) mealindeki hikmet sözüyle süsleyip daima dilimize dolayalım ibret ederek gül bahçesi gibi ülkemizin her tarafında ilerlemesine başarısına ve kalkınmasına devlet milletimize cidden hizmet edelim.

— عائله غائله‌می دیدك ؟ —

عائله ؛ غائله نصل اولورکه کافهٔ احوال وافعال بشرك داخل دائرهٔ نظام وانسجام اولمسنه و بو صورتله بلا استثنا هرکسك ـ خطی نسبتنده ـ نعمت حیاتدن ذوقیاب بولنمسنه واسطهٔ یکانه‌در .

عائله ، غائله نصل اولورکه جناب حق شوکتله‌ٔ محیر العقولك اعمار وتزیینی ایچون ذی روح وغیر ذی روح هرنه خلق بیورمش ایسه ارکك ودیشی اولمق اوزره توأم یراتمشدر .

عائله ؛ غائله نصل اولورکه جناب کبریا قوللرینه اقتدارلری یتدیکی تقدیرده درت منکوحه‌دن بشقه لایعد ولایحد جوارینك زمرهٔ عائله‌یه الحاقنی مساعده وتجویز بیورمشلردر .

عائله ایله‌درکه بوکون شوکهنه عالمك هرکوشه‌سی کسب ترقی ومعموریت ایدوب عادتا جنت اسا بر حاله کیرمش و بتون نظرلرك رشك ومفتونیتی ؛ بتون قلبلرك رغبت ومحبتلرینی جلبه موفق اولمشدر . عائله ایله‌درکه بوکون هرفرد تصادف ایده‌جکی مهالك مؤلمه؛ وقوع بوله‌جق حادثات متأسفه‌یی بیله نظر قید واعتباره آلمیوب عادتا مسکن قدیمنی برعالم دیکره افراغ وایصال ایده‌جك درجه‌ده خدمات مشکل براندازانه‌ده ؛ مساعیٔ وفیرهٔ

29

Âile gâile mi dedik?

Âile; gâile nasıl olur ki kâffe-i ahvâl ve efâl-i beşerin dâhil dâire-i nizâm ve insicâm olmasına ve bu sûretle bilâ-istisnâ herkesin haziyy nisbetinde nimet-i hayâttan zevkyâb bulunmasına vasıta-i yegânedir.

Âile; gâile nası olur ki cenâb-ı hakk-ı şevketle muhayyer-i ukûlun imâr ve tezyîni için zîrûh ve gayr-i zîrûh her ne halk buyurmuş ise erkek ve dişi olmak üzere tevem yaratmıştır. Âile; gâile nasıl olur ki cenâb-ı kibriyâ kullarına iktidârları yettiği takdîrde dört menkûhadan başka lâyuad vela yuhsa(?) civârının zümre-i âileye ilhâkını müsâade ve tecvîz buyurmuşlardır.

Âile iledir ki bugün şu köhne âlemin her köşesi kesb-i terakkî ve memûriyet edip adetâ cennetasâ bir hâle girmiş ve bütün nazarların reşk ve meftûniyeti; bütün kalplerin rağbet ve muhabbetlerini celbe muvaffak olmuştur. Âile iledir ki bugün her ferd tesâdüf edeceği mehâlik-i müelleme; vukû bulacak hâdisât-ı müteesifeyi bile nazar-ı kayıd ve itibâra almayıp âdeta mesken-i kadîmini bir âlem-i diğere ifrâğ ve isâl edecek derecede hidemât-ı müşkül parândazâne; mesâi-i vefîre-i...

Aile dert mi dedik?

Aile dert nasıl olur ki? Aile, insanın iş ve durumunun tamamı dahil düzen ve intizamının olmasına ve bu suretle istisnasız herkesin huzur nispetinde hayat nimetinden zevk bulmasına yegâne vasıtadır.

Aile dert nasıl olur ki? Cenab-ı Hak akıllara hayretler veren işlerde ve kâinatın düzeninde ruh sahibi ve ruh sahibi olmayanlar her ne yaratmış ise erkek ve dişi olmak üzere çift yaratmıştır. Aile dert nasıl olur ki? Cenab-ı Kibriya kullarına güçlerinin yettiği takdirde dört nikahlanmış eşten başka sayısız ve hesapsız civarının aile zümresine katılmasına müsaade etmiş ve cevaz vermiştir.

Aile iledir ki bugün şu köhne âlemin her köşesi ilerleme kaydetme ve çaba sarf ederek âdeta cennet gibi bir hâle girmiş ve bütün kıskanç ve hayran bakışları bütün kalplerin rağbet ve muhabbetlerini yöneltmeye muvaffak olmuştur. Aile iledir ki bugün her fert karşılaşacağı sıkıntılı durumları ortaya çıkacak elemli hadiseleri bile umursamayıp âdeta eski yerini bir diğer âleme aktaracak ve ulaştıracak derecede cambaz gibi; hızlı hareket...

خارق العاده‌ده بولنه‌رق کافهٔ احتیاجات بشریه‌یی اقتحام واتمامه بذل مقدرت ایلمسندنطولایی یکدیکرینك حیاتنی تأمین وادامه ایلمکده‌در . اوت بوکون میلیونلرجه نفوس بشرك موجودیت وتکثری بونجه‌شهور وقصباتك تأسسی؛ اعدانك قهروتدمیری؛ وطنك ترقی ومعموریتی ، بر قومك محافظهٔ ابدیتی ؛ ابقای نیك نامی والحاصل حیات ؛ عائله‌ایله‌در . اکر عائله مشغله‌سی بو کون اورته‌دن‌قالقسه درحال کافهٔ اموردوچار تعلیل وتعطیل اولور . بو حالده لوازم حیاتیه‌مزی نره‌دن تدارك ایده‌جك ؛ نصل یشایه‌جغز ؟

جناب قادر قیومك هیچ بر شیئی عبث یراتمامسنه نظراً (عائله عائله‌در) سفسطه‌سیله جناب حقه معارض بولنمق‌قدر بیوك بر جرم بیوك بر خطا اوله‌ماز . نه‌حاجت هر بار مشهود انظارمز اولان بر سرچه قوشنی نظر عبرت واعتنایه آلهلم . کوروروزکه‌اشسزاوله‌میور. اشنی تدارك ایتدکدنصکره تعرضدن مصون ، امین برمحل تحری ایله اوراده آشیانه‌سنی یولداشیله انشایه کیجه کوندوز بذل غیرت واهتمام ایلر، یمورطلر ، مینی مینی یاورولرینی هرتهلکه‌دن محافظه ایده‌رك کمال اشتیاق وشفقتله بیوتمکه غیرت ایدر وحیاتندن آنجق بو صورتله ذوقیاب اولور . اکر بو مشغله‌سندن بر لذت ، بر ذوق آلمایه‌ایدی‌ویاخود حال انفراد دها زیاده موجب راحت ولذت اولسه

...hârikulâdede bulunarak kâffe-i ihtiyâcât-ı beşeriyeyi iktihâm ve itmâma bezl-i mukadderat eylemesinden dolayı yekdiğerinin hayâtını temin ve idâme eylemektedir. Evet bugün milyonlarca nüfûs-u beşerin mevcûdiyet ve tekessürü bunca şuhûr ve ve kasabâtın tesîsi; adânın kahr-u-tedmîri; vatanın terakkî ve memûriyeti, bir kavmin muhâfaza-i ebediyeti; ebkâ-yı nîk nâmı velhâsıl hayât; âile iledir. Eğer âile meşgûlesi bugün ortadan kalksa derhâl kâffe-i umûr düçâr talîl ve tatîl olur. Bu hâlde levâzım-ı hayâtiyemizi nereden tedârik edecek; nasıl yaşayacağız?

Cenâb-ı kâdir kayyûmun hiçbir şey abes yaratmamasına nazaran (Âile gâiledir) safsatasıyla cenâb-ı hakka muârız bulunmak kadar büyük bir cürüm büyük bir hatâ olamaz. Ne hâcet her bâr-ı meşhûd-u enzârımız olan bir serçe kuşunu nazar-ı ibret ve itinâya alalım. Görürüz ki eşsiz olamıyor. Eşini tedârik ettikten sonra taarruzdan masûn, emîn bir mahal taharrî ile orada aşiyânesini yoldaşıyla inşâya gece gündüz bezel gayret ve ihtimâm eyler, yumurtlar, mini mini yavrularını her tehlikeden muhâfaza ederek kemâl-i iştiyâk ve şefkatle büyütmeye gayret eder ve hayâtından ancak bu sûretle zevk-yâb olur. Eğer bu meşgûlesinden bir lezzet, bir zevk almaya idi veyahut hâl-i infirâd daha ziyâde mûcib-i râhat ve lezzet olsa...

...ederek beşerî ihtiyaçlarının tamamına göğüs germekte ve bunları tamamlamak için canla başla mücadele ederek bir başkasının hayatını devam ettirmeye çalışmaktadır. Evet bugün milyonlarca insan nüfusunun mevcudiyeti ve çoğalması bunca şehir ve kasabaların tesisi, düşmanın mağlup edilmesi, vatanın gelişmesi ve ilerlemesi, bir kavmin devamının muhafazası iyi adının devamı velhasıl hayat aileyledir. Eğer aile uğraşı bugün ortadan kalksa bütün işler aksar, zarar görür ve biter. Bu durumda hayatımızı devam ettirmek için lazım olan şeyleri nereden tedarik edecek nasıl yaşayacağız?

Cenab-ı Kadir'in hiçbir şeyi abes yaratmamasına nazaran "aile derttir" safsatasıyla Allah'a karşı gelmek kadar büyük bir hata büyük bir günah olamaz. Ne hacet her bakışımızla şahit olduğumuz bir serçe kuşunu ibret nazarıyla izleyelim. Görürüz ki eşsiz olamıyor. Eşini bulduktan sonra endişeden korunacağı emin bir yer araştırarak orada yuvasını yoldaşıyla yapmaya gece gündüz çaba ve gayret gösteriyor. Yumurtluyor mini mini yavruların her tehlikeden koruyarak büyük bir iştiyak ve şevkle onları büyütmeye gayret eder ve hayatından ancak bu şekilde zevk alır. Eğer bu uğraşından bir lezzet, bir zevk almaya idi veyahut yalnızlık hâli daha fazla rahatlık ve tat verse...

ایدی بالطبع بو مثللو مشاغل عدیده‌دن مجتنب بولنمسی لازم لازم کلمزمی ایدی ؟ ! .

آیا ! بر قوشجغز عائله‌نك اهمیت والزمیتنی حس وتقدیر ایدر وآنك تشکیل وترفیهی خصوصنه بو مرتبه غیرت وشفقت کوستررر ایسه انسان ؛ که اکمل مخلوقات واشرف حیواناندر عائله‌نك عدمنه نصل قائل اولور ؟ ... مکر مجنون ودیوانه ویاخود حسیات انسانیه وحیوانیه‌دن کلیاً محروم بولنه ! ! ..

حال اجتماع وانفرادیده یشامقده بولنانلرك احوال خصوصیه‌لرینه شویله سطحی بر کوز کزدیره‌لم :

متأهل بر آدمك خانه‌سنه کیرلدکده نه کوریلور ؟ هر شی یرلی یرنده ، هر یر تمیز ؛ پاك ! والحاصل امور بیتیه‌سنك هر بر اقسامنك محور لایقنده بولندیغی یك نظرده کوزه چارپار . که بوندن دها بیوك بر ذوق اوله‌ماز . عائله بیننده کی حسن امتزاج ومحبته کلنجه آنك تعریف وتوصیفی ناقابل بر سعادت عظمیٰ ؛ بر شطارت همادر .

بالعکس بکار برینك خانه‌سنه کیدلسون . نه کوریلور ؟ .. هر طرف پیسلکه غرق اولمش قاب ، چناق هر بری بر طرفده . دوشك هفته‌لرجه یرندن قالقمامش . والحاصل ویرانخانه‌نك هر کوشه‌سی طوس طوپراق ؛ کیر پاس ایچنده ! ! ..

31

...idi bittabii bu misillü meşâgil-i adîdeden müctenib bulunması lâzım gelmez miydi?

Ayâ! Bir kuşcağız ailenin ehemmiyet ve elzemiyetini takdir eder ve onun teşkil ve terfihi hususuna bu mertebe gayret ve şefkat gösterir ise insan; ekmel-i mahlukat ve eşref-i hayvanattır. Ailenin ademine nasıl kail olur? Meğer mecnun ve divane veyahut hissiyat-ı insaniye ve hayvaniyeden külliyen mahrum bulunur!

Hal-i ictima ve infiradide yaşamakta bulunanların ahval-i hususiyelerine şöyle sathî bir göz gezdirelim:

Mütehalli bir adamın hanesine girildikte ne görülür? Her şey yerli yerinde, her yer temiz; pak! Velhasıl umur-u beytiyesinin her bir aksamının mahur-u layığında bulunduğu yek nazarda göze çarpar. Ki bundan daha büyük bir zevk olamaz. Aile beynindeki hüsn-ü imtizaç ve muhabbete gelince onun tarif ve tavsifi nakabil bir saadet-i uzma; bir şetaret hümadır.

Bilakis bekar birinin hanesine giresin. Ne görülür? Her taraf pisliğe gark olmuş kab çanak her biri bir tarafta döşek haftalarca yerinden kalkmamış velhasıl viranenin her köşesi toz toprak kir pas içinde!!..

...idi elbette bu gibi basit işlerden sakınması gerekmez miydi?

Evet bir kuşcağız ailenin ehemmiyet ve gerekliliğini kabul edip onun gelişmesi ve refahı için bu kadar gayret ve şefkat gösterir ise insan; yaratılmışların en şereflisidir. Ailenin yokluğuna nasıl rıza gösterir? Meğer mecnun veya divane veyahut insani hislerden tamamen yoksundur!

Birlikte yaşayan ve tek başına yaşayanların genel durumuna şöyle bir bakıldığında:

Evli bir adamın hanesine girildiğinde ne görülür? Her şey yerli yerinde, her yer temiz; pak! Velhasıl evinin işlerin her bir kısmının layıkıyla düzgün olduğu hemen göze çarpar. Ki bundan daha büyük bir zevk olamaz. Aile içerisindeki uyum ve sohbete gelince onun tarif ve açıklaması anlatılamayacak kadar büyük bir mutluluk ve sevinç kaynağıdır. Bir de bunun aksine bekâr birinin evine girilsin. Ne görülür? Her taraf pisliğe boğulmuş kap çanak her biri bir tarafta döşek haftalarca yerinden kalkmamış velhasıl evin her köşesi toz toprak kir pas içinde!

حیف صد هزار حیف ! آیا ! طبع بشره بو حال سفالت اشتمال یاقیشورمی ؟علی الخصوص بکارلرك خسته بولندقلری آوان برهیجانی برکره تصور ایتملی! امان نه مدهش، نه دلخراشدر؟! بیچاره‌لر بستر احتضارده انین؛ انین ایکلرلر . بر ایکی خدمتجی وارسه‌ده ارتق باقه باقه اوصانمش . اوطه قپولرندن چیقیجه (کبرمدی کیتدی) عتابیله دائما صورت اکشیدرلر . نفرت کوستررلر . چونکه اسکی ذوق ، جنبش یوق . بالخصوص آیلقلری تراکم ایتمش وآشیره‌جق بر شی‌ده قالمامش ایسه صاووشوب کیدرلر .

های کیدی بکارلق های نقدر دلسوز ایمشسك ؟ ..

بو حالده عائله سعادت ؛ بکارلق‌ده‌سفالتدر دینه‌جك‌اولورسه محض حقیقت اولمازمی ! شبهه نه ؟ . اکر بویله اولمامش اولسه ایدی جناب نبی (امر مناکحه‌یه رغبت وتوفیر تناسله جداً غیرت ایدك .) بیورمازلر ایدی . بناءً علیه بعض شبان قلیل الاذهانمزك بو بابده‌کی حقایقی نظر تأمل واعتباره آلوب بدعت فرنکیه‌دن اولان (بکارلق) مسلك خطرناکنه نفرت ولعنت خوان اوله‌رق فرائض الهیه وسنن پیغمبریه‌یه بالتوسل تشکیل عائله‌یه جداً بذل غیرت ورغبت ایده‌جکلری امراشکاردر. والاخسران محققدر.

Hayıf sad hezar hayıf! Ayâ! Tabii beşere bu hal-i sefalet ihtimal yakışır mı? Alelhusus bekarların hasta bulundukları avan-ı pirhicâne bir kere tasavvur etmeli! Aman me müthiş, ne dilhıraştır? Biçareler bister-i ihtizârdan enin enin inlerler. Bir iki hizmetçi varsa da artık baka baka usanmış. Oda kapılarından çıkınca (gebermedi gitti) itabıyla daima surat ekşitirler. Nefret gösterirler. Çünkü eski zevk, cünbiş yok. Bahusus aylıkları terakküm etmiş ve aşıracak bir şey de kalmamış ise savuşup giderler.

Hay gidi bekarlık hay ne kadar dilsuz imişsin? Bu halde aile-i saadet; bekarlıkta sefalettir denecek olursa mahz-ı hakikat olmaz mı? Şüphe ne? Eğer böyle olmamış olsa idi cenâb-ı nebi (emr-i münakahaya rağbet ve tevfîr-i tenasüle cidden gayret edin) buyurmazlar idi. Binaenalyh bazı şübban-ı kalil ilâzehanımızın bu babdaki hakaik-i nazariye ve itibara alıp bid'at-ı Frenkiyeden olan (bekarlık) meslek hatırnazına nefret ve lanet-hân olarak feraiz-i ilâhiye ve senen peygamberiyeye bittevâsıl teşkil-i aileye cidden bezel-i gayret ve rağbet edecekleri emr-i âşikârdır. Velhasıl muhakkaktır."

Yazık! yüz bin kere yazık! Evet tabii insana bu sefalet hâli hiç yakışır mı? Bu hususta bekârların hasta oldukları zaman yaşlılık dönemini bir kere düşünülmeli! Aman ne müthiş ne yürek parçalayıcıdır. Bu durumda çaresizler, ölüm döşeğinde inim inim inlerler. Bir iki hizmetçi varsa da artık baka baka usanmış. Onlar da kapıdan çıkarken "gebermedi gitti" sözleriyle daima surat ekşitirler. Nefret gösterirler. Çünkü eski zevk eski eğlence yok. Artık aylıklarını biriktirmiş ve çalacakları da bir şey de kalmamışsa kaçıp giderler.

Hey gidi bekârlık hey, ne kadar gönül yakarmışsın. Bu durumda saadetli aile bekarlıkta sefalettir denecek olursa gerçeğin ta kendisi olmaz mı? Şüphe ne? Eğer böyle olmamış olsa idi Peygamber Efendimiz "evlilik emrine rağbet edin ve neslinizi çoğaltmaya cidden gayret edin." buyurmazlardı. Bundan dolayı bazı cahil gençlerimizin bu anlamdaki hakikatleri temele alıp buna itibar ederek Avrupa anlayışından olan bekârlığa karşı nefret eden ve lanet okuyan olarak ilahî farzları ve ikinci olarak Peygamber'in aile teşviki ile ilgili tavsiyelerini dinleyip onlara uyacakları aşikârdır...

— نه زمان اولنملی ؟ —

تأهل اویله بر کلام قدسیدر که کافهٔ امملک یکانه مخرب حسنات و موجب سیئاتی اولان شهوات نفسانیه‌سنی کورله‌دیر .

ازدواج اویله بر لفظ قیمتداردر که شوکرهٔ معظملک یکانه مدار تزین وتمدنی اولان ابنای بشری مولددر .

ارکنلك اویله بر مصیبتدر که علی‌العموم انسانلرك طریق سفاهت وسفالتده پویان وبالاخره عمرعزیزلرینك حال‌خرابی وپریشانیده کذران ایلدیکی ایچون نالان اولملرینه سببیت ویریر .

بکارلق اویله بر عدو اقوی وبر دشمن بی وفادر که سیف صارم عقامت آلودیله‌اللای التمش سنه ظرفنده عالم ناسوتی انساندن بی‌نشان قیلار .

بوحالده ازدواجك محسناتنی ؛ بکارلغك‌ده سیئات مدهشه‌سنی اعتراف وتسلیم‌ایلمامك ممکنمیدر ؟ اکر بر عائله‌ده‌کی حضور وسعادت ارکنلکده‌کی اضطراب وسفالت تعداد ایدیله‌جك اولسه جلدلر طولوسی کتاب اولور .

هرنه قدر بعض شبان بی اذعان بکارلغك ایی اولدیغنی ادعای

(٣)

33

Ne zaman evlenmeli?

Teehhül öyle bir kelam-ı kutsidir ki kaffe-i ümemin yegâne muharrib-i hasenat ve mucip-i seyyiatı olan şehevat-ı nefsaniyesini körletir.

İzdivaç öyle bir lafz-ı kıymettardır ki şu küre-i muazzammın yegâne medar-ı tezin ve temeddünü olan ebna-yı beşerî mulettir.

Ergenlik öyle bir musibettir ki alelumum insanların tarik-i safahat ve sefalette puyan ve bilahare ömrü azizlerinin hal-i harabı ve perişanide güzeran eylediği için nalan olmalarına sebebiyet verir.

Bekarlık öyle bir adiv-i akvi ve düşman bir vefadır ki seyf-i sârim ikamet aludıyla elli altmış sene zarfında alem-i nasutu insandan bi-nişan kılar.

Bu halde izdivacın muhsenâtını bekarlıkta seyyiat-ı müthişesini itiraf ve teslim eylememek mümkün müdür? Eğer bir ailedeki huzur ve saadet ergenlikteki ızdırap ve sefalet tadat edilecek olsa ciltler dolusu kitap olur. Her ne kadar bazı şübban-biizan bekarlığın iyi olduğu iddia...

Ne zaman evlenmeli?

Evlilik öyle bir güzel sözdür ki ümmetin güzelliklerinin yegâne düşmanı ve kötülüklerin başı olan şehevi istekleri köreltir.

Evlilik öyle bir kıymetli kelimedir ki şu dünyanın yegâne kazancı ve insanoğlunun mutluluğudur.

Ergenlik öyle bir beladır ki genellikle insanların sefahata dalması ve sefalete düşmesine ve bilahare bu kıymetli ömürlerinin perişan olmasına ve yanlış yollarda ilerledikleri için sonunda ağlayıp inlemelerine sebebiyet verir.

Bekarlık öyle güçlü bir düşmandır ki keskin kılıcın kesip attığı gibi elli altmış sene zarfında insanlık âleminden eser bırakmaz.

Bu hâlde evliliğin güzelliklerini bekarlıktaki kötülükleri itiraf ve teslim etmemek mümkün müdür? Eğer bir ailedeki huzur ve saadetin ergenlikteki ıstırap ve sefaletten farkı sayılacak olsa ciltler dolusu kitap olur. Her ne kadar bazı akıl sahibi olmayan gençler bekârlığın iyi olduğunu iddia...

خامنده بولنه‌رق عمر قیمتدارلرینی خان کوشه‌لرنده ؛ کلخان اینلرنده میخانه ویرانه‌لرنده کچیرلرسه‌ده تاب و قوتدن کسلمکه ؛ دیزلری تتره‌مکه ؛ بینلری اویوشمغه والحاصل آفت شیخوخت اولانجه حوله‌سیله اوزرلرینه یوکلنمکه باشلادقده دوشونمکه قویولورلر ؛ دوشونورلر ؛ هم اودرجه درین دوشونورلرکه کمال حسرت وندامتله « آه اولیلك آه ! قیمتنی اکلادق لکن حیف ! پك کیج !! .. » دیه بیان تأسف وتلهف ایلرلر.

فقط نه زمان اولنملی ؟ .. ایشته مهم بر سؤال ؛ مهم بر نقطه . اوقدر مهم که بو نقطه‌یه سوء اصابت انسانك مع عائله سفالت وخرابیتنی مؤدیدر . بنابرین ازدواج ایچون اولا : سنك درجهٔ رشده وصولی لازمدر ؛ بوکا عدم رعایتدن حاصل اوله‌جق مضرات وخیمه هرکسجه معلوم ومسلمدر .

ثانیاً : ادارهٔ معیشت ... اوت ادارهٔ معیشتدر . زیرا مکتسبات یومیه‌سیله قارنی طویورامایان ؛ سفیل وسرکردان قالدیرملرده طولاشان بر آدم بر عائله‌یی نصل بسلر ؛ نصل اداره ایدر ؟ ! ..

فی الواقع اسکی روماليلر بوقاعده‌یه چندان رعایت ایتمزلر ایمش . اسکی رومالیلرده دکل ؛ بر ، بر بچق عصراوله ارجاع نظر ایده‌جك اولسه‌ق اسلافمزك بو نقطه‌یه اولان همتلرینك نه قدر جزئی وضعیف اولدیغی تظاهر وتحقق ایدر . فقط هر

34

…hamende bulunarak ömr-ü kıymettârlarını hân köşelerinde, külhân illerinde, meyhâne virânelerinde geçirirlerse de tab ve kuvvetten kesilmeye, dizleri titremeye, beyinleri uyuşmaya; velhâsıl afet-i şeyhuhet olunca, hamûlesiyle üzerlerine yüklenmeye başladıkta düşünmeye koyulurlar; düşünürler, hem o derece derin düşünürler ki kemâl-i hasret ve nedâmetle, "ah evlilik ah! Kıymetini anladık, lâkin hayıf! Pek geç!!.." diye beyan-ı teessüf ve telehhüf eylerler. Fakat ne zaman evlenmeli? İşte mühim bir suâl; mühim bir nokta. O kadar mühim ki bu noktaya su-i isâbet, insanın maaile sefâlet ve harâbitini müeddidir. Binâberin izdivâç için evvelâ: Senek derece-i rüşde vesavlı lazımdır; buna âdem-i riâyetten hasıl olacak muzırrât-ı vahime herkesçe malûm ve müsellendir.

Saniyen.: İdâre-i maişet … Evet idâre-i maişettir. Zira muktesebât-ı yevmiyesiyle karnını doyuramayan; sefil ve sergerdân kaldırımlarda dolaşan bir adam bir âileyi nasıl besler, nasıl idâre eder?!..

Filvâki eski Rûmîler bu kaideye şundan riâyet etmezler imiş. Eski Rûmîlerde değil; bir, bir buçuk asr-ı evvele irca-i nazar edecek olsak, eslâfımızın bu noktaya olan himmetlerinin ne kadar cezâ-i ve zayıf olduğu tezâhür ve tahakkuk eder. Fakat her...

...eden kıymetli ömürlerini han köşelerinde, külhan ellerinde, meyhane viranelerinde geçirirlerse de güç ve kuvvetten düşmeye, dizleri titremeye, beyinleri uyuşmaya velhasıl yaşlılık alametleri olanca gücüyle üzerlerine gelmeye başladığı zaman düşünmeye koyulurlar; düşünürler hem o derece derin düşünürler ki büyük bir hasret ve pişmanlıkla "Ah evlilik ah! Kıymetini anladık lakin yazık! Pek geç!" diyerek pişmanlıklarını dile getirirler. Fakat ne zaman evlenmeli? İşte mühim bir soru; önemli bir nokta. O kadar önemli ki bu noktaya kötü bir isabet, insanın aile olarak sefalet ve yok oluşuna sebeptir. Bundan dolayı izdivaç için evvela rüşt sahibi olmak gerekir. Buna riayetten yoksun olunduğu durumda ortaya çıkacak vahim olaylar herkesçe malumdur ve bilinir.

İkincisi: aile idare etmek...Evet. Aile, idare etmektir. Zira günlük kazancıyla karnını doyuramayan, sefil ve boş gezen, kaldırımlarda dolaşan bir adam bir aileyi nasıl besler nasıl idare eder?

Öyle ki eski Romalılar bu kaideye şundan riayet etmezlermiş. Eski Romanlılarda değil; bir bir buçuk asır öncesine bakacak olursak bizden öncekilerin bu noktaya olan çalışmalarından ne kadar cezai ve zayıf olduğu ortaya çıkacak ve anlaşılacaktır. Fakat her...

شی زمانك مقتضیات وموجباتنجه مغلوب تغییر وتبدل اولدیغی
کبی بوکون ازدواج مسئلهٔ مهمه‌سی‌ده زمان حاضره تابع اولوب
ازمنهٔ سالفه وممره‌یه قطعاً بر مناسبت و مجبوریتی یوقدر.
چونکه بر عصر اول دغدغهٔ دنیا بودرجه دکل ایدی. قناعت،
حمایت، شفقت، برکت اوزمانلر تمامیله حکمرلرنده فرمان فرما
ایدیلر. استقبالی دوشونمك دکل؛ استقبال لفظی او زمان،
احتمال، یوق ایدی. زیرا بحر بی‌پایان مصیبت وضرورته دو-
شه‌جك اولانلری اللرندن طوتوب ساحل سلامت ورفاهته
چیقارانلرك عددینه غایه یوق ایدی. بونك ایچون او زمانلر
چوجقلر دها بشیکده ایکن نشانلاندیریلور، جمعیت پرمسرتلرینك
بر آن اول عقدینه کمال اشتیاق ایله غیرت واهتمام اولنورایدی.
ینه بو سببه مبنیدرکه او وقتلرهرکس سن رشدوشباب کچمکسزین
کنج، کنج اولنیروهرم اولنن توفیر تناسل خصوصنده یکدیکریله
عادتا رقابت وکثرت اولاده نائلیتدن طولانی بیان محظوظیت
واعلان مفخرت ایدر ایدی. ایشته بزلرده هپ اوغیرت
رقابت رسانك محصولاتی، هپ او رفاهت‌سعادت‌نشانك ثمراتی‌یز.
شمدی ایسه بلا استثنا هپمز مشاغل دنیایه بوغولمشز اودرجه-
ده‌که وادئ ضرورت وسفالته دوشمش همجنسمزه معاونت
دکل؛ کندیمزی بیله اداره‌دن عاجزز. نیچونمی؟ چونکه
احتیاجات تعدد و تکثر ایتدی. احتیاجات چوغالنجه طمع،

35

...şey, zamanın muktezîyat ve mucibâtınca mağlûp tağyîr ve tebeddül olduğu gibi bugün izdivaç meselesi de zaman-ı hazıra tabi olup ezmine-i selâse ve mümerreye katiyen bir münâsebet ve mecbûriyeti yoktur. Çünkü bir asır evvel dağdağa-i dünya bu derece değildi. Kanaat, himâyet, şefkat, bereket o zamanlar tamamıyla hükümlerinde ferman-ferman idiler. İstikbâlî düşünmek değil; istikbâl lafzı o zaman, ihtimâl, yok idi. Zira bahri bi-payân musîbet ve zarûrete düşecek olanları ellerinden tutup sahil-i selâmet ve refâhete çıkaranların adedine gaye yok idi. Bunun için o zamanlar çocuklar daha beşikte iken nişanlandırılıyor. Cemiyet permesretlerinin bir an evvel akdine kemâl-i iştiyâk ile gayret ve ihtimâm olur idi. Yine bu sebebe mebnîdir ki o vakitler herkes sen rüşt ve şebâb geçmeksizin genç evlenir ve her evlenen tevfîr-i tenâsül hususunda yek diğeriyle adeta rekâbet ve kesret-i evlâda nâiliyyetten dolayı beyan-ı mahzûziyyet ve ilân-ı mefhâret eder idi. İşte bizler de hep o gayret rekâbet re'sânın mahzûlâtı hep o refâhat-i saâdet-nişanın semerâtıyız. Şimdi ise bilaistisnâ hepimiz meşâgil-i dünyaya boğulmuşuz o derecede ki vâdi-i zarûret ve sefâlete düşmüş hem cinsimize muâvenet değil kendimizi bile idâreden âciziz. Niçin mi? Çünki ihtiyâcat, tâdât ve tekessür etti. İhtiyâcat çoğalınca tamah...

...şey zamanın sebep ve ihtiyaçlarına mağlup olup değişmesi gibi bugün önemli bir mesele olan izdivaç da zamanımıza tabi olup geçmiş dönemlere asla bir münasebet ve mecburiyeti yoktur. Çünkü, bir asır evvel dünya meşgalesi bu derece değildi. Kanaat, himaye, şefkat, bereket o zamanlar tamamıyla hükümlerinde ferman ferman idiler. Geleceği düşünmek değil; istikbal kelimesinin o zaman ihtimali yok idi. Zira her ne kadar sıkıntı ve zahmetlere düşecek olanları ellerinden tutup huzura ve refaha çıkaranların sayısı gayet çoktu. İşte bunun için o zamanlar çocuklar daha beşikteyken nişanlandırılıyor, cemiyet bunların bir an önce evlenmesine büyük bir istekle gayret gösteriyorlardı. Yine bu sebebe bağlıdır ki o vakitler herkes rüştü ve gençliği geçmeksizin genç evlenir ve her evlenen neslini çoğaltma hususunda âdeta rekabet ederdi ve evlatlarının fazlalığından dolayı mutluluk duyardı. İşte bizler de hep o gayret o rekabetin neticesiyiz. Şimdi ise istisnasız hepimiz dünya uğraşına boğulmuşuz. O derecede ki zaruret vadisinde ve sefalete düşmüş hemcinsimize yardım etmek bir yana kendimizi bile idareden aciziz. Niçin mi? Çünkü ihtiyaçlar sayıca arttı çoğaldı. İhtiyaç çoğalınca açgözlülük...

حرصده آرتدی . حرص آرتنجه برکت آزالدی . برکتك آزالمه‌سیله‌ده سعادت بزدن یوز چویردی .

اوت ! بوکون زنکین ویا فقیر کندی حال حاضرینه‌عرض قناعت ومحمدتله ذهنی خرپالایاجی ، قلبه قسوت ویریجی هرنوع دوشونجه‌دن بری اوله‌رق کمال راحت وسعادتله عمر کذار قاچ کشی‌یه تصادف اونه‌بیلور ؟ همان همان هیچ !! ازمنهٔ مستقبله‌ده ایسه بالعکس بوکون قاچ کشی مسعود بولنه‌بیلورسه آنجق او نسبتده بدبخت وار ایدی . ینه مشهودات عصریه‌مزدندرکه بوکون کندینی طویمغه ؛ اکلامغه باشلایان « شو سفیل دنیاده نصل کچینه‌جکم ؛ نصل ایده‌جکم ! » عائلهٔ قسوت بخشاسیله آز زمانده آق پاق اولیور . ینه بو اجلدندرکه « عائله غائله‌در » ترهاتیله هر کس ازدواجدن تباعد وتنافر ایلیور .

بوحالده حادثات وانقلابات کونیه‌یه نظراً استقبالك تأمینی غیر ممکن ایسه‌ده هیچ اولمازسه زمان حالنی تحت تأمینه آلمایان کشینك اولمسی عادتا کندیسنی وعائله‌سنی کرد باد برباده القا ایلمکدر . حتی سکنا وانفاقدن عاجز بولنانلرك تأهلی شرعاً دخی مذموم وحرامدر . زیرا بر محصولی وجوده کتیرمك هنر دکل اصل هنر انی بیوتمك ، کماله ایرشدیرمکدر .

نه حاجت : الیوم عدم استحضار معیشتدن طولایی خانه-

36

…hırs da arttı. Hırs artınca bereket azaldı. Bereket azalmasıyla da saadet bizden yüz çevirdi.

Evet! Bugün zengin veya fakir kendi hal-i hazırına arz-ı kanaat ve mahmedetle zihni hırpalayıcı, kalbe kasvet verici her nev'i düşünceden beri olarak kemâl-i rahat ve saâdetle ömür-güzâr kaç kişiye tesadüf edebilir? Hemen hemen hiç! Ezmine-i müstakbelede ise bilakis bugün kaç kişi mesut bulunabilirse ancak o nispette bedbaht var idi. Yine meşhûdât-ı asrîmizdendir ki bugün kendini duymaya anlamaya başlayan 'şu sefil dünyada nasıl geçineceğim nasıl edeceğim! 'Gâile-i kasvet behşâsıyla az zamanda ak pak oluyor. Yine bu ecel'dendir ki 'aile gâiledir' terhâtıyla herkes izdivaçtan tebâüt ve tenâfür eyliyor.

Bu halde hadîsât ve inkılâbât-ı ğonyeye nazaran istikbâlin temini gayr-i mümkün ise de hiç olmazsa zaman halini taht-ı temine almayan kişinin evlenmesi adeta kendisini ve ailesini ğırtbâd-berbâda ilka eylemektir. Hatta sükûna ve infâktan âciz bulunanların teehhülü şer'an dahi mezmûn ve harâmdır. Zira bir mahsûlü vücuda getirmek hüner değil, asıl hüner onu büyütmek kemale eriştirmektir. Ne hacet: elyevm âdem-i istihzâr-ı maişet'ten dolayı hane…

...hırs arttı. Hırs artınca bereket azaldı. Bereket azalmasıyla da mutluluk bizden yüz çevirdi.

Evet! Bugün zengin veya fakir kendi hâlinde kanaat eden ve zihne zarar, kalbe kasvet verici her çeşit düşünceden uzak olarak rahat ve saadetle ömrünü sürdüren kaç kişiye rastlanabilir? Hemen hemen hiç! Eski dönemlerde ise aksine bugün kaç kişi mutlu bulunabilirse ancak o nispette mutsuz insan vardı. Yine meşhur zamanlarımızdandır ki bugün kendini duymaya ve anlamaya başlayan "şu sefil dünyada nasıl geçineceğim nasıl edeceğim!" endişesiyle az zamanda ak pak oluyor. Yine bu sebepledir ki "aile derttir" feryadıyla herkes evlilikten kaçıyor.

Bu durumda hadiseler ve değişimler nispetinde geleceğin temini zorlaşıyor ise de hiç olmasa kendi maddi hâlini garanti altına almayan kişinin evlenmesi âdeta kendisini ve ailesini yokluk kasırgasına atmaktır. Hatta sakinlik ve yardım etmekten aciz bulunanların evliliği şeriat açısından dahi doğru değildir ve haramdır. Zira bir eseri vücuda getirmek hüner değil asıl hüner onu büyütmek olgunluğa ulaştırmaktır Ne gerek günümüzde aile geçimindeki yoksulluk dolayısıyla hane-...

لرنده کیجه کوندوز منازعاتده بولنانلر ، آچ قالانلر ، عائله‌سنی ترك وتطليق ايلينلر، حتی انتحار ايدنلر آزمی ؟ بناءً عليه سعادت حالی بر درجه تأمين ايدلمش بر کشی سفالته محکوم بيك کشيدن خيرليدر .

بخلاصهٔ کلام : کار اولده کشی عاقبت انديش کرك

— تجارمزك بر خطای مهمی —

بلا استثنا کافهٔ ابنای بشرك سعادت ورفاه حالی مساعئ متواليه ومتماديه‌يه مبتنی بولنديغنه نظراً بو بابده‌کی وسائل ووسائط ايکی بيوك قسمه آيريلورکه بری اشتغالات دماغيه ؛ ديکری‌ده اشتغالات بدنيه‌در .

برنجی طريقه سلوك ايدنلر علوم وفنون ايله مشغوله بولنورلرکه اقسام واعدادينه حد اولەماز .

ايکنجی شاهراه معيشت ايسه فلاحت ، صنعت وتجارت ناميله اوچ بيوك نهال سعادت اشتماله انقسام ايدرکه اربابنك عموميت اوزره بدناً اوغراشدقلری کوريلور .

بر زمانلر فلاحت وصنعتدن بحث ايدلمش واهميتلری‌ده

37

…lerinde gece gündüz münazatta bulunanlar aç kalanlar ailesini terk ve tedlik eyleyenler hatta intihar edenler az mı? Binaenaleyh saâdet hâli bir derece temin edilmiş bir kişi sefalete mahkûm bin kişiden hayırlıdır.

Hülasa-i kelâm kâr-ı evvelde kişi âkıbet-endiş gerek.

...lerinde gece gündüz ağlayıp sızlayanlar, aç kalanlar ailesini terk edenler hatta intihar edenler az mı? Bundan dolayı saadet durumu bir dereceye kadar temin edilmiş bir kişi sefalete mahkûm bin kişiden daha iyidir.

Sözün kısası işin başında kişinin geleceğini düşünmesi gerek.

Tüccarımızın bir hata-i mühimi

Bilaistisna kaff-ı ebna-yı beşerin saâdet ve refah hali mesai-i mütevaliye ve mütemadiyeye mübteni bulunduğuna nazaran bu babdaki vesâil ve vesâit iki büyük kısma ayrılır ki biri iştigâlât-ı dimağiye diğeri de iştigâlât-ı bedeniyedir.

Birinci tarike sülûk edenler ulûm ve fünum ile meşgul bulunurlar ki aksam ve adadına had olamaz.

İkinci şahra-ı maişet ise felâhat sanat ve ticâret namıyla üç büyük nihâl-i saâdet-i iştimâle inkisam eder ki erbabının umumiyet üzre bedenen uğraştıkları görülür. Bir zamanlar felâhat ve sanattan bahsedilmiş ve ehemmiyetleri de…

Tüccarlarımızın mühim bir hatası

İstisnasız insanoğlunun tamamının saadet ve refah içinde olması; çalışmasına ve bir işle uğraşmasına bağlı olduğundan hareketle bu alandaki vesileler ve vasıtalar iki büyük kısma ayrılır ki biri zihni uğraşlar diğeri de bedeni uğraşlardır.

Birinci alana yönelenler ilim ve fen ile meşgul olurlar ki bunların bölüm ve sayısının sınırı olamaz.

İkinci kazanç yolu ise çiftçilik, sanat ve ticaret adıyla üç büyük saadet fidanını içine alır ki erbabının genellikle bedenen uğraştıkları görülür. Bir zamanlar çiftçilik ve sanattan bahsedilmiş ve önemleri de...

بیلدیرلمش ایدی . شمدیده تجارتدن بحثله بو بابده کی خطایی و تقصیراتمزی بولوب کوسترەجکز .

تجارت ! نه مقدس بر مشغولیتدر که ازمان سابقەیه ارجاع نظر ایدیلەجك اولور ایسه اکثر اسلاف واجدادمزك وحتی پیغمبران عظامك تجارتله مشغول بولندقلری کوریلور . فخر کائنات افندمزك دها کوچك یاشلرنده بیلەدەلری عبدالمطلب ایله برلکده تجارتله اشتغاللری وبالاخره شرافت نبوتله مشرف اولدقلرنده (الکاسب حبیب الله) خطاب عالیسیله قومنی سلك تجارته تشویق ایلملری ملل اسلامیەنك قلبلرنده پك بیوك وجدی هوسات ورغبات اویاندرمش و بو بابده کی مساعیلرینی بر قاچ قات دها توسیع ایله عالم اسلامیت دنحی بر وقتلر شاهراه ر خیلی بیوك خطوەلر آلوب ایلریلەمشدی . لکن نه چاره که بوده مرور آوان واعصار ایله ترقیات سائرەمز کبی دوچار تزلزل وانحطاط اولدی . او درجەدەکه تجارتی عادتا کندیمزه موجب شین وعار بیلەرك اربابنی حقیر وذلیل کورمکه باشلادق وهرحالمزی سنجیدۀ میزان تدقیق وتنقیددن بر آن خالی قالمایان ملل سائرەدن بش اون مانغری اولان ؛ بوغفلتمزدن بلااستفاده صولوغنی ممالك شاهانەده آلدی و آز زمانده میلیونر اولدی .

بونلرك اولکی حال ضرورت وصکرەکی حال سعادتنی

38

...bildirilmiş idi, şimdi de ticâretten bahisle bu bab'daki hatayı ve taksirâtımızı bulup göstereceğiz.

Ticâret! Ne mukaddes bir meşguliyettir ki, ezman-ı sabıkaya irca nazar edilecek olursa ekser eslâf ve ecdâdımızın ve hatta peygamberân-ı ithamın ticâretle meşgul bulundukları görülür. Fahr-i Kâinat efendimizin daha küçük yaşlarında bile dedeleri Abdulmuttalip ile birlikte ticâretle iştigalleri ve bilahare şerafet nübüvvetle müşerref olduklarında ("El Kâsibü Habibullah") hitâp-ı âliyesiyle kavmini salik-i ticârete teşvik eylemeleri, millet-i İslâmiye'nin kalplerinde pek büyük ve ciddi hevesat ve rağbet uyandırmış ve bu bab'daki mesailerini birkaç kat daha tevsi ile âlem-i İslâmiyet dahi bir vakitler şahrah-ı ticârete hayli büyük hatveler alıp ilerlemişlerdi. Lâkin ne çare ki bu da mürûr-ı avan ve âsâr ile terakkiyât-ı sairemiz gibi düçâr-ı tezelzül ve inhitât oldu. O derecede ki ticâreti adetâ kendimize mûcib-i şîn ve âr bilerek erbâbını hakîr ve zelîl görmeye başladık ve her hâlimizi sencide-i mîzân tedkîk ve tenkîdden bir an hâlî kalmayan millet-i sâireden beş on mangırı olan; bu gafletimizden bilistifâde sûlûğu memâli-i şâhânede aldı ve az zamanda milyoner oldu.

Bunların evvelki hâl-i zarûret ve sonraki hâl-i saâdetini.

...bildirilmişti. İşte şimdi de ticaretten bahsederek bu alandaki hataları ve kusurlarımızı bulup göstereceğiz.

Ticaret ne güzel bir uğraştır ki eski dönemlere bakıp da görülecek olursa genellikle eskiden ecdadımızın ve hatta peygamberlerin ticaretle uğraştıkları görülür. Fahr-i kâinat Efendimiz'in daha küçük yaşlarında bile dedeleri Abdulmuttalip'le ticaretle uğraştıkları ve daha sonra peygamberlikle müşerref olduklarında "çalışıp kazanan Allah'ın sevgilisidir." sözüyle kavmini ticarete teşvik etmeleri İslâm milletinin kalplerinde pek büyük ve ciddi heves ve rağbet uyandırmış ve bu alandaki mesailerini birkaç kat daha artırarak İslâm âleminde dahi bir zamanlar ticaret sahasında oldukça büyük gelişmeler yapmışlardır. Lakin ne çare ki bu da eski dönemlerle birlikte günümüzde azalmaya ve düşmeye başladı. O derecede ki ticareti âdeta kendimize bir eziyet olarak görüp erbabını küçümseyip aşağılık görmeye başladık. Ve her durumumuzu daha iyi anlamak ve incelemek için bir an olsun boş kalmayan diğer milletlerden 5 10 kuruşu olan, bu gafletimizden yararlanarak şahane memleketimizde yolunu buldu az zamanda milyoner oldu.

Bunların önceki yoksul hâllerini ve sonraki mesut durumlarını...

كورنلرده كمال حرص واشتياق ايله اسكى دنيا ، يكى دنيانك الك اوزاق ؛ الك بلمديكمز يرلرندن وطنمزك آغوش يسارينه آقين آقين كلمش والاننده كلمكده بولنمشدر. ايشته بو رغبت ؛ بو تهاجم ايلهدركه بوكون وطنمزك تجارتى همان همان اجانبك ايادئ انحصارنده بولنيور . او درجهده كه پازار ؛ يورطى و پاسقاليا كونلرى مالزمهٔ حياتيهمزى ؛ اكمكمزى تداركدن عاجز قاليورز . تأسف صد هزار تأسف ! . . .

بو غفلت ؛ بو بطائت ايله آنلره رقابت وتفوقك ايسه هيچ بر وقت تيسرنماى حصول اولهميهجغى بداهتى هر ارباب عقول وعرفانه عياندر . آنجق مساعئ بشره طاغلر وطاشلرك بيله تاب آور مقاومت اولهمامسنه نظراً اكر بزده آنلر قدر وحتى دها زياده چاليشير ايسهك احتمالكه كعبلرينه واريرز والا بو كونكى حالمزى بيله محافظه مشكل اولور .

اجانبك امور تجاريهلرنده شايان تأمل ودقت بر نقطه واردركه پك مهمدر. اوده بر تاجرك هانكى تابعيتى؛ هانكى عنصرى حائز ايسه او حكومتك امتعهٔ تجاريهسنى تشهيره ، او ملتك معمولات موجودهسنى ؛ چيره دستئ مهارتنى ترويجه چاليشملريدر .

اوت ؛ بوكون بر آلمان مغازهسنه كيرسهك اكثر معمولاتك آلمان فابريقهلرينه ؛ دستكاهلرينه منسوب اولديغنى كوريرز .

39

...görenlerde kemâl-i hırs ve iştiyâk ile eski dünyâ, yeni dünyânın en uzak; en belirsiz yerlerinden vatanımızının agûş-u yesârına akın akın gelmiş ve elânda gelmekte bulunmuştur. İşte bu rağbet; bu tehâcüm iledir ki bugün vatanımızın ticâreti hemen hemen ecânibin iyâdi-i inhisârında bulunuyor. O derecede ki pazar; yortu ve paskalya günleri malzeme-i hayâtiyemizi; ekmeğimizi tedârikten âciz kalıyoruz. Teessüf sâd hezâr teessüf!

Bu gaflet; bu betâit ile onlara rekâbet ve tefevvukun ise hiçbir vakit teyessür-nümâ husûl olamayacağı bedâhti her erbâb-ı ukûl ve irfâna ayândır. Ancak mesâi-i beşere dağlar ve taşların bile tâb-aver mukâvemet olamamasına nazaran eğer biz de onlar kadar ve hatta daha ziyâde çalışır isek ihtimâl ki kablarına varırız ve alâ bu günkü hâlimizi bile muhâfaza müşkül olur.

Ecânibin umûr-u ticâriyelerinde şâyân-ı teemmül ve dikkat bir nokta vardır ki pek mühimdir. O da bir tâcirin hangi tâbiyeti; hangi unsuru hâiz ise o hükûmetin emtiâ-i ticâriyesini teşhire, o milletin mamûlât-ı mevcûdesini, çıra-desti-i mahâretini tervîce çalışmalarıdır.

Evet; bugün bir Alman mağazasına girsek ekser mamûlâtın Alman fabrikalarına; destgâhlarına mensûb olduğunu görürüz.

...görenler de hırs ve iştiyakla yeni dünya eski dünya olsun dünyanın en uzak en belirsiz yerlerinden vatanımızın her tarafına akın akın gelmişler ve şu anda da gelmektedirler. İşte bu rağbet; bu saldırı iledir ki bugün vatanımızın ticareti hemen hemen ecnebilerin elinde bulunuyor. O derecedeki pazar günleri; yortu ve paskalya günleri günlük ihtiyaçlarımızı, ekmeğimizi tedarik etmekten aciz kalıyoruz. Yazık! yüz binlerce yazık!

Bu gaflet; bu tembellikle onlara rekabet ve mücadele ise hiçbir vakit gelişme göstermeyeceğimiz akıl ve irfan sahibi herkes tarafından görülmektedir. Ancak insanın çabası karşısında dağların ve taşların bile kırılıp döküldüğünden hareketle eğer bizler de onlar kadar hatta onlardan daha fazla çalışırsak elbette ki onların seviyesine varırız. Yoksa bugünkü durumumuzu muhafaza etmek bile zor olur.

Yabancıların ticaret işlerinde dikkat ettikleri bir husus vardır ki pek önemlidir. O da tüccarın hangi tabiiyeti hangi unsuru iyi ise o hükûmetin ticari eşyalarını tanıtmaya o milletin mevcut ürünlerinin maharetini ortaya koymaya çalışmalarıdır.

Evet bugün bir Alman mağazasına girsek genellikle ürünlerin Alman fabrikalarına ev tezgahlarına ait olduğunu görürüz.

دیگر بالجمله اقوام دخی کندی حکومت ودولت متبوعه‌لرینك معمولاتنی صرف واستهلاك ایچون کیجه کوندوز مخرجلر، چاره‌لر ؛ رقابتلر آرامقده و بوصورتله مساعیٔ وفیره وجدیه‌لرینی ممکن مرتبه کندی وطنلرینك ترقیاتنه منحصر قیلمغه چالیشمقده‌در .

ایشته بر دولت ، بر ملتده آنجق بویله محبت وطنیه، بویله عالی همتلر ایله ترقی ایلر .

حال بوکه بز کزده ایکن بز عجباهانکی بر معمولاتمزی آنلرك الکالرنده تشهیر ایله ترویجنه چالیشیورز ؟ قاچ تجارمز دیار اجنبیه‌ده تأسیس تجارت ایده بیلمشدر ! خالیلرمز؛ اوزوملرمز؛ تیفتیکلرمز ؛ حبوباتمز والحاصل کافهٔ اخراجاتمز ینه آنلرك وساطت ودلالتیله اخراج واستهلاك اولنمیورمی ؟

بز اوقدر محکوم غفلت وقصیرالهمتزکه معمولات صناعیه وزراعیه‌مزی وضع پیشکاه اغیار ایتمك شویله طورسون؛ بوندن یکدیکرمزی بیله خبیر قیلمغه غیرت ایتمیورز !

انصاف ! بوکون قاچ کشی ، قاچ تجارمز واردرکه مقدس وطنك نره‌لرنده نه کبی شیلر یتشدیکنه واقفدر !

جزؤ قلیلدن عبارت بولنان تجارمزك مغازه‌لرینی شویله بر دور وتفتیش ایده‌جك اولورسه‌ق امتعهٔ اجنبیه ایله مالامال

40

Diğer bilcümle akvâm dahi kendi hükûmet ve devlet-i metbûalarının mamûlâtını sarf ve istihlâk için gece gündüz mahreçler, çarklar; rekâbetler aramakta ve bu sûretle mesâi-i vefîre ve ciddiyelerini mümkün mertebe kendi vatanlarının terakkiyâtına munhasır kılmaya çalışmaktadır.

İşte bir devlet, bir millet de ancak böyle muhabbet-i vataniye, böyle âli himmetler ile terakkî eyler.

Hâl bu merkezde iken biz acabâ hangi bir mamûlâtımızı onların ülkelerinde teşhîr ile tervîcine çalışıyoruz? Kaç tüccarımız diyâr-ı ecnebiyede tesîs-i ticâret edebilmiştir! Halılarımız; üzümlerimiz, tiftiklerimiz; hubûbâtımız velhâsıl kâffe-i ihracâtımız yine onların vesâit ve delâletiyle ihrâc ve istihlâk olunmuyor mu?

Biz o kadar mahkûm-u gaflet ve kasîrü'l-himmetiz ki mamûlât-ı sınâ'iye ve zirâîyemizi var pîşkâh-ağyâr etmek şöyle dursun; bundan yekdiğerimizi bile habîr kılmaya gayret etmiyoruz!

İnsâf! Bugün kaç kişi, kaç tüccârımız vardır ki mukaddes vatanın nerelerinde ne gibi şeyler yetiştiğine vâkıftır!

Cüz-i kalîlden ibâret bulunan tüccârımızın mağazalarını şöyle bir devr-i teftîş edecek olursak emtia-yı ecnebiye ile malâmâl ...

Diğer bütün kavimler de kendi hükûmet ve devlet matbaalarının ürünlerini kullanıp tüketmek için gece gündüz uğraşlar, hileler, rekabetler aramakta ve bu şekilde oldukça fazla mesai harcayarak mümkün mertebe kendi vatanlarının kalkınmasına çalışmaktadır.

İşte bir devlet bir millet de ancak böyle vatan muhabbeti böyle güzel hizmetlerle kalkınır.

Hâl bu merkezde iken biz acaba hangi ürünümüzü onların ülkelerinde tanıtıp satmaya çalışıyoruz? Kaç tüccarımız yabancı memleketlerde ticaret tesis edebilmiştir? Halılarımız, üzümlerimiz, tiftiklerimiz, hububatımız velhasıl bütün ihracatımızın tamamı yine onların vasıtaları ve delaletiyle ihraç edilmekte ve tüketilmekte olmuyor mu?

Biz o kadar gaflete mahkûm ve himmete muhtacız ki kendi sanayi ürünlerimizi ve zirai ürünlerimizi başkalarına anlatmak şöyle dursun bundan birbirimize bile haber vermeye gayret etmiyoruz!

İnsaf bugün kaç tüccarımız vardır ki mukaddes vatanın nerelerinde ne gibi şeyler yetiştiğini bilir.

Sayıca az olan tüccarlarımızın mağazalarını şöyle bir incelersek ecnebi ürünleriyle dolu ...

اولدیغی حالده یرلی اوله‌رق مع التأسف بر شی کوره‌میز . نه‌دن ؟ بر شیئمزمی یوق ؟ .. چوق ! لکن آرایان ؛ بولان ، صاتان یوق !!! ..

دیار اجنبیه‌نك الك اوزاق محللرندن طوغریدن طوغری‌یه ویاخود ده‌بالواسطه هر نوع لوازم احتیاجیه‌مزی جلب وفروختنه عقلمز ایردیکی حالده ایچنده بولندیغمز، نعم کونا کونیله پرورده اولدیغمز مقدس وطنمزك نره‌لرنده نه‌کبی معمولات صناعیه یتشدیکنی اوکره‌نوب تشهیر وترویجه‌نیچون رغبت وغیرت کوسترمیورز ؟ نیچون تجارمزك مغازه‌لرنده ایکی اوچ پارچه اولسون یرلی معمولات بولنمسون ؟ نیچون عراقك منسوجات نفیسه‌سی، وان ؛ دیار بکر ؛ قوله ؛ کوردوسك کموشی ؛ قره‌حصار صاحبك فاقفون ، بکه ؛ کوتاهیه‌نك چینی ؛ ردوس وقدس شریفك کمیك ، صدف و تجاریه معمولاتی ودها سائر یرلرمزك نفائس آثاری عالم تجارتده سربست جولان ایده‌مسون ؟

ای تجار کرام ! یوزلر ؛ بیکلرجه مبالغکزك بش اون لیراسنی‌ده او نفیس ؛ ظریف ، دلپذیر معمولات داخلیه‌مزه حصر ایدك ؛ نه اولور ؟! ..

41

…olduğu hâlde yerli olarak mateessüf bir şey göremeyiz. Neden? Bir şeyimiz mi yok? Çok! Lakin arayan; bulan, satan yok!!..

Diyâr-ı ecnebiyenin en uzak mahallerinden doğrudan doğruya veyahut da bilvâsıta her nevi levâzım-ı ihtiyâciyemizi celeb ve füruhtuna aklımız erdiği hâlde içinde bulunduğumuz, neam-ı günagûnuyla perevrde olduğumuz mukaddes vatanımızın nerelerinde ne gibi mamûlât-ı sınâîye yetiştiğini öğrenip teşhîr ve tervîce niçin rağbet ve gayret göstermiyoruz? Niçin tüccârımızın mağazalarında iken üç parça olsun yerli mamûlât bulunmasın? Niçin Irak'tan mensûcât-ı nefîsesi, Van, Diyarbakır, Kula, Kudüs'ün gümüşü, Karahisar sahibin fakfon; keçe, Kütahya'nın çini, Rodos ve Kudüs-ü şerîfin kemik, sedef ve ticâriye mamûlâtı ve daha sâir yerlerimizin nefâis asârı âlem-i ticârette serbest-i cevelân edemesin?

Ey tüccâr-ı kirâm! Yüzler, binlerce mübâlağanızın beş on lirası da o nefîs; zarîf, dilpezîr mamûlât-ı dahiliyemize hasr edin; ne olur?!..

…olduğu hâlde yerli olarak mateessüf bir şey göremeyiz. Neden? Bir şeyimiz mi yok? Çok! Lakin arayan; bulan, satan yok!!..

Yabancı memleketlerin en uzak yerlerinden doğrudan doğruya veyahut da bir vasıtayla her çeşit ihtiyaç malzemelerimizi alıp satmaya aklımız erdiği hâlde içinde bulunduğumuz çeşit çeşit nimetleriyle beslendiğimiz mukaddes vatanımızın nerelerinde ne gibi sanayi ürünlerinin yetiştiğini öğrenip tanıtmak ve satmak için neden rağbet ve gayret göstermiyoruz? Niçin tüccarımızın mağazalarında üç parça olsun yerli ürün bulunmasın? Niçin Irak'tan nefis dokumalar, Van, Diyarbakır, Kula ve Kudüs'ün gümüşü, Karahisar gümüşü, keçe, Kütahya'nın çinisi; Rodos ve Kudüs'ün kemik, sedef ve ticari ürünleri ve daha birçok yerimizin güzel eserleri ticaret âleminde piyasada serbestçe dolaşmasın? Ey tüccarlar! Yüzler binlerce abartınızın 5 10 lirasını da o nefis zarif gönül alan memleketimizin ürünlerini söylemek için çaba sarf edin, ne olur?!

کنجلرمزك مصدر ترقی وکمالی

نه اولملیدر ؟

تاریخشناسان معارفه خفی دکلدرکه اختراعات کونا کون ، ابداعات عالم شمولیله بو کون فکرلری حیرتده براقان مدنیت حاضره‌نك مهد عالم آراسی، مسقط جهان پیراسی (مدنیت قدیمهٔ اسلامیه) در . یعنی قوم نجیب عربك - الیوم عالم اسلامیتك سراج‌منهاج متین ورصینی بولنان - کتاب اللهك احکام منیفه‌سنه و ینه - کافهٔ اهل ایمانك مرشد کامل و بی همتاسی - اولان احادیث محمدینك تلقینات و تشویقات مرشدانه‌لرینه ربط قلب وحصر فکر ایده‌رك سیف صارم سلامت انجاملریله عالم کائناتك هرطرفنی قاپلامش اولان ظلام نخش وجهلی یاردقلری بر عصرده قوم چوللرنده ؛ مدرسه کوشه‌لرنده نشر وترقیسنه بذل همت بیوردقلری (مدنیت) در .

هانکی بر بی اذعان جرأت ایدر بونك انکارینه ؟
هانکی بر بی‌دل امکان کوستر بونك خلاف حقیقتنه ؟

اوت ؛ بو برحقیقتدرکه انکار ایده بیلمك ایچون مطلق جنت کتورمك ویاخود جهل مرکب اصحابندن بولنمق اقتضا ایدر .

42

Gençlerimizin masdar-ı terakkî ve kemâli ne olmalıdır?

Târîhşinâsân-ı maarife hafî değildir ki ihtirât-ı günâgûn; ibdâât-ı âlemşümûluyla bugün fikirleri hayrette bırakan medeniyyet-i hâzıranın medh-i âlem-arâsı; maskat-ı cihân-pîrâsı (medeniyyet-i kadîme-i İslâmiye)'dir. Yani kavm-i necîb-i Arab'ın elyevm âlem-i İslâmiyet'in sirâc-ı minhâc metîn ve rasîni bulunan kitâbullah'ın ahkâm-ı münîfesini ve yine kâffe-i ehl-i imânın mürşid-i kâmili bîhemtâsı olan ahâdîs-i Muhammedî'nin telkînât ve teşvikât-ı mürşidânelerine rabt-ı kalb hasr-ı fikr ederek seyf-i sârim selâmet encâmlarıyla yarattıkları bir sırada kavm-i çöllerinde; medrese köşelerinde neşr ve terakkîsine bezl-i himmet buyurdukları (medeniyyet)'dir.

Hangi bir bî-izân cürret eder bunun inkârına? Hangi bir bî-dil imkân gösterir bunun hilâf-ı hakîkatine? Evet; bu bir hakîkattir ki inkâr edebilmek için mutlak cinnet götürmek ve yahut cehl-i mürekkeb ashâbından bulunmak iktizâ eder.

Gençlerimizin ilerlemesinin ve olgunluğunun kaynağı ne olmalıdır?

Bilim tarihçilerine gizli değildir ki dünyayı kaplayan türlü türlü icatların, yeniliklerin ve bugün fikirleri hayrette bırakan mevcut medeniyetin âlemi süsleyen durumu ve dünyaya hayranlık getiren, kadim İslâm medeniyetidir. Yani Arap kavminin; İslâm âleminin yolunun ışığı ve sağlam bulunan Allah'ın kitabının yüce hükümlerini ve yine ehli imanın eşi benzeri bulunmayan Peygamberinin hadislerinin telkin ve teşvikleriyle kalplerini bağlayıp, fikirlerini tamamen vererek keskin kılıcıyla selameti sağladıkları sırada çöl kavimlerinde, medrese köşelerinde yayılıp ilerlemesine sınırsız çaba sarf ettikleri medeniyettir. Hangi izansız cüret eder bunun inkârına?

Hangi gönülsüz imkân gösterir bunun gerçek olmadığına? Evet bu bir hakikattir ki inkâr edebilmek için mutlaka cinnet geçirmek veyahut bilim cahili insanlardan olmak gerekir.

اوت ؛ بوکون کافهٔ اختراعات و کشفیات خارق العادهسنه دمبستهٔ حیرت اولدیغمز اوروپالیلرك ترقیات حاضرهسنك یکانه واسطهسی ؛ اس الاساسی (مدنیت اسلامیه) در . لکن حیف ، صد حیف که بوکون کونش کبی جلی اولان بو حقیقتك صحتنی تصدیق وتسلیم ایدنلردن زیاده ایتمینلر . احتماله عقل ایردیرهمیانلر دهاچوقدر ؛ نهدنمی ؟ چونکه اسکی حالمزله شمدیکی حالمزك بیننده طاغلر قدر فرق بولنمسی و بر بحر عمان اولان واعدادینه حدوپایان اولمیان آثار نفیسهٔ عربیهیه چندان دکل ؛ بلکه هیچ التفات اولنمامسیدر !

حقیقت ، بوکون پك چوق کنجلرمز ایکی بچق فرانسزجه بللهمکله اوروپالیلرك احوال وترقیاتنه مطلع اولورده حیرتده قالیر و دیرکه : « عجائب نهدن بزدهده بوکبی انفس آثار موجود اولماسون ؟ نیچون حکمیاتدن ، فلسفهدن ؛ علم اخلاقدن ؛ هندسهدن و سائره وسائرهدن بحث ایدن عالملرمز بولنماسون ؟ » .

هی بیچاره غافل هی ؟ بو سؤاللر ؛ بو استغرابلر ذهاب جهلکه نظراً محقدر . لکن ارباب وقوف وعرفانه کوره یا کلشدر . زیرا مکتبه کیردك . چیقدك . بر سطر عربیی درست اوقومغه غیرت ایتمدك ! . بوکا سببده زعم باطلنجه فرانسزجه چوق قولای ؛ عربجه ایسه مشکل ؛ پك مشکل ایدی . بوندن ماعدا .

43

Evet; Bugün kâffe-i ihtirâât ve keşfiyât-ı hârikuladesine dembeste-i hayret olduğumuz Avrupalıların terakkiyât-ı hazırasının yegâne vâsıtası; esâ'l-esâsı (Medeniyyet-i İslâmiye)'dir. Lakin hayıf, sad hayıf ki bugün güneş gibi celî olan bu hakîkatin sıhhatini tasdîk ve teslîm edenlerden ziyâde etmeyenler, ihtimâline akıl erdiremeyenler daha çoktur; neden mi? Çünki eski hâlimizle şimdiki hâlimiz beyninde dağlar kadar fark bulunması ve bir bahr-i ummân olan vâdâdına haddüpâyân olmayan asâr-ı nefîse-i Arabiyyeye çendân değil; belki hiç iltifât olunmamasıdır!

Hakîkat, bugün pek çok gençlerimiz iki buçuk Fransızca bilmekle Avrupalıların ahvâl ve terakkiyâtına muttali olur da hayrette kalır ve der ki; "Acâib neden bizde de bu gibi enfes asâr mevcûd olmasın? Niçin hikemiyâttan, felsefeden, ilm-i ahlâktan hendeseden; vesâire vesâireden bahs eden âlimlerimiz bulunmasın?

Hay bî-çâre gâfil hay! Bu suâller; bu istiğrablar zehâb-ı cehline nazaran muhakdır. Lakin erbâb-ı vukûf ve irfâna göre yanlıştır. Zira mektebe girdik. Çıktık. Bir satır Arabîyi dürüst okumaya gayret ettik! Buna sebeb de zeam-ı bâtılınca Fransızca çok kolay; Arapça ise müşkül, pek müşkül idi. Bundan maâda...

Evet, bugün icraatlarının hepsine ve harikulade keşiflerine hayran olduğumuz Avrupalıların mevcut ilerlemesinin yegâne vasıtası, asıl esası İslâm medeniyetidir. Lakin yazık yüz binlerce yazık ki bugün güneş gibi açık ve net olan bu hakikatin doğruluğunu kabul edip onaylayanlardan ziyade bunu kabul etmeyenler, ihtimaline akıl erdiremeyenler daha çoktur; Neden mi? Çünkü eski hâlimizle şimdiki hâlimiz arasında dağlar kadar fark bulunması ve bir umman genişliğinde ucu bucağı olmayan Arap ürünlerine belki değil hiç ilgi gösterilmemesidir.

Doğrusu bugün pek çok gencimiz iki buçuk Fransızca bilmekle Avrupalıların durum ve ilerlemesini görerek hayrette kalır ve der ki "acaba neden bizde de bu gibi mi enfes eserler mevcut olmasın, niçin felsefeden, hikmetten, ahlâk ilminden, matematikten vesaire vesaireden bahseden âlimlerimiz bulunmasın.

Hay çaresiz gafil hay! Bu sorular bu yanlışlar cehalet yolundaki ilerlemene göre gerçektir. Lakin irfan ehli kişilere göre yanlıştır. Zira mektebe girdik. Çıktık. Bir satır Arapçayı doğru okumaya gayret ettik! Buna sebep de batıl hırsınca Fransızca çok kolay Arapça ise zor pek zor idi. Bundan başka...

(پاردون موسیو) (بونژور موسیو) مثللو الفاظ فرنکیه ایله هرکسه مقابله‌ده موجب افتخارك ایدی .

ایشته آثارینك هر بری؛ هر بر قوم وملتك موجب افتخار وسلامتی اوله‌جق اسلاف واجدادیمزك ترقیاتندن سنی بی‌وقوف قیلان فرانسزجه والسنهٔ اجنبیه‌یه اولان ابتلا وانهماکك نسبتنده لسان عذب البیان عربی‌یه کوستردیکك نفرت واندن اعراضدر . اکر بونلره کوستردیکك توجه ورغبتك بر ثلث ویا ربعنی عربی‌یه حصر ایدیدك مجرد بزم علم وهنرمز ؛ محضا بزم حکمت ومعرفتمز ایله پرورده ومترقی اولدقلری حالده کفران نعمت وکتم حقیقتله (اسلامیت مانع ترقیدر) یایغره‌لرینی عیوقه چیقاران اوروپالیلرك آغزلرینی طیقایه‌جق ایکی سوز بولور ایدك . بوندن ماعدا (اسلامیتك عالم مدنیته شایان تذکار بر خدمتی یوقدر) ترهات وهمیاتیله سن‌ده تأسف‌خوان اولماز ایدك . شو سوزلرمزله بالنسبه سهولت وسلاستیله بوکون اقطار جهانك لسان عمومیسی حکمنه کیرن (فرانسزجه) لسانك علیهنده بولنورز ظن اولنماسون . بوکا نصل احتمال ویریله بیلور که بوکون آوروپاده امر یقاده؛ هانکی بر لسان اوزره یازلمش اولورسه اولسون کافهٔ آثار مهمه - سرعت تعمیم وانتشاری ایچون - درحال فرانسزجه‌یه ترجمه اولنیور . بناءً علیه مقصدمز بودکل؛ آنجق هنوز مکتب عالمندم بولنان ویاخود اکمال تحصیل

…(Pardon mösyö) (Bonjur mösyö) misillü elfâz-ı Frenkiye ile herkes mukâbelede mûcib-i iftihârın idi.

İşte asârının her biri; her bir kavim ve milletin mûcib-i iftihâr ve selâmeti olacak eslâf ve ecdâdımızın terakkiyâtından senÎ bî-vukuf kılan Fransızca ve elsene-i ecnebiyede olan ibtilâ ve inhimâkın nisbetinde lisân-ı azabü'l beyân-ı arabîye gösterdiğin nefret ve ondan arazdır. Eğer bunlara gösterdiğin teveccüh ve rağbetin bir sülas veya rubini arabîye hasr edeydin mücerred bezm-i âlem ve hünerimiz; mahazâ bezm-i hikmet ve maarifetimiz ile perverde ve müterakki oldukları hâlde küfrân-ı nimet ve ketem-i hakîkatle (İslâmiyet mâni-i terakkidir) yaygaralarını ayyûka çıkaran Avrupalıların ağızarını tıkayacak iki söz bulur idik. Bundan mâadâ (İslâmiyetin âlem-i medeniyete şâyân-ı tezkâr bir hizmeti yoktur) türrehât-ı vehmiyâtıyla sen de teessüf-hân olmaz idin. Şu sözlerimizle bilnisbe suhûlet ve selâsetiyle bugün aktâr-ı cihânın lisân-ı umûmiyesi hükmüne giren (Fransızca) lisânının aleyhinde bulunuruz zannolunmasın. Buna nasıl ihtimâl verilebilir ki bugün Avrupa'da Amerika'da; hangi bir lisân üzre yazılmış olursa olsun kâffe-i asâr-ı mühimme- sürat-ı tamîm ve intişârı için; derhâl Fransızca be-tercüme olunuyor. Binaenaleyh maksadımız bu değil; ancak henüz mekteb âleminde bulunan veyahud ikmâl-i tahsîl...

...("Pardon mösyö" "Bonjur mösyö" gibi gibi yabancı kelimelerle herkes konuşmada gururlanıyordu.

İşte eserlerinin her biri, bir kavim ve milletin iftihar kaynağı ve selameti olacak ecdadımızın ilerlemesinden seni bilgisiz kılan Fransızca ve yabancı dillere olan düşkünlüğün ve hayranlığın nispetinde Arapça lisanına da gösterdiğin nefretten dolayıdır. Eğer bunlara gösterdiğin teveccüh ve rağbetin üçte birini ya da dörtte birini Arapçaya verseydin fikirlerimiz ve başarılarımız bunun yanında hikmet ve marifet meclisimizde beslenip de ilerledikleri hâlde nankörlük edip hakikati saklayarak "İslâmiyet ilerlemenin önünde engeldir." yaygaralarını ayyuka çıkaran Avrupalıların ağızlarını tıkayacak iki söz bulurduk. Bundan başka "İslâm'ın medeniyet âlemine hayranlıkla hatırlanacak bir hizmeti yoktur." gibi boş sözlerine de sen de üzülmezdin. Şu sözlerimizle bugün dünyanın dört tarafında umumi lisan hükmüne giren Fransızca aleyhinde bulunuyoruz sanılmasın. Buna nasıl ihtimal verilebilir ki? bugün Avrupa'da Amerika'da hangi bir dil üzerine yazılmış olursa olsun bu eserlerin öğretilmesi ve yayılması ile süreçlerin tamamında eserler Fransızcaya tercüme ediliyor. Bundan dolayı maksadımız bu değil ancak henüz eğitim almaya devam eden veyahut tahsiline...)

ایدوبده کندی کندینه توسیع معلوماته غیرت ایدنلری ترکجه وفرانسزجه مثللو عرب لسانی دخی تحصیل وترقی‌یه تشویقدر. زیرا کمال تأسفله کوریلیورکه بوکون الی براز قلم طوتان یاریم یامالاق فرانسزجه بلله‌ینلرك اکثریسی مذهب ومشربمزه کلیاً مغایر؛ آداب وتربیه‌یه قطعیاً منافی برطاقم هزل آمیز رومانلرله ترجمه‌سی وقرائتلری ایچون کیجه‌لری بیله اویقولرینی فدا ایتدکلری حالده هر بری بر درناب؛ هر نسخه‌سی برکوهر نایاب اولان آثار عربیه‌دن و بونلرك مندرجات ومزایای حکمیه‌سندن بوسبتون مهجور وبی وقوف کورنیورلر! آیا! بوکا هانکی بر فکر رصین؛ هانکی بر قلب سلیم؛ هانکی برقانون عدل جواز ویریر؟

نه حاجت بوکون اوروپانك هانکی برکوشه‌سنه کیدیلورسه کیدلسون اویله ژه‌زویتلره؛ اویله معلملره؛ اویله شاکردلره تصادف اولنورکه ترجمهٔ حالنه واقف اولمایان کندیسنی عرب ظن ایدر! اویله استادلر بولنورکه فرسدن فرق اولنمز. بنابرین اکر ـ اکثر خصوصات خیریه‌ده اولدیغی کبی ـ یکدیکرمزه بو بابده وقوع بولان و بوله‌جق اولان تشویقات واخطارات مرشدانه وخیرخواهانه کارکیر تأثیر اولمازسه ـ هر درس غیرت وترقی‌یی اجانبدن اخذ و تلقی‌یه چالیشدیغمز مثللو ـ بوجهتی‌ده اولسون نظر دقت واهمیته آله‌رق بالجمله

45

…edip de kendi kendine tevsi-i malûmâta gayret edenleri Türkçe ve Fransızca misellü Arab lisânını dahi tahsîl ve terakkiye teşvîktir. Zira kemâl-i teessüfle görülüyor ki bugün eli biraz kalem tutan yarım yamalak Fransızca belleyenlerin ekserisi mezheb ve meşrebimize külliyen mugâyir; adâb ve terbiyeye katiyyen münâfi bir takım hezl-amiz romanlarla tercümesi ve kırâatleri için gecelerini bile uykularını fedâ ettikleri hâlde her biri bir dürr-i nâb; her nüshası bir güher-nâyâb olan asâr-ı Arabiyeden ve bunların mündericâtı ve mezâyâ-yı hikmiye- sinden büsbütün mahcûr ve bî-vukûf görünüyorlar! Ayâ! Buna hangi bir fikr-i rasin; hangi bir kalb-i selîm; hangi bir kanûn-u adil cevâz verir?

Ne hâcet bugün Avrupa'nın hangi bir köşesine gidilirse gidilsin öyle cizvitlre, öyle muallimlere; öyle şâkirdlere tesâdüf olunur ki tercüme-i hâline vâkıf olmayan kendisini Arap zanneder! Öyle üstâdlar bulunur ki Farstan fark olunmaz. Binâberîn eğer- ekser husûsât-ı hayriyede olduğu gibi yekdiğerimize bu bâbda vukû bulan ve bulacak olan teşvikât ve ihtârât mürşidâne ve hayırhâhâne kâr-gîr tesîr olmazsa her ders ibret ve terakkiyi ecânibden ahiz ve telakkîye çalıştığımız misillü—bu ciheti de olsun nazar-ı dikkat ve ehemmiyete alarak bilcümle...

...devam edip de kendi kendine bilgisini artırarak gayret edenleri Türkçe ve Fransızca gibi Arap dilini de öğrenmeye ve ilerletmeye teşviktir. Zira teessüfle görülüyor ki bugün eli biraz kalem tutan yarım yamalak Fransızca bilenlerin çoğu mezhep ve meşrebimize kesinlikle aykırı, edep ve terbiyeye katiyen uygun olmayan birtakım yanlışlarla dolu romanlarla tercüme ve düzenlemeler için gecelerini ve uykularını feda ettikleri hâlde her biri bir inci her biri eşi bulunmaz değerde olan Arapça eserlerden ve bunları içine alan hikmetli bilgilerden büsbütün uzak ve habersiz görünüyorlar! Evet! Buna hangi sağlam bir fikir, hangi temiz kalp hangi adil kanun müsaade eder?

Ne hacet bugün Avrupa'nın herhangi bir köşesine gidilirse gidilsin öyle cizvitlere, öyle muallimlere, öyle öğrencilerle karşılaşılır ki onların durumunu bilmeyenler onları Arap zannederler. Öyle üstatlar bulunur ki Farslıyla olan farkı anlaşılmaz. Bununla birlikte eğer çoğunlukla hayır hususunda olduğu gibi birbirimize bu anlamda yapacağımız teşvik ve uyarılarla yönlendirme olmazsa her dersi ibret ve ilerlemeyi Avrupalılardan öğrenme ve gelişmeye çalıştığımız gibi bu yönü de dikkate alarak bütün...

السنه‌نك زنكين ورنكينی ؛ كافهٔ اممك بنيان شرافت وسطوتی عموم ملل متمدنه‌نك اس ترقيسی اولان عرب لسانی‌ده تحصيل ايله حكم اخلاقيه وعلميه ايله مالی اولان او اثرلريده بالترجمه نورستكان ترقی جويان معارفك پيش انظار تشنه‌دثارينه وضع ايده‌لم ، بوصورتله كنديمزی‌ده ؛ آنلری‌ده هر يرده وهرزمان موجب شين وعار اوله‌جق بو خصوصده‌كی جهلمزی رفع وازاله ايليه‌لم .

بناءً عليه بزم وكنجلرمزك مصدر ترقی وكمالی ؛ مرصد سعادت وسلامتی - فنون وترقيات زمانی بلااقتباس آنجق ... آنجق - كتب نفيسهٔ عربدر .

— نيچون هر لسانده صابونه صابون دينور ؟ —

قوم نجيب عربك ، شمشير جلادت وهدايتلريله شوكرهٔ معظمه‌يی تتره‌تدكلری ؛ كافهٔ عالم ناسوتی تحت انقياد واطاعته آلدقلری برزمانده ايدی كه (شمس المعارف) نام اثر نفيس وقيمتداردك مؤلف شهيری شيخ عبدالرحمن البونی حضرتلری مهم بر كشفيات ايله مشغول كوريليوردی . اوده بو كون

...elsinenin zengîn ve rengini; kâffe-i umumun bünyân-ı şerâfetini ve satvetini umûm-u milel-i mütemeddünenin ass-ı terakkisi olan Arap lisânını da tahsîl ile hikm-i ahlâkiye ve ilmiye ile mâlî olan o eserleri de bi'ttercüme nevrestegân-ı terakki-ceveyan maârifin pîş-i enzâr teşnedsârına vez edelim, bu sûretle kendimizi de onları da her yerde ve her zaman mûcib-i şîn ve âr olacak bu husustaki cehlimizi ref ve izâle edelim.

Binaenaleyh bizim ve gençlerimizin masdar-ı terakki ve kemâli; mersad-ı saâdet ve selâmeti; fünûn ve terakkiyât zamanı biliktibas ancak ancak kitab-ı nefîse-i Araptır.

...lisanın zenginliğini ve güzelliğini insanlığın değerli, güçlü ve kuvvetli binalarını, medeni milletlerin tamamının kalkınma eserleri olan Arap dilini de öğreterek ilim ve ahlâk ilmiyle meydana getirilen eserleri de tercüme ederek maarif alanında ilerleyen gençlerimize bunları sunalım. Bu şekilde kendimizi de onları da her yerde ve her zaman utanılacak ve mahcup olacak bu husustaki cehaletimizden uzaklaştırmış olalım.

Bundan dolayı bizim ve gençlerimizin ilerleme ve olgunlaşma kaynağı saadet ve selameti gözetleme yeri fen ve ilerleme zamanı koşulsuz ancak ve ancak Arapların güzel kitaptır.)

Niçin her lisanda sabuna sabun denir?

Kavm-i necîb-i Arab'ın, şimşîr-i celâdet ve hidâyetleriyle şu küre-i muazzamayı titrettikleri; kâffe-i âlem-i nâsûtu taht-ı inkiyâd ve itaâte aldıkları bir zamanda idi ki (Şemsü'l- maârif) nâm eser-i nefîs ve kıymetdârın müellif-i şerihi şeyh Abdurrahman Elbûnî Hazretleri mühim bir keşfiyât ile meşgûl görünüyordu. O da bugün

Niçin her dilde sabuna sabun denir?

Arap milleti hidayet ve kahramanlık kılıcı ile şu dünyayı titretip insanlık âlemini itaate ve bağlılığa aldıkları bir zamanda idi ki "Şemsü'l-maarif" adlı güzel ve kıymetli eserin müellifi Şeyh Abdurrahman Elbûni Hazretleri mühim bir keşif ile meşgul görünüyordu. O da bugün...

كا بـــر حرك احتیاجات مبرمه‌سنك الك مهمی بولنان (صابون) ایدی .

قوجه داهی ؛ مساعی وهممات مشكوره‌سنك نتیجه پذیر موفقیت اولدیغنی كورنجه اختراع كرده‌سنی بیوك بر فخر وسرور ایله پیشگاه حیرت اكتنـاه انامه وضـع ایدر . هركس قوجه كیمیاكرك بو موفقیتنی كمال حیرت وشادانی ایله سیروتماشا ایلر . نهایت بو اختراع مهمه بر اسم طاقمق لزومی بیان اولنور . اصحاب آرا مذاكره‌یه قویبلور . غایهٔ مذاكراتده هپسی (اصاب البونی) نتیجه‌سنه بالاتفاق قرار ویریرلركه معناسی (بون شهرینه منسوب اولمغله - بونی حضرتلری بو اختراع حیرت بخشاسنده یك اصابت ایتدی) دیمكدر . ایشته بو قرار تقدیر ومصیبدن اعتبـاراً افواه ناسده بو اخـتراع مهم (اصـاب البونی) یاد اولنوب كیتدی .

یونانیلر عربلرك هر برعلم ومعرفتلرینی آلدقلری كبی بونی‌ده عیناً آلوب و یالكز الف ایله حرف تعریفی قالدیره‌رق ولسـانلرنده (ب) حرفی بولنمدیغی ایچون (ب) یی‌ده (پ) یه تحریف ایدرك (صاپونی) دیمشلر .

تركلرده (ی) ی حذف ایتمك صورتیله عیناً قبول ایتمشلر . فرانسزلرده براز دهـا دكیشدیره‌رك (صاوون) دیمشلر . والحاصل هر لسـانده جزؤی بر تحریف وتغییره اوغرایه‌رق

47

…lerin ihtiyâcât-ı mübremesinin en mühimi bulunan (Sabun) idi

Koca dâhî, mesâi ve himmemât-ı meşkûresinin netîce-pezîr muvaffakiyet olduğunu görünce ihtirâ-kerdesini büyük bir fahir ve sürûr ile pîşgâh-ı hayret iktinâh enâma vaz eder. Herkes koca kimyagerin bu uvaffakiyetini kemâl-i hayret ve şâdânî ile seyr-ü temâşa eyler. Nihâyet bu ihtirâ-i mühime bir isim takmak lüzûmu beyân olunur. Ashâb-arâ müzâkereye koyulur. Gâye-i müzâkeratta hepsi (Asâb elbûnî) neticesine bilittifâk karar verirler ki manâsı (Bun şehrine mensûb olmakla- Bûnî hazretleri bu ihtirâ-i hayret -bahşâsında pek isâbet etti) demektir. İşte bu karâr-ı takdîr ve musîbden itibaren efvâh-ı nâsda bu ihtirâ-i mühim (Asâb el-bûnî) yâd olunup gitti.

Yunanların Arapların her bir ilim ve maârifetlerini aldıkları gibi bunu da aynen alup ve yalnız elif ile harf-i tarifi kaldırarak ve lisânlarında (Be) harfi bulunmadığı için (Be) ye de (Pe)ye tahrîf ederek (Sapûnî) demişler.

Türklerde (Ye)ye hazf etmek sûretiyle aynen kabûl etmişler. Fransızlarde biraz daha değiştirerek (Savon) demişler. Velhâsıl her lisânda cüzî bir tahrîf ve tağyîre uğrayarak

…insanların gerekli ihtiyaçlarından en mühimi olan sabun idi.

Hoca mesai ve bütün uğraşının sonucunda başarılı olduğunu görünce icadını büyük bir gurur ve mutlulukla herkese gösterdi. Herkes kimyagerin bu başarısına hayret ve takdir ile baktı. Nihayet bu mühim icada bir isim takmak lüzumu gerekli oldu. İnsanlar düşünmeye başladılar. İstişareler sonrasında hepsi "Asap elbûni" ismine karar verirler ki anlamı "bunun icadına mensup olmakla Bûni Hazretleri bu hayret veren icadı yaptı." demektir. İşte bu takdir kararı ve fikirden itibaren insanlığın tamamında bu önemli icat "asab el-bûni" olarak adlandırılıp gitti.

Yunanlılar Arapların her bir ilim ve marifetlerini aldıkları gibi bunu da aynen alıp ve yalnız elif ile harf-i tarifi kaldırarak lisanların da "be" harfi bulunmadığı için "be"yi de "pe" harfine çevirerek sapuni demişler.

Türkler de "ya" harfini kaldırmak suretiyle aynen kabul etmişler. Fransızlar da biraz daha değiştirerek "savon" demişler. Velhasıl her dilde küçük bir değişiklik ve farklılığa uğrayarak…

وفقط اصلنى محافظه ايدرك (أصاب البونى) لفظ قيمتدارى جهانك الك هجرى كوشه‌لرينه وار نجه‌يه قدر انتشار ايتدى .
ديمك اولدى كه بوكون كافۀ جهان مدنيت و بدويتك يكانه مدار تطهر ونظافتى اولان (صابون) ك دخى مخترعى قوم نجيب عرب ايمش ! ..

{ بيت }

بكيرد وسخ ازغم ماجرا
بصابون باده بشوى سيغه‌را

— كل و كلجيلك —

نه موطلو بزه كه عاجزلكمز ؛ ناچيزلكمز ايله برابر جناب حق شو دنياى فانى‌ده محافظۀ حياتمز ايچون طبعاً مفتقرى بولنديغمز مأكولات؛ مشروبات وملبوساتمزك انواعنى بلغاً مابلغ خلق واحسان بيورمش و بو صورتله قوللرينى هيچ بر شيدن محروم ومحزون براقامشدر .
ايشته رايحۀ طبيعيه‌سيله تلذيذ دماغمزه ؛ منظرۀ لطيفه‌سيله محزون قلبلرمزك انكشاف وانبساطنه وسيله‌بخش اولان «كل» دخى رب عزتك بخشايش لاتحصاسنك الك برنجيلرندن اولسه

…ve fakat aslını muhâfaza ederek (Asâb el-bûnî) lafz-ı kıymetdârı cihânın en hicri köşelerine varıncaya kadar intişâr etti.

Dimek oldu ki bugün kâffe-i cihân- medeniyyet ve bedeviyyetin yegâne medâr-ı tetahhür ve nezâfeti olan (Sabun)'un dahi muhterii kavm-i necîb-i arab imiş!

...ve fakat aslını koruyarak "Asap el-bûni" kıymetli kelimesi dünyanın en uzak köşelerine varıncaya kadar yayıldı.

Demek oldu ki bugün medeni ve bedevi cihanın cümlesinde yegâne temizlik ve nezafet aleti olan sabunun dahi icadı Arap kavmiymiş.

Gül ve gülcülük

Ne mutlu bize ki âcizliğimiz; nâçizliğimiz ile beraber cenâb-ı Hak şu dünyâ-yı fânide muhâfaza-i hayâtımız için tabien müftekiri bulunduğumuz mâmûlât; meşrûbât ve melbûsâtımızın envaını belagan mâbelag halk ve ihsân buyurmuş ve bu sûretle kullarını hiçbir şeyden mahrûm ve mahzûn bırakmamıştır.

İşte râyiha-i tabiyyesiyle telezzîz-i dimâğımıza; manzure-i latîfesiyle mahzûn kalplerimizin inkişâf ve inbisâtına vesîle bahşolan "gül" dahi Rabb-i izzetin bahşâyiş -i lâtuhsâsının en birincilerinden olsa...

Gül ve gülcülük

(Ne mutlu bize ki acizliğimiz ve değersizliğimizle beraber Cenab-ı Hak şu fani dünyada hayatımızın muhafazası için tabii ihtiyacımız bulunan mamullerin, içeceklerin, elbiselerin her çeşidini bol bol yaratmış ve ihsan etmiştir. Bu suretle kullarını hiçbir şeyden yoksun bırakmamıştır.

İşte tabii kokusuyla zihnimizde güzel kokusu, güzel görüntüsüyle mahzun kalplerimizin açılmasına ve ferahlamasına vesile olan gül dahi Allah'ın sayısız ihsanın en birincilerinden olsa...

کرکدر . زیرا لطیف المنظر وخوشبو کافهٔ ازهار لطافت نثارك سرفرازی اولمق حیثیتیله هنوز آنك مفتون ودلدادهسی یز . ایشته بو مفتونیت سببیلهدرکه بنی بشر بوزهرهنك صونی ؛ یاغنی استحصال واستحضاره چالیشدی و بو بابدهکی موفقیتی بازار اخذ و دادده بیوك بر رغبته مظهر اولدی . زیرا تزیینات وسفاهتدن زیاده بدن انسانینك عافیت وصحتنه دخی کلی تأثیری تظاهر ایتدی . بناءً علیهدوا ؛ شفا کبی بر مقام جلیل الاتسامه قائم اولدی . ایشته بو حقیقتك جلوه بروز وظهور اولدیغی کوندنبریدرکه شو لطیف چیچکجیکك عصارهسی الیوم هیچ بر چیچکك مظهر اولهمدیغی بیوك بر رغبته ، اهمیته نائل اولدی . برمثقالی اوتوز اوتوز بش ، آلتمش غروشه قدر چیقدی ، نه بیوك توجه !

فی الواقع شو ظریف چیچك دنیانك همان هر کوشهسنده معروف اولدیغی کبی ممالك وسیعهٔ شاهانهنك دخی هر یرنده موجود و مشهوردر . لکن شهرتی مع التأسف یالکز سفاهته منحصردر . اعمالات صناعیهسی ایسه همان مفقوددر !

حالبوکه ایجه بیلملییزکه بازار اخذواعطاده بیوك بر اهمیتی حائز بولنان شو چیچك ممالك شاهانهنك هر کوشهسنده برکتله ، کلیتله نشو ونما بوله بیلور وکندیسندن — تزییناتدن صرف نظر —

(٤)

...gerektir. Zira latîfü'l-manzar ve hoşbû kâffe-i izhâr-ı letâfet-nesârın serfirâzı olmak haysiyetiyle hepimiz onun meftûn ve dildâdesiyiz. İşte bu meftûniyet sebebiyledir ki beni beşer bu zehrenin suyunu; yağını istihsâl ve istihzâra çalıştı. Ve bu bâbdaki muvaffakiyeti pazar-ı ahiz u dâdda büyük bir rağbet-i mazhar oldu. Zira tezyînât ve sefâhatten ziyâde beden-i insânînin afiyet ve sıhhatine dahi gülün tesîri tezâhür etti. Binaenaleyh devâ; şifâ, gibi bir aksâm-ı celîlü'l-ittisâma kâim oldu. İşte bu hakîkatin cilve-berûz ve zuhûr olduğu günden beridir ki şu latîf çiçekciğin isâresi elyevm hiçbir çiçeğin mazhar olamadığı büyük bir rağbet, ehemmiyete nâil oldu. Bir miskalı otuz otuz beş, altmış kuruşa kadar çıkı. Ne büyük teveccüh!

Filvaki şu zarîf çiçek dünyânın hemen her köşesinde marûf olduğu gibi memâlik ve saye-i şahânenin dahi her yerinde mevcûd ve meşhûrdur. Lakin şöhreti maatteessüf yalnız sefâhate munhasırdır. İmâlât-ı sanâiyesi ise hemen mefkuddur.

Halbuki bilmeliyiz ki pazar-ı ahiz- ve itâda büyük bir ehemmiyeti hâiz bulunan şu çiçek memâlik-i şâhânenin her köşesinde bereketle, külliyetle neşvünemâ bulabilir ve kendisinden- tezyînattan sarf-ı nazar...

...gerektir. Zira güzel görüntüsü ve hoş kokusu güzellik saçan çiçeklerin cümlesinin başında olması özelliğiyle hepimiz onun hayranıyız. İşte bu hayranlık sebebiyledir ki insanoğlu bu çiçeğin suyunu ve yağını çıkarmaya çalıştı. Ve bu alandaki başarısı pazarda büyük bir başarıya mazhar oldu. Zira süsleme ve güzellikten ziyade insan bedeninin afiyet ve sıhhatine dahi gülün tesiri ortaya çıktı. Bundan dolayı deva, şifa gibi bir hastalıkların tedavisinde tanınır oldu. İşte bu hakikatin ortaya çıktığı günden beridir ki şu latif çiçeğin öz suyu bugün hiçbir çiçeğin ulaşamayacağı büyük bir rağbet ve öneme ulaştı. Bir miskali 30- 35- 60 kuruşa kadar çıktı. Ne büyük bir teveccüh!

Doğrusu şu zarif çiçek dünyanın hemen her köşesinde bilindiği gibi memleketimizin her yerinde mevcut ve bilinir. Lakin şöhreti maalesef yalnız zevkle sınırlıdır. Sanayi imalatı ise sınırlı orandadır.

Hâlbuki bilmeliyiz ki pazarda büyük bir önemi bulunan bu çiçek ülkemizin her köşesinde bereketle çoğunlukla büyütülebilir ve kendisinden süslemede...

جدی استفاده‌لر اولنور، بیکلرجه لیرالر قزانیلور . بوحالده عجبا شمدی‌یه قدر بوندن نیچون بی‌خبر بولنیورز؟ .. کوره‌ نکسزلك ! .. آه شو کوره‌نك آه !! هپ اودکلمیدرکه بزی کریده براقیور ؟!

کله‌لم مقصده : ارباب وقوفه خفی دکلدرکه الیوم کل یاغی فابریقه‌لریله مشهور عالم اولان « قیزانلق » در . نقط حکومت سنیه کل یاغندن حاصل اولان فوائد وثروت عظیمه‌یی نظر حکیمانه‌لرندن دور طوتمایه‌رق بو صنعت زراعیهٔ معتنا بهانك ممالك شاهانه‌لرنده دخی تعمیمنی ارزو بیورمش و بش التی سنه‌در بك زیاده ابراز آثار همت ایلمش و الیومده ایلمکده بولنمشدر .

لکن نه چاره که؛ ـ مجرد کوره‌نکسزلك بلا‌ءی ـ بو مهم صنعت زراعیه بو قدر مساعی وفداکاری‌یه رغماً آنجق قونیه ملحقاتندن « اسپارته » وقره‌حصار صاحب مضافاتندن (صندقلی) ده بر درجه تأسس ایده بیلمشدر .

حتی بوصنعت کثیرالفوائدی بوندن درت بش سنه اقدم تقدیر بیوره‌رق اسپارته‌ده احیا وترقیسنه تشبث ایدن بر قاچ ارباب همت هان عموم خلقك او وقت استخفافنه هدف اولمشلردی . لکن ـ همتلری مشکور اولسون ـ آنلرك بو بابده‌کی استخفاف ابلهکارانه‌لرینه اصلا حزالهٔ سمع اعتبار

Belediye
Kütüphanesi
No.

...ciddi istifâdeler olunur, binlerce liralar kazanılır. Bu hâlde acaba şimdiye kadar bundan niçin bî-haber bulunuyoruz? Göreneksizlik! Ah şu görenek ah! Hep o değil miydi ki bizi geride bırakıyor!

Gelelim maksada: erbâb-ı vukûfa hafî değildir ki elyevm gül yağı fabrikalarıyla meşhûr-ı âlem olan (Kızanlık)dır. Fakat hükûmet-i seniyye gül yağından hâsıl olan fevâid ve servet-i azîmeyi nazar-ı hakîmânelerinden dûr tutmayarak bu sanat- ı ziraîye-i mutenâ- bahânın memâlik-i şâhânelerinde dahi temîmini arzu buyurmuş ve beş altı senedir pek ziyâde ibrâz- ı asâr himmet eylemiş ve elyevmde eylemekte bulunmuştur.

Lakin ne çâre ki; mücerred göreneksizlik belâsı bu mühim sanat-ı zirâiye bu kadar mesâi ve fedâkâriye rağmen ancak Konya mülhekâtından "Isparta" ve Karahisar sâhib müzâfâtından (Sandıklı) da bir derece tesis edebilmiştir.

Hatta bu sanat-ı kesîrü'l-fevâidi bundan dört beş sene akdem takdîr buyurarak Isparta'da ihyâ ve terakkisine teşebbüs eden birkaç erbâb-ı himmet hemen umûm halkın o vakit istihfafına hedef olmuşlardı. Lakin himmetleri meşkûr olsun— onların bu bâbdaki istihfâf eblehkârânelerine asla havâle-i sem'i itibâr...

...ciddi yararlar sağlanabilir, binlerce liralar kazandılar bu arada acaba şimdiye kadar bundan niçin habersiz bulunuyoruz. Göreneksizlik! Ah şu görenek ah! Hep o değil miydi ki bizi geride bırakıyor!

Gelelim maksada. Bilenlere gizli değildir ki bugün, gül yağı fabrikalarıyla âlemde meşhur olan Kızanlık'tır. Fakat hükûmet, gülyağından elde edilen faydaları ve büyük serveti göz önünde bulundurarak bu faydayı gözden uzak tutmamış bu değerli zirai sanayinin memleketin her tarafında teminini arzulamış ve beş altı senedir pek fazla eser meydana getirmiştir. Ve çalışmalarını bugün de devam ettirmektedir.

Lakin ne çare ki göreneksizlik belası bu önemli zirai sanayinin bu kadar mesai ve fedakarlığa rağmen ancak Konya'ya bağlı Isparta ve Karahisar civarındaki Sandıklı'da tesis edebilmiştir.

Hatta bu faydası oldukça fazla bulunan sanatı bundan dört beş sene önce Isparta'da ihya etmeye teşebbüs eden birkaç iyi niyetli kişi de halkın geneli tarafından alay edilmişti. Lakin -gayretlerine teşekkür- onların bu alandaki cahilane konuşmalarını asla itibar...

ایتمدیلر وقطعاً مأیوس‌ده اولمادیلر . بالعکس تشبثات خیریه‌لرنده اقدام تام کوستردیلر . نتیجهٔ حالده مساعیٔ وفیره‌لرینک مکافاتنی کورن کوته‌بینان زمان انکشت بردهان حیرت اولدیلر . آنلرده قوتلرینی بو اغورده صرفه قالقشدیلر ، چالیشدیلر . ایشته او هوس ورقابت ایله‌درکه بو کون اسپارته بر قاچ یوز دونم کلستانه مالکدر ... الحمدلله !

ای اولوا الابصار ! سز حکومت سنیه‌نک بو بابده‌کی ترغیبات ، تشویقات وتسهیلاتنی کوز اوکنه آله‌رق چالیشملیسکز . حسن نیته مقارن اولان کافهٔ تشبثاتمزده جناب حق دخی بزمله برابردر .

فیلوقسرا ، قورد بوجك وقحط مثللو قورقولردن ؛ محاذیردن بری بولندیغکز حالده جزؤی بر مصرفله یتشدیره‌جککز کلستانلرك بهر دونمندن لااقل بیك ؛ بیك بش یوز غروشلك کیسهٔ غیرتکزه کیره‌جکی تبشیری سزی تشویقه کافیدر ظن ایدرم .

برده مأمول ایدرم‌که زراعت مفتشین کرامی همت ایدرلرده کلستانلرك صورت تشکیل و تقطیری مسائل مهمه‌سنك تطبیقات فنیه وعملیه‌سنی شو عاجزه‌یه بیراقازلر .

51

...etmediler ve katiyyen meyûs da olmadılar. Bilakis teşebbüsât-ı hayriyelerinde akdâm-ı tâm gösterdiler. Netîce-i hâlde mesâi-i vefîrelerinin mükâfatını gören kûteh-binân zamân-ı engüşt bir dehân-ı hayret oldular. Onlar da kuvvetlerini bu uğurda sarfa kalkıştılar, çalıştılar. İşte o heves ve rekâbet iledir k bugün Isparta birkaç yüz dönüm gülistâna mâliktir...Elhamdülillah!

Ey evlevü'l-ebsâr! Siz hükûmet-i seniyyenin bu bâbdaki tergîbât; teşvîkât ve tahsîlâtını göz önüne alarak çalışmalısınız. Hüsn-ü niyete mukârin olan kâffe-i teşebbüsâtımızda Cenâb-ı hak dahi bizimle berâberdir. Filoksera, kurt böcek kaht misillü korkulardan; muhâzîrden beri bulunduğumuz hâlde cüzi bir masraflar yetiştireceğiniz gülistânların beher dönümünden bin bin beş yüz kuruşun kese-i gayretinize gireceğini tebşîri sizi teşvîke kâfidir zan ederim.

Bir de memûl ederim ki zirâat müfteşîn-kirâmı himmet ederler de gülüstanların sûret-i teşkîl ve taktîri mesâil-i mühimmesinin tatbikât- fenniye ve ameliyyesini şu âcize bırakmazlar.

...etmediler ve katiyen de endişeye kapılmadılar. Aksine hayırlı teşebbüslerini daha da hızlandırmışlardır. Neticede yoğun mesailerinin mükafatını görenler parmakları ağızlarında hayretle izlemişlerdir. Onlar da daha sonra bu alanda uğraşmaya çalıştılar. İşte o heves ve rekabet iledir ki bugün Isparta birkaç 100 dönüm gül bahçesine sahiptir. Elhamdülillah!

Ey basiret sahipleri! Siz hükûmetin bu alandaki yönlendirmeleri, teşvik ve tahsilatını göz önüne alarak çalışmalısınız. İyi niyete yönelik bütün çabalarımızla Cenabı Hak bizimle beraberdir. Filoksera, kurt, böcek, kıtlık gibi korkulardan sıkıntılardan uzak olduğumuz hâlde cüzi bir masrafla yetiştireceğiniz gül bahçelerinin beher dönümünden 1.000 1.500 kuruşun gayretinizin kesesine gireceğinin müjdesi sizi teşvike kâfidir zannederim.

Bir de söyleyelim ki ziraat müfettişleri himmet edip gül bahçelerinin teşkili ve düzeni gibi önemli meseleleri de fen ve ameli işlerini bu acize bırakmazlar.

— كلستانلرك صورت تشكيل وتقطيرى —

انتخاب واحضار اراضى — فدانلرك انتخاب وصورت غرسى — تيمار — حصاد صورت تقطير — فائده

بوندن اولكى مقالەلرمزك برندە كل وكلجيلكك اهميتندن بحث ايتمش وبو بابدە زراعت مفتشين كرامنك نظر اهميتنى جلب ومعاونت قلميەلرينى طلب ايلمش ايدك . لكن اوزماندن بوآنه دكين هيچ بر طرفدن اثر معاونتك وقوع بولماسى وكيفيتكده دركار بولنان اهميت فوق العادەسى بزى شومقالەنك تسويدينه مجبور ايتدى .

انتخاب واحضار اراضى : ارباب وقوف وفنه خفى دكلدركه عالم كائناته نظراً كوچيجك بر نقطه مثابەسندە بولنان شو كرەمزك هرجهتى محيط بولنان تراب بسيط اولميوب بر طاقم مواد مختلفۀ معدنيەدن مركبدر . بونلركدە باشليجەلرى : كيل؛ قوم ، كيرج، تباشير ، آلچى، غيرقابل انحلال احجار قيرنتيلرى؛ طوز ونباتى وحيوانى كوبرەدر . بناءً عليه بر ترلا بو موادك هانكيسنى دها زيادە محتوى ايسه اونام ايله ذكر اولنور . كل ايسه طبعاً اراضئ رمليه يعنى قوملى اراضيدن خوشلانديغندن كل باغچەلرى ايچون انتخاب اولنەجق اراضى بر درجه قوملى

52

Gülistânların sûret teşkîl ve taktîri

İntihâb ve ihzâr-ı arâzi—-fidanların intihâb ve sûret gırsı—- tımar—- hasad sûret-i taktîr—- fâide.

Bundan evvelki makâlelerimizin birinde gül gülcülüğün ehemmiyetinden bahsetmiş ve bu bâbda zirâart müfettişîn-i kirâmının nazar-ı ehemmiyetini celb ve nuâvenet-i kalmîyelerini taleb eylemiş idik. Lakin o zamandan bu ana değin hiçbir taraftan eser-i muâvenetin vukû bulmamamsı ve keyfiyâtın da derkâr bulunan ehemmiyet-i fevkâlâdesi bizi şu makâlenin tesvîdine mecbûr etti.

İntihâb ve ihzâr-ı arâzi: erbâb-ı vukûf ve fenne hafî değildir ki âlem-i kâinâta nazaran küçücük bir nokta mesâbesinde bulunan şu küremizin her cihetini muhît bulunan turâb-ı basît olmayıp bir takım mevâd-ı muhtelife-i madeniyeden mürekkeptir. Bunların da başlıcaları: kil; kum; kireç; tebeşir; alçı; gayri-kâbil inhilâl-i ihcâr kırıntılar, toz ve nebâti ve hayvâni gübredir. Binaenaleyh bir tarla bu mevâdın hangisini daha ziyâde muhtevî ise o nâm ile zikr olunur. Gül ise tabien arâzi-i remliye yani kumlu arâziden hoşlandığından, gül bahçeleri için intihâb olunacak arâzi bir derece kumlu

Gül bahçelerinin görünümü, yapısı ve düzenlenmesi

Arazinin hazırlanması, fidanların seçimi ve fidanların dikilmesi -tımar- hasat düzenleme sureti, fayda,

Bundan önceki makalelerimizin birinde gül ve gülcülüğün öneminden bahsetmiş ve bu alanda ziraat müfettişlerinin dikkatini celp etmeye çalışmış ve kalemlerinin yardımını talep etmiştik. Lakin o zamandan bu ana kadar hiçbir taraftan yardım eseri ortaya çıkmaması ve durumun da mevcut olan fevkalade önemi bizi şu makalenin yazılmasına mecbur etti.

Seçme ve arazinin hazırlanması: *Fen ilmine vâkıf onlar bilirler ki kâinat âlemine bakıldığında küçücük bir nokta değerinde bulunan şu dünyamızın her tarafını kuşatan basit topraklar olmayıp birtakım muhtelif madeni maddeler mevcuttur. Bunların da başlıcaları; kil, kum, kireç, tebeşir, alçı, dağılması mümkün olmayan küçük kaya parçaları, toz, nebati ve hayvani gübredir. Bundan dolayı bir tarla bu maddelerin hangisini daha fazla barındırıyor ise o isimle adlandırılır. Gül ise doğal olarak remilli araziden yani kumlu yerden hoşlandığından gül bahçeleri için seçilecek olan arazi bir miktar kumlu...*

اوللیدر . بوندن بشقه اراضینك شمال روزکارلرینه قارشی معروض و براز یماج ، بایرمسی اولمسنه دقت ایتمك لازمدر . بروجه مشروح اراضی انتخاب ایدلدکدن وطاشلری آیقلاندـ قدن صکره صوك بهار ابتدالرنده صاغدن صوله طوغری اون کون فاصله ایله اوچ دفعه کوزلجه سورللیدر . بعده چپا ویا دینکل واسطه‌سیله بهر صره‌نك آراسی بر مترو بش سانتیمترو اولمق اوزره آلتمش سانتیمتروکنیشلکنده واوتوزبش سانتیمترو درینلکنده خندقلر آچیلیر .

فدانلرك انتخاب وصورت غرسی : باغچیلقده مستعمل کللرك انواعی ؛ قرمزی کل ؛ بیاض کل ؛ صدبرك کل ؛ قان کلی و زیبا کلندن عبارت ایسه‌ده الك الویریشلیسی قرمزی و بیاض کلدر . قرمزی کل آچیق قرمزی رنکنده اولوب کوچك قطعه‌ده آچیلورکه بعض یرلرده بوکا « سلطانیه کلی » نامی ویرلمکده‌در . فدانلری دیکر کللردن قوتلی وصغوغه طیاـ نقلیدر . بوندن بشقه یاغنك قوقوسی غایت قوتلی و درجه‌سی ـ غرادوسی ـ اوسطدر . سائرلرندن زیاده یاغ استحصالی ایچون اکیله‌جك کلك برنجیسی بوکلدر . چبوقدن ؛ فداندن آشیدن یتیشور . حتی قارلووه وقزانلق کلجیلری عمومیتله بو جنس کلی یتشدیرمکده‌درلر . بو کلك ایکی نوعی اولوب برکتلی ومحصولجه استفاده‌لی اولانی آچیلان چیچکلرك بر صره‌یه قدر

53

...olmalıdır. Bundan başka arâzinin şimal rûzgârlarına karşı marûz ve biraz yamaç, bayırımsı olmasına dikkat etmek lâzımdır. Bir vech-i meşrûh arâzi intihâb edildikten ve taşları aklandıktan sonra sonbahar ibtidâlarında sağdan sola doğru on gün fâsıla ile üç defa güzelce sürülmelidir. Bade çapa veya dingil vâsıtasıyla beher sıranın arası bir metro beş santimetro olmak üzre altmış santimetro genişliğinde ve otuz beş santimetro derinliğinde hendekler açılır.

Fidanların intihâb ve sûret-i gırsı: bağcılıkta müstamel güllerin envaı; kırmızı gül, beyaz gül, sadberk gül; kan gülü ve zîbâ gülünden ibâret ise de en elverişlisi kırmızı ve beyaz güldür. Kırmızı gül açık kırmızı renginde olup küçük kıtada açılır ki bazı yerlerde buna "sultaniye gül" nâmı verilmektedir. Fidanları diğer güllerden kuvvetli ve soğuğa dayanıklıdır. Bundan başka yağının kokusu gayet kuvvetli ve derecesi —gradosu- evsattır. Sâirlerinden ziyâde yağ istihsâli için ekilecek gülün birincisi bu güldür. Çubuktan, fidandan aşıdan yetişir. Hatta Karlova ve Kızanlık gülcüleri umûmiyetle bu cins gülü yetiştirmektedirler. Bu gülün iki nevi olup bereketli ve mahsûlce istifâdeli olanı açılan çiçeklerin bir sıraya kadar...

...olmalıdır. Bundan başka arazinin kuzey rüzgârına karşı olması ve biraz yamaç ve bayırımsı olmasına da dikkat etmek gerekir. Açıklandığı gibi arazi seçildikten ve taşları aklandıktan sonra sonbahar başlangıcında sağdan sola doğru 10 gün ara ile üç defa güzelce sürülmelidir. Daha sonra çapa veya dingil vasıtasıyla her sıranın arası 1 m 5 cm olmak üzere 60 cm genişliğinde ve 35 cm derinliğinde hendekler açılır.

Fidanların seçimi ve dikilmesi: *Bağcılıkta yapılan güllerin çeşitleri kırmızı gül, beyaz gül, sadberk gül, kan gülü ve ziba gülünden ibaret ise de en elverişlisi kırmızı ve beyaz güldür. Kırmızı gül açık kırmızı renginde olup küçük parçalarda açılır ki bazı yerlerde buna sultaniye gül adı verilmektedir. Fidanları diğer günlerden kuvvetli ve soğuğa dayanıklıdır. Bundan başka yağının kokusu gayet kuvvetli ve derecesi -gradosu- ortadır. Diğerlerinden ziyade yağ çıkarmak için ekilecek gülün birincisi bu güldür. Çubuktan, fidandan aşıdan yetişir. Hatta Karlova ve Kızanlık gülcüleri genellikle bu cins gibi yetiştirmektedir. Bu gülün iki çeşidi olup bereketli ve ürün bakımından daha iyi olanı açılan çiçeklerin bir sıraya kadar...*

قاتمرلى و چيچكلرك اورته‌سنده طوروغى رنكنده كى كوبكنك نه يبانى كل ايى چوق و نه‌ده تربيه كورمش بعض باغچه كلرى كبى آز اوليه‌رق يوسكلرى عدداً اون بشى متجاوز بولنور .

بياض كل — بو كلك چيچكلرى بياض رنكده آچيلير . فدانلرى صوغوق هوالره قرمزى كلدن زياده طيانديغى كبى ياغمورلى سنه‌لرده دخى چبوقلرى سوركون اولور غايت صيق چيچك آچار .

بو كلكده ايكى جنسى اولوب محصولدار اولانى قاتمرلى آچديغى كبى چيچكنك كوبكى‌ده قرمزى‌يه مائل بولنور . بر دونم بياض كل اكثر سنه‌لر بيك قيه محصول ويرر . قرمزى كلك سكز قيه‌سندن بر مثقال ياغ چيقديغى سنه بياض كلك اون ايكى قيه‌سندن بر مثقال ياغ چيقار . محصول زماننده هوا قوراق و روزكارلى كيدرسه اون سكز قيه‌سندن آنجق بر مثقال ياغ آلنور . استحصال اولنان ياغى بياض و درجه‌سى غايت يوكسك اولور . ايكنجى درجه يتشديرمك ايچون اكيله‌جك كل بودر .

مع هذا كل باغچه‌سى يتشديرمك وكل ياغى تجارتنده بولنمق ايستين زراع فرضا اوچ دونم كل اكمك اوزره حاضرلامش اولديغى تارلاسنك ايكى دونمنى قرمزى و بر دونمنى بياض اكرسه

54

...katmerli ve çiçeğinin ortasında turuncu renkteki göbeğinin ne yabânî gül gibi çok ve ne de terbiye görmüş bazı bahçe gülleri gibi az olmayarak püskülleri adeden on beşi mütecâviz bulunur.

Beyaz gül: Bu gülün çiçekleri beyaz renginde açılır. Fidanları soğuk havalara kırmızı gülden ziyâde dayandığı gibi yağmurlu senelerde dahi çubukları sürgün olur. Gâyet sık çiçek açar.

Bu gülün de iki cinsi olup mahsûldâr olanı katmerli açtığı gibi çiçeğinin göbeği de kırmızıya mâil bulunur. Bir dönüm beyaz gül ekser seneler bin kıyye mahsûl verir. Kırmızı gülün sekiz kıyyesinden bir miskal yağ çıkardığı sene beyaz gülün on iki kıyyesinden bir miskal yağ çıkar. Mahsûl zamanında hava kurak ve rûzgârlı giderse on sekiz kıyyesinden ancak bir miskal yağ alınır. İstihsâl olunan yağı beyaz ve derecesi gayet yüksek olur. İkinci derece yetiştirmek için ekilecek gül budur.

Mahaza gül bahçesi yetiştirmek ve gül yağı ticâretinde bulunmak isteyen zirâa farizâ üç dönüm gül ekmek üzere hazırlamış olduğu tarlasının iki dönümünü kırmızı ve bir dönümünü beyaz ekerse...

...katmerli ve çiçeğinin ortasında turuncu renkteki göbeğinin ne yabani gibi çok ne de terbiye görmüş bazı bahçe gülleri gibi az olmayarak püsküllerinden sayı olarak on beşi geçmez.

Beyaz gül: Bu gülün çiçekleri beyaz renginde açılır. Fidanları soğuk havalara kırmızı gülden daha fazla dayandığı gibi yağmurlu senelerde bile çubukları sürgün olur. Gayet sık çiçek açar.

Bu gülün de iki cinsi olup iyi olanı katmerli açtığı gibi çiçeğinin göbeği de kırmızıya yakın bulunur. Bir dönüm beyaz gülün genellikle uzun seneler bin kıyye ürün verir. Kırmızı gülün sekiz kıyyesinden bir miskal yağ çıkardığı sene beyaz gülün 12 kıyyesinden bir miskal yağ çıkar. Ürün zamanında hava kurak ve rüzgârlı olursa 18 kıyyesinden ancak bir miskal yağ alınır. Çıkarılan yağ beyaz ve derecesi gayet yüksek olur. İkinci derece yetiştirmek için ekilecek gül budur.

Bundan dolayı gül bahçesi yetiştirmek ve gül yağı ticaretinde bulunmak isteyen çiftçilerin farz edelim 3 dönüm gül ekmek üzere hazırlamış olduğu tarlasının iki dönümüne kırmızı ve bir dönümüne de beyaz ekerse...

یالکز قرمزی و یاخود یالکز بیاض کل یتشدیرمکدن دها زیاده مستفید اولور .

فی الواقع هرنقدر بیاض کل قرمزی کلدن آز یاغ ویر-سه‌ده چیچکجه برکتی زیاده ودرجه‌سی یوکسك بولنمغله برابر صوغوغك تأثیراتنه‌ده متحمل بولندیغندن ایکی دونم قرمزی کله بر دونم بیاض کل باغچه‌سی چیچك برکتنجه اکثریسنه تقابل ایده‌جکی کبی برکلجینك بو ایکی مختلط کلدن چیقاره‌جغی یاغی اك یوکسك فیئات اوزرندن صاته‌جغی جهتله دها زیاده مستفید اوله‌جغی درکاردر .

کلستانلرك تشکیلی اوچ صورتله اولور : کوکسوز چبوق (فدان) ؛ کوکلی چبوق ؛ آشی . لکن برنجیسی و اك الویر-شلیسی کوکسز چبوق وصکره کوکلی چبوق اولوب آشی ایسه اوچنجی درجه‌ده قالیر .

اکیله‌جك کل چبوقلری ، اوزرندن نهایت طقوز اون سنه کچمش کلستانلردن کسمك وتدارك ایتمك لازمدر . چونکه یتشدیریلن کلستانلر ایکنجی سنه‌سندن باشلایه‌رق نهایت سکزنجی وطقوزنجی سنه‌لره قدر کوزل محصول ویررلرکه بو زمان بونلرك تام کنج و برکتلی زمانلریدر . بوندن صکره یعنی طقوز اون سنه‌لك اولدقلری حالده ارتق اختیارلمغه وآز محصول ویرمکه باشلار . بناءً علیه هر طقوز اون سنه‌ده بردیبلرندن یعنی زمین

...yalnız kırmızı ve yahud yalnız beyaz gül yetiştirmekten daha ziyâde müstefîd olur.

Filvaki her ne kadar beyaz gül kırmızı gülden az yağ verirse de çiçekce bir katı ziyâde ve derecesi yüksek bulunmakla biraz soğuğun tesiratında mutahammül bulunduğundan iki dönüm kırmızı güle bir dönüm beyaz gül bahçesi çiçek bir katına ekserisine tekâbül edeceği gibi bir gülcünün bu iki muhtelif gülden çıkaracağı yağı en yüksek fiyat üzerinden satacağı cihetle daha ziyâde müstefîd olacağı derkârdır.

Gülistânların teşkîli üç sûretle olur: Köksüz çubuk (fidan); köklü çubuk, aşı. Lakin birincisi ve en elverişlisi köksüz çubuk ve sonra köklü çubuk olup aşı ise üçüncü derecede kalır.

Ekilecek gül çubukları, üzerinden nihâyet dokuz on sene geçmiş gülistanlardan kesmek ve tedârik etmek lâzımdır. Çünkü yetiştirilen gülistânlar ikinci seneden başlayarak nihâyet sekizinci ve dokuzuncu senelere kadar güzel mahsûl verirler ki bu zaman bunların tam genç ve bereketli zamanlarıdır. Bundan sonra yani dokuz on senelik oldukları hâlde artık ihtiyârlığa ve az mahsûl vermeye başlar. Binaenaleyh her dokuz on senede bir diplerinden yani zemîn...

...yalnız kırmızı veyahut yalnız beyaz gül yetiştirmekten daha ziyade faydalı olur.

Öyle ki her ne kadar beyaz gül, kırmızı gülden az yağ verirse de çiçekçe bir katı ziyade derecesi yüksek bulunmakla biraz soğuğun etkisine dayanma gücü bulunduğundan iki dönüm kırmızı gülle bir dönüm beyaz gül bahçesi, çiçek bakımından bir katına çoğunlukla tekabül edeceği gibi bir gülcünün bu iki çeşit gülden çıkaracağı yağı en yüksek fiyat üzerinden satacağı yönünde daha fazla kazançlı olacağı ortadadır.

Gül bahçelerinin teşkili üç şekilde olur. Köksüz çubuk (fidan), köklü çubuk, aşı. Lakin birincisi ve en elverişlisi köksüz çubuk ve sonra köklü çubuk olup aşı ise üçüncü derecede kalır.

Ekilecek gül çubukları, üzerinden nihayet 9 10 sene geçmiş gül bahçelerinden kesmek ve tedarik etmek gerekir. Çünkü yetiştirilen gül bahçeleri ikinci seneden başlayarak nihayet sekizinci ve dokuzuncu senelere kadar güzel ürünler verirler ki bu zaman bunların tam genç ve bereketli zamanlarıdır. Bundan sonra yani 9 10 senelik oldukları durumda artık yaşlanmaya ve az ürün vermeye başlar. Bundan dolayı her 9 10 senede bir diplerinden yani zemin...

ایله برابر اولان جهتلرندن زیوانه و یاخود اوفق دستره ایله کاملاً کسیلیر ؛ چبوقلر بوصورتله تدارك ایدلدکدنصکره اولجه آلتمش سانتیمترو کنیشلکنده واوتوز بش سانتیمترو درینلکنده آچیلمش واحضار ایدلمش اولان خندقلره بهر دسته‌سی سکزر اونر اولدیغی حالده اوجلری بر بریله یقین و بتشیك اوله‌رق بویلی بوینه براقیلور و چبوقلرك اوزرینه غایت‌الغایه اون سانتیمترو قالینلغنده اولجه خندقلردن چیقارلمش وطاشلری آیقلانمش طوپراق ایله اورتیلور بعده اوزرینه بش سانتیمترو قالینلغنده هرحالده چوروممش فشقی و یا اینك کوبره‌سی وضع اولنور آنجق چورومش وعلی‌الخصوص کچی وقویون کوبره‌سی گلستانلره غایت مضر بولندیغندن بو جهته زیاده‌سیله دقت ایتمك لازمدر .

تیمار : شو وجهله اکیلن گل چبوقلری بهار زمانه‌قدر حالی‌اوزره براقیلور ؛ اوزرنده اوتلر چیقمغه باشلادقده‌چبوقلر یرلرندن اوینادلمیه‌رق خفیفجه کوچك دینکل واسطه‌سیله طیرمقلانوب اوتلر چیقاریلور و بو تیمار قیش سببیله سرتلك پیدا ایتمش اولان طوپراغك یوموشاماسنه و چبوقلر باش کوسترمکه باشلادقده خندقلر ایچلرنده چپا قوللانمقسزین وگوزجکلرلرك قیرلمامسنه دقت ایده‌رك ال ایله یولنوب آتلملیدر . آره‌ده هیچ چیقمیان وصره‌لری طولدیرمایه‌جق کبی باش

56

…ile biraz olan cihetlerinden zîvâne veyahud ufak testere ile kâmilen kesilir; çubuklar bu sûretle tedârik edildikten sonra evvelce altmış santimetro genişliğinde ve otuz beş santimetro derinliğinde açılmış ve ihzâr edilmiş olan hendeklere beher destesi sekizer onar olduğu hâlde uçları birbiriyle yakın ve bitişik olarak boylu boyuna bırakılır ve çubukların üzerine gâyetü'l-gaye on santimetro kalınlığında evvelce hendeklerden çıkarılmış ve taşları ayıklanmış toprak ile örtülür. Badehu üzerinde beş santimetro kalınlığında herhâlde çürümüş fışkı veya inek gübresi vaz olunur. Ancak çürümüş ve alelhusûs keçi ve koyun gübresi gülistânlara gâyet muzır bulunduğundan bu cihete ziyâdesiyle dikkat etmek lâzımdır.

Tımar: Şu vechile ekilen gül çubukları bahar zamanına kadar hâli üzere bırakılır. Üzerinde otlar çıkmaya başladıkta çubuklar yerlerinden oynatılmayarak hafifçe küçük dingil vasıtasıyla tırmıklanıp otlar çıkarılır ve bu tımar kış sebebiyle sertlik peydâ etmiş olan toprağın yumuşamasına ve çubuklar baş göstermeye başladıkta hendekler içlerinde çapa kullanmaksızın ve gözceğizlerin kırılmamasına dikkat ederek el ile yolunup atılmalıdır. Arada hiç çıkmayan ve sıraları doldurmayacak gibi baş...

…ile biraz olan yönlerinden bir tür aşı ve yahut ufak testereyle biraz kesilir. Çubuklar bu süreçte temin edildikten sonra evvelce 60 cm genişliğinde ve 35 cm derinliğinde açılmış ve hazırlanmış olan hendeklere her bir destesi sekizer, onar olduğu şekilde uçları birbirine yakın ve bitişik olarak boylu boyuna bırakılır ve çubukların üzerine dikkatli bir şekilde 10 cm kalınlığında çoğunlukla çürümüş fışkı ve inek gübresi konulur. Ancak çürümüş ve çoğunlukla keçi ve koyun gübresi gül bahçelerine gayet zararlı olduğundan bu şekilde oldukça fazla dikkat etmek gerekir.

***Tımar:** Şu şekilde ekilen gül çubukları bahar zamanına kadar normal şekilde bırakılır. Üzerinde otlar çıkmaya başladığında çubuklar yerlerinden oynatılmayarak hafifçe küçük dingil vasıtasıyla tırmıklanıp otlar çıkarılır ve bu tımar kış sebebiyle sertlik ortaya çıkmış olan toprağın yumuşamasına ve çubuklar baş göstermeye başladığında hendekler içerisinde çapa kullanmaksızın ve gözceğizlerin kırılmamasına dikkat ederek el ile yolunup atılmalıdır. Arada hiç çıkmamış ve sıraları doldurmayacak gibi baş…*

کوسترن بولنورسه کلك اکیلمه زمانی اولان تشرین اول وثانی آیلرنده یالکز او محللر اولکیلر کبی اکیلملیدر .

کللر بویالانمغه باشلادیغی زمان خندق کنارلرینه آتلمش اولان اوتلر طوپراق اوزرنده تکرار بیتمـك وجریان هوایه مانع اولمامق ایچون خارجه آتیلور وخندقلرك ایچنه بر مقدار طوپراق دها آتیلور ؛ بوحال قاسمه قدر بر قاچ دفعـه اجرا ایدیلەرك خندقلر تدریجاً طولدیریلوب زمینله دوزلدلملیـدر . قاسمدن تشرین ثانی نهایتنه قدر کل فدانلرینك دیبلری سطح ارضدن اون سانتیمترو یوکسکلکنده طوپراق ایله اورتولملیدر . بو عملیات ایسه (کل کومەسی) تعبیر اولنور .

بوندن صکره هرسنه بهار موسمنك حلولیله مارت غایەلرنده کللرك دیبلری کوکلرندن اوینادلمامق وفدانلر سقطلانمامق اوزره کمال دقت واحتیاطله قازیلەرق بر مقدار دیبلری آچیلور وتیمار اثناسنده قیشین صوغوغك تأثیریله قورومامش چبوقلر کوریلورسه سیاهلانان یرلرك دیبندن وقابوغی یشیل اولان وسورمك اوزره باش کوسترمکه باشلایان برکوز اوستندن کسیلور . آرەدن یکرمی کون کچدکدە بیتن اوتلر تکرار چپالانیر و بو اثناده کللرك دیبلری براز دها آچیلیر .

فدانلری مایس اواسطنه طوغری چیچك آچمغه و بناءً علیه ثقلت پیدا ایتمکه باشلادقلرنده اسەجك روزکارلره مقاومت

57

...gösteren bulunursa gülün ekilme zamanı olan teşrîn-i evvel ve sânî aylarında yalnız o mahallere evvelkiler gibi ekilmelidir.

Güller boylanmaya başladıkları zaman hendek kenarlarına atılmış olan otlar toprak üzerinde tekrar bitmek ve cereyân-ı havaya mâni olmamak için hârice atılır. Ve hendeklerin içine bir miktar toprak daha atılır; bu hâl kasıma kadar birkaç defa icrâ edilerek hendekler tedrîcen doldurulup zemînle düzeltilmelidir. Kasımdan teşrin-i sânî nihâyetine kadar gül fidanlarının dipleri sath-ı arzdan on santimetro yüksekliğinde toprak ile örtülmelidir. Bu ameliyat ise (gül gömmesi) tabir olunur.

Bundan sonra her sene bahar mevsiminin hulûlüyle mart gâyelerinde güllerin dipleri köklerinden oynatılmamak ve fidanlar sakatlanmamak üzre kemâli dikkat ve ihtiyâtla kazılarak bir miktar dipleri açılır ve tımar esnâsında kışın soğuğun tesîriyle kurumamış çubuklar görülürse siyahlanan yerlerin dibinden ve kabuğu yeşil olan ve sürmek üzere baş göstermeye başlayan bir göz üstünde kesilir. Aradan yirmi gün geçtikde biten otlar tekrar çapalanır ve bu esnâda güllerin dipleri biraz daha açılır.

Fidanları mayıs evâsıtına doğru çiçek açmaya ve binaenaleyh sıklet peydâ etmeye başladıklarında esecek rûzgârlara mukâvemet...

...gösteren bulunursa gülün ekilme zamanı olan ekim ve kasım aylarında yalnız o taraflara evvelkiler gibi ekilmelidir.

Güller boylanmaya başladıkları zaman hendek kenarlarına atılmış olan otlar toprak üzerinde tekrar bitmek ve hava akımına mâni olmamak için dışarıya atılır. Ve hendeklerin içine içerisinde bir miktar toprak daha atılır. Bu durum kasıma kadar birkaç defa yapılarak hendekler derece derece doldurulup zeminle düzeltilmelidir. Kasımdan kasım sonuna kadar gül fidanlarının dipleri zeminden 10 cm yüksekliğinde toprakla örtülmelidir. Bu uğraş ise (gül gömmesi) tabir olunur.

Bundan sonra her sene bahar mevsiminin başlamasıyla mart ayında güllerin dipleri köklerinden oynatılmamak ve fidanlar sakatlanmamak üzere büyük bir dikkatle ve ihtiyatla kazılarak bir miktar dipleri açılır ve tımar esnasında kışın soğuğun etkisiyle kurumamış çubuklar görülürse silahlanan yerlerin dibinden ve kabuğu yeşil olan ve sürmek üzere baş göstermeye başlayan bir göz üstünde kesilir. Aradan 20 gün geçtikten sonra biten otlar tekrar çapalanır ve bu esnada güllerin dipleri biraz daha açılır.

Fidanları mayıs ortasına kadar çiçek açmaya ve bundan dolayı küçük küçük ortaya çıkmaya başladıklarında esecek rüzgârlara mücadele...

ایده بیلمك ایچون کوکلرك دیبلری اون ؛ اون بش سانتیمترو ارتفاعنده طو پراق ایله اورتیلور .

کل دوشیرمه زمانی کچدکدنصکره یعنی حزیران ایچریسنده کلستانلرك هرطرفی دقتله قازلمق اقتضا ایدر . لکن کوکلر اوزرنده کی طو پراقلر حالیله براقیله‌رق حرارتدن محافظه ایدلملیدر . باغچه‌لر اغستوس نهایتنه قدر بو حالده براقیلور . تشرین اول ابتدالرنده هوا آلمه‌لری ایچون کللرك دیبلری تکرار آچیلور . تشرین ثانی نهایتلرنده کل فدانلری یاپراقلرینی دوکمکه باشلادیغی وقت صغوقدن محافظه ایچون تکرار اون بش سانتیمترو ارتفاعنده کوکلر اورتیلور وایلك بهاره قدر بوحالده براقیلیر . اوچ سنه‌ده بر قاسمدن کانون ثانی نهایتنه قدر کوکلری قوتلشدیرمك وکورلشدیرمك ایچون کوکلرك دیبلرینه مناسب مقدار چورمامش فیشقی و اینك ترسی و نباتات و یاخود سو یورتی کوبره‌لردن مقدار وافی دوکمه‌لیدر .

کل فدانلرینه بعضاً یشیل بوجکلر عارض اولور . السنهٔ عوامده (باسره) دنیلن بوبوجکلرك کوکاره زیانی یوق ایسه‌ده تازه چیقان فلیزلره خیلی مضرت ایراث ایده‌جکلرندن صباحلری فدانلری ایرغالایوب بوجکلری دوکمه‌لی و بو صورتله تکثرینه میدان ویرمه‌ملیدر . بوکا بر قاچ کون دوام اولندقده فدانلر او مضر بوجکلردن تماماً تخلیص ایدلمش اولور . بوندن

...edebilmek için köklerin dipleri on, on beş santimetro irtifâında toprak ile örtülür.

Gül devşirme zamanı geçtikten sonra yani haziran içerisinde gülistânların her tarafı dikkatle kazılmak iktizâ eder. Lakin kökler üzerindeki topraklar hâliyle bırakılarak harâretten muhâfaza edilir. Bahçeler ağustos nihâyetine kadar bu hâlde bırakılır. Teşrîn-i evvel ibtidâlarında hava almaları için güllerin dipleri tekrar açılır. Teşrîn-i sânî nihâyetlerinde gül fidanları yapraklarını dökmeye başladığı vakit soğuktan muhâfaza için tekrar on beş santimetro irtifaında kökler örtülür ve ilkbahara kadar bu hâlde bırakılır. Üç senede bir kasımdan kânûn-u sânî nihâyetine kadar kökleri kuvvetleştirmek ve gürleştirmek için köklerin diplerine münâsip miktâr çürümemiş fışkı ve inek tersi ve nebâtat ve yahud süprüntü gübrelerinden miktâr-ı vâfi dökmelidir.

Gül fidanlarına bazen yeşil böcekler arız olur. Elsine-i avâmda (basire) denilen bu böceklerin köklere ziyânı yok ise de tâze çıkan filizlere hayli muzırat irâs edeceklerinden sabahları fidanları ırgalayıp böcekleri dökmeli ve bu sûretle teksîrine meydân vermemelidir. Buna birkaç gün devam olundukta fidanlar o muzır böceklerden tamamen tahlîs edilmiş olur. Bundan...

...edebilmek için köklerin dipleri 10 15 cm yüksekliğinde toprakla örtülür.

Gül devşirme zamanı geçtikten sonra yani haziran içerisinde gül bahçelerinde her tarafı dikkatle kazılması önemlidir. Lakin kökler üzerindeki topraklar böyle bırakılarak sıcaklıktan da muhafaza edilir. Bahçeler ağustos sonuna kadar bu şekilde bırakılır. Ekim başlarında hava almaları için güllerin dipleri tekrar açılır. Kasım sonunda gül fidanları yapraklarını dökmeye başladığı vakit soğuktan muhafaza için tekrar 15 cm yüksekliğinde kökler örtülür ve ilkbahara kadar bu şekilde bırakılır. 3 senede bir kasımdan ocak sonuna kadar kökleri kuvvetlendirmek ve gürleştirmek için köklerin diplerine uygun miktarda çürümemiş fışkı ve inek gübresi ve bitki veya süprüntü gübrelerinden yeterli miktar dökülmelidir.

Gül fidanlarına bazen yeşil böcekler bulaşır. Diğer milletlerde "basire" denilen bu böceklerin köklere zararı yoksa de taze çıkan filizlere hayli zarar vereceklerinden sabahları fidanları silkeleyip böcekleri dökmeli ve bu suretle çoğalmasına meydan vermemelidir. Buna birkaç gün devam edildiğinde fidanlar o zararlı böceklerden tamamen kurtulmuş olur. Bundan...

بشقه طرطیل دنیلان اوزونجه یشیل بر نوع بوجك دخی آره صره کل یاپراقلر ینك اوزرنده مشاهده اولنور . بو مخلوقلر اوروجك آغنه‌مشابه بر طاقم یووه‌لرانشا ایله کللرك یاپراقلرینی یمکه باشلارلر . بناءً علیه بونلرك دخی تلفنه و عدم تکثرنه بغایت اعتنا ایتمك لازمدر .

حصاد = کللر عمومیت اوزره مایس آینده آچیلیر . چیچکلری صباحلین ارکن یعنی کیجه وقتی چیچکلر اوزرنده پیدا اولان چی دانه‌لری کونشك تأثیریله زائل اولمه‌دن اول دیوشیرمك لازمدر . ایجه آچیلمامش اولان چیچکی برکون صکره‌یه براقوب کوزلجه آچیلمشلرینی قوپارملیدر . کل ال ایله صاپسز اوله‌رق بورجی (کأسی) ایله برابر قوپاریلور .

قوپاریلان کللر چواللره ویاخود سله‌لره دولدیریله‌رق همان کلابخانه‌یه نقل اولنوب کولکه‌لی بر محله یاییلمش اولان حصیرلر اوزرینه یکرمی بش سانتیمترو قالینلغنده سریلیر و بر طرفدن‌ده بروجه آتی تبخیر و تقطیر اولنور .

صورت تبخیر وتقطیر = باغچه‌دن دیوشیریلوب کلابخانه‌یه نقل اولنان کللردن اوتوز ایکی قیه چیچك سکزر قیه اولمق اوزره درت قسمه تفریق اولنوب بر قزغانده درت دفعه‌ده اوزرینه‌ده اللی قیه مقداری طاتلی ویا آجی صو وضع اولنور . چیچك وصو قزغانه آتیلدقدنصکره انبیق ؛ اطرافی دیوار ایله

59

...başka tırtıl denilen uzunca yeşil bir nev bözek dahi ara sıra gül yapraklarının üzerinde müşâhade olunur. Bu mahlûklar örümcek ağına müşâbih birtakım yuvalar inşâ ile güllerin yapraklarını yemeye başlarlar. Binaenaleyh bunların dahi telefine âdem-i teksirine begâyet itinâ etmek lâzımdır.

Hasad: Güllerin umûmiyet üzre mayıs ayında açılır. Çiçekleri sabahleyin erken yani gece vakti çiçekler üzerinde peydâ olan çiğ taneleri güneşi tesiriyle zâil olmadan evvel düşürmek lâzımdır. İyice açılmamış olan çiçeği bir gün sonraya bırakıp güzelce açılmışlarını koparmalıdır. Gül, el ile sapsız olarak burcu (kesi) ile biraz koparılır. Koparılan güller çuvallara veyahud selelere doldurarak hemen gülâbhâneye nakl olunup gölgeli bir mahale yayılmış olan hasırlar üzerine yirmi beş santimetro kalınlığında serilir ve bir taraftan bir vech ati tebhîr ve taktîr olunur.

Sûret-i tebhîr ve taktîr: Bahçeden devşirilip gülâbhâneye nakl olunan güllerden otuz iki kıyye çiçek sekizer kıyye olmak üzere dört kısma tefrîk olunup bir kazanda dört defada üzerine de elli kıyye miktârı tatlı veya acı su vaz olunur. Çiçek ve su kazana atıldıktan sonra imbik; etrafı dîvâr ile...

...başka tırtıl denilen uzunca yeşil bir çeşit böcek dahi ara sıra gül yaprakları üzerinden görülür. Bu böcekler örümcek ağına benzer birtakım yuvalar inşa eder ve güllerin yapraklarını yemeye başlarlar. Bundan sonra bunların dahi yok edilmesine ve azaltılmasına gayret göstermek gerekir.

Hasat: *Güller genellikle mayıs ayında açılır. Çiçekleri sabahleyin erken yani gece vakti çiçekler üzerinde ortaya çıkan çiğ taneleri güneşin tesiriyle solmadan gülleri toplamak lazımdır. İyice açılmamış olan çiçeği bir gün sonraya bırakıp güzelce açılmışlarını koparmalıdır. Gül, el ile sapsız olarak burcu (keski) biraz koparılır. Koparılan güller çuvallara veyahut selelere doldurularak hemen gülhaneye naklolup gölgeli bir yere yayılmış olan hasırlar üzerine 25 cm kalınlığında serilir ve bir taraftan bir yönü buğulanır ve parçalara ayrılır.*

Tütsüleme ve parçalama: *Bahçeden koparılıp gülhaneye naklolan güllerden 32 okka çiçek sekizer okka olmak üzere dört kısma ayrılıp bir kazanda dört defa üzerine de elli okka miktarı tatlı veya acı su eklenir. Çiçek ve su kazana atıldıktan sonra imbik etrafı duvarla...*

چویرلمش؛ اوجاق اوزرینه قونیلوب قاووغیله (یعنی قپاغی ایله) قپادیلیر . بو قزغانك بوغازی وقاووغك تنکه بورییه او- زانوب کیردیکی محل کیل ویاخود یاغلی چاموره بولاشدیرلمش قالین امریقان بزی ایله ایجه صاریلور . طولو ودا ئما ایچریسنه صوغوق صو آقدیرلمقده اولان فوچینك اورته‌سندن کچیریلان تنکه بورینك اوجنه بش التی قیه‌لك بر شیشه باغلانور . آغزینك بورودن فضله قلان جهتلری اورتولور . انبیق قاینامغه باشلادقده حاصل اولان بخار قطره‌لری قاووقدن تنکه بورو ایله شیشه‌یه آقمغه باشلار وشیشه طولدقده طاشدیرلمه‌دن آلنور. ینه ینه او بیوکلکده دیکر بر شیشه باغلانور که برنجی (باش) وایکنجی شیشه‌یه (آیاق) تعبیر اولنور . بو شیشه‌ده طولدقده انبیق اوجاقدن ایندیریله‌رك درونده متراکم جبره‌لر آلنه‌رق تکرار بر ایکنجی عملیاته باشلانور . آنجق انبیقك آلتنده‌کی آتشك آلوی چوق بولنمسنه وتنکه بورینك کچدیکی فوچیلرده‌که صوبك صوغوق اولمسنه وانبیقك بوغازندن وقاووق ایله تنکه بورینك چامور ایله صاریلی یرلردن نفس آلدیرلمامسنه غایت دقت ایتمك لازمدر .

کللر بروجه مشروح تبخیر ایدیلوب شیشه‌لر ایچنه آلنان صولری ایچه تمیزلنمش ویقانمش اولان انبیقه هردفعه‌سنده درت شیشه بوشالتمق اوزره دها زیادم بر اعتنا ایله تقطیر

... çevrilmiş; ocak üzerine konulup kavuğuyla (yani kapağı ile) kapatılır. Bu kazanın boğazı ve kavuğun teneke boruya uzanıp girdiği mahal kil veyahut yağlı çamura bulaştırılmış kalın Amerikan beziyle iyice sarılır. Dolu ve dâimâ içerisine soğuk su akıtılmakta olan fıçının ortasından geçirilen teneke borunun ucuna beş altı kıyyelik bir şişe bağlanır. Ağzının borudan fazla kalan cihetleri örtülür. İmbik kaynamaya başladıkta hâsıl olan buhar katreleri kavuktan teneke boru ile şişeye akmaya başlar ve şişe doldukta taştırılmadan alınır. Yine o büyüklükte diğer bir şişe bağlanır ki birinci (baş) ve ikinci şişeye (ayak) tabîr olunur. Bu şişe de doldukta imbik ocaktan indirilerek derûnunda müterâkem cibreler alınarak tekrâr bir ikinci ameliyâta başlanır. Ancak imbiğin altındaki ateşin çok bulunmasına ve teneke borunun geçtiği fıçılardaki suyun soğuk olmasına ve imbiğin boğazından ve kavuk ile teneke borunun çamur ile sarılı yerlerinden nefes aldırılmamasına gayet dikkat etmek lâzımdır.

Güller ber vech-i meşrûh tebhîr edilip şişeler içine alınan suları iyice temizlenmiş ve yıkanmış olan imbiğe her defasında dört şişe boşaltmak üzre daha ziyâde bir itinâ ile taktîr...

...çevrilmiş ocak üzerine konulup kabuğuyla (yani kapağıyla) kapatılır. Bu kazanın boğazı ve kavuğun teneke boruya uzanıp girdiği yer kil veya yağlı çamura bulaştırmış kalın Amerikan bezi ile iyice sarılır. Dolu ve daima içerisine soğuk su akıtılmakta olan fıçının ortasından geçirilen teneke borunun ucuna beş altı okkalık bir şişe bağlanır. Ağzının borudan fazla kalan kısımları örtülür. İmbik kaynamaya başladıkça hasıl olan buhar katreleri kabuktan teneke boru ile şişeye akmaya başlar ve şişe doldukça taşırılmadan alınır. Yine o büyükte diğer bir şişe bağlanır ki birinci (baş) ve ikinci şişeye (ayak) ismi verilir. Bu şişe de dolduktan sonra imbik ocaktan indirilerek içerisinde bırakılan posa alınarak tekrar bir ikinci uğraşa başlanır. Ancak imbiğin altındaki ateşin çok bulunmasına ve teneke borunun geçtiği fıkralardaki suyun soğuk olmasına ve imbiğin boğazından ve kabuk ile teneke borunun çamur ile sarılı yerlerinden nefes aldırılmasına gayet dikkat etmek gerekir.

Güller bu şekilde izah edildiği şekliyle buharlaştırılıp şişeler içine alınan suları iyice temizlenmiş ve yıkanmış olan imbiğe her defasında dört şişe boşaltmak üzere daha fazla bir itinayla parçalara ....

اولنـور . آنجق بو سفر تزغانك آلتی اولکی قدر شـدتلی و آلولی یاقیلمایوب آتشی براز خفیف طوتملیدر . قازغان ایچرو- سنده‌کی صولرك غلیانیـله تبخر ایدن یاغ قطره‌لری بوریدن صراحی ایچنه آقغه باشلار . صراحینك طولمه‌سی یاقلاشـدقده همان چوزیلوب یرینه بشـقه بر شیشـه باغلانور وصراحینك آغزی یوزلجه قپانور و بو صورتله شیشـه‌لرك کافه‌سی تقطیر اولندقدنصکره تنکه‌دن مخصوص یاپدیرلمش کفجه ایله صراحیلرك بوغازنده متراکم یاغلر دیکر بر بوش شیشـه‌یه کمال دقتـله نقل اولنور و آغزی ایجه قپادلدقدن صکره اوزرینه بر مقدار بال مومی سوریلور . یاغی استحصال اولنان صـولر تکرار انبیقه وضع اولنه‌رق بر مقدار کل ایله تبخیر اولنور و بوصورتله تقطیر اولنان صولر (کل صویی) دیه صاتیلور .

فائده — کل زراعتنك نه درجـه‌ده اسـتفاده‌لی ومنفعتلی اولدیغی آتیده‌کی تمهیداتدن پك واضح صورتده اکلاشیلور .

بر دونم ترلانك کلستان حالنه کتیرلمسی ایچون ایدیله‌جك الك چوق مصرف سکز یوز غروشدر . فدانلرك غرس اولندیغی تاریخدن اون سکز ماه صکره ادراك ایده‌جك برنجی محصول او سنه‌نك تمار مصرفنه تقابل ایده‌جکندن نظر دقته آلنماز . ایکنجی محصول اولمق اوزره اوچنجی سنه‌ده باغچه لااقل آلتی یوز قیه چیچك ویریر . بو آلتی یوز قیه چیچکـدن اون قیه

61

...olunur. Ancak bu sefer kazanın altı evvelki kadar şiddetli ve alevli yakılmayıp ateşi biraz hafif tutmalıdır. Kazanın içerisindeki suların galeyanıyla tebahhur eden yağ katreleri borudan sürahi içine akmaya başlar. Sürahinin dolması yaklaştığında hemen çözülüp yerine başka bir şişe bağlanır ve sürahinin ağzı güzelce kapanır ve bu suretle şişelerin kaffe-i taktîr olunduktan sonra tenekeden mahsus yaptırılmış küfece ile sürahilerin boğazında müterakem yağlar diğer bir boş şişeye kemal-i dikkatle nakil olunur ve ağzı içine kapatıldıktan sonra üzerine bir miktar balmumu sürülür. Yağı istihsal olunan sular tekrar imbiğe vaz olunarak bir miktar gül ile tebhîr olunur ve bu suretle taktir olunan sular gül suyu diye satılır.

Fâide: Gül ziraatinin ne derece istifadeli ve menfaatli olduğu ati'deki temhidattan pek vazıh surette anlaşılıyor.

Bir dönüm tarlanın gülistan haline getirilmesi için edilecek en çok masraf sekiz yüz kuruştur. Fidanların gırs olunduğu tarihten on sekiz mah sonra idrak edecek birinci mahsul o senenin tımar masrafına tekabül edeceğinden nazar-ı dikkate alınmaz. İkinci mahsul olmak üzere üçüncü sene bahçe la-âkal altı yüz kıyye çiçek verir bu altı yüz kıyye çiçekten on kıyye...

...ayrılır. Ancak bu sefer kazanın altı önceki kadar şiddetli ve alevli yakılmayıp ateşi biraz hafif tutmalıdır. Kazanın içerisindeki suların taşmasıyla buharlaşan yağ katreleri borudan sürahi içine akmaya başlar. Sürahinin dolması yaklaştığında hemen çözülüp yerine başka bir şişe bağlanır ve sürahinin ağzı güzelce kapanır ve bu şekilde şişelerin doldurulması tamam olduktan sonra tenekeden mahsus yaptırılmış küfece ile sürahilerin boğazında sayısız yağlar diğer bir boş şişeye dikkatli bir şekilde konulur ve ağzı içine kapatıldıktan sonra üzerine bir miktar balmumu sürülür. Yağı çıkarılmış olan sular tekrar imbiğe konularak bir miktar gül ile buharlaştırılır ve bu şekilde oluşturulan sular gül suyu diye satılır.

***Faydası:** Gül ziraatinin ne derece faydalı olduğu geçmişteki övgülerden pek açık bir şekilde anlaşılıyor.*

Bir dönüm tarlanın gül bahçesi hâline getirmesi için edilecek en çok masraf 800 kuruştur. Fidanların dikildiği tarihten 18 ay sonra elde edilecek birinci mahsul o senenin tımar masrafına karşılık geleceğinden pek dikkate alınmaz. İkinci ürün olmak üzere üçüncü sene bahçe diğerinden aşağı kalmayacak şekilde 600 okka çiçek verir bu 600 okka çiçekten 10 okka...

حسابیله آلتمش مثقال یاغ استحصال اولنور . یاغك تقطیرینه
وکلالرك دیوشیرمه وقایناتمه مصرفی اولەرق بهر مثقالنه بشر
غروش مصرف کیدرکه شو حالده بر دونم باغچەنك مجموع
مصارفی درت نهایت بشیوز غروش اولور .

مواد اجنبیەدن عاری وخالص اولەرق استحصال اولنان
آلتمش مثقال کل یاغنك بهر مثقالی اك اشاغی لیرا الچه یکرمی
بش غروشدن صاتیلدیغی حالده بیك بش یوز غروش ایدر .
بشیوز غروش مصارف واقعەیه ؛ مصارف متفرقه وسائره
نامیله یوز غروش دها علاوه ایدەرك التی یوز غروش ١٥٠٠
غروشدن تنزیل اولندقده طقوز یوز غروش بر تمتع قالمش
اولور .

اوچنجی محصولك تجارتی ایسه ١٣٠٠ — ١٤٠٠ غروشه
بالغ اولەجغی کبی دها ایلری سنەلرك محصولندن کوزلجه تیمار
ایدلدیکی وحین تقطیرده شرائط وقواعد فنیەسنه اعتنا اولندیغی
تقدیرده ٢٠٠٠ غروشه یقین بر تمتعك آلنمسی بعیدالاحتمال
دکلدر . التی یوز غروش مصرف وجزئی بر امکه عجبا بوکون
هانکی بر دونم ٢٠٠٠ غروش تمتع ویره بیلور ؟

کلستانلرك اهمیتی ، الزمیتی برده شورادن اکلاملی یزکه
حکومت سنیه کلستانلردن استفاده اولنەجغی تاریخدن اعتباراً
اون بش سنه مدتله اصحابنی هر نوع رسومدن معاف طوتدقدن

62

... hesabıyla altmış miskâl yağ istihsal olunur. Yağın taktirini ve güllerin devşirme ve kaynatma masrafı olarak beher miskâline beşer kuruş masraf gider ki şu hâlde bir dönüm bahçenin mecmu masrafı dört nihayet beş yüz kuruş olur.

Mevad-ı ecnebiyeden ârî ve halis olarak istihsal olunan altmış miskâl gül yağının beher miskâli en aşağı (?) lira akçe yirmi beş kuruştan satıldığı halde bin beş yüz kuruş eder. Beş yüz kuruş masarif-ı vakıaya: masarif-i müteferrika ve saire yüz kuruş daha ilave ederek altı yüz kuruş 1500 kuruştan tenzil olundukta dokuz yüz kuruş bir temettü kalmış olur.

Üçüncü mahsûlün ticâreti ise bin üç yüz bin dört yüz kuruşa bâliğ olacağı gibi daha ileri senelerin mahsûlünden güzelce tımar edildiği ve hîn taktirde şerâit ve kavâid feniyesine itina olunduğu takdirde 2000 kuruşa yakın bir temettüün alınması baidü'l-ihtimal değildir. Altı yüz kuruş masraf ve cüzi bir emekle acaba bugün hangi bir dönüm 2000 kuruş temettü verebilir?

Gülistanların ehemmiyetini elzemiyetini bir de şuradan anlamalıyız ki hükûmet-i seniye gülistanlardan istifade olunacağı tarihten itibaren on sene müddetle ashabını her nev rüsûmdan muaf tuttuktan...

...hesabıyla 60 miskal yağ elde edilir. Yağın düzenlenmesini ve güllerin devşirme ve kaynatma masrafı olarak her bir miktarına beşer kuruş masraf gider ki şu durumda bir dönüm bahçenin bütün masrafı 400 veyahut 500 kuruş olur.

Avrupa maddelerinden ari ve halis olarak oluşturulan 60 miskal gül yağının her bir miskali en aşağı (?) lira akçe 25 kuruştan satıldığı zaman 1.500 kuruş eder. 500 kuruş çalışma masrafları, baskı masrafları ve diğer masraflar da 100 kuruş daha ilave ederek 600 kuruş 1.500 kuruştan düşürüldüğünde 900 kuruş bir kazanç olur.

Üçüncü ürünün ticareti ise 1300 1400 kuruşa tekabül edeceği gibi daha ileri senelerin ürünlerinden güzelce tımar edildiği ve zaman takdirinde şartlar ve kurallara uyulduğu takdirde 2.000 kuruşa yakın bir kazancın olması ihtimalden uzak değildir. 600 kuruş masraf ve cüzi bir emekle acaba bugün hangi bir dönüm 2.000 kuruş kazanç verebilir?

Gül bahçelerinin ehemmiyetini ve önemini bir de şuradan anlamalıyız ki hükûmet gül bahçelerinden elde edeceği tarihten itibaren 10 sene müddetle sahibine her çeşit vergiden muaf tuttuktan...

بشقه ایجابی تقدیرنده لوازم و آلات تقطیریه دخی بخش و احسان ایلمکده‌در .

آیا ! بویله بیوك ؛ پك بیوك بر لطف و مساعده‌یه مظهر اولدیغمز حالده بو بابده بطائت ورخاوت کوسترمکلکمز روای حقمیدر ، بیلمم ؟

بناءً علیه کلجیلك حقنده دها زیاده معلومات صحیحه آلمق ایستین هوسکاران و ترقی جویان زراعمزه عن اصل قارلووه‌لی اولوب بو صنعت و تجارت ایچنده بویومش و تجارب عدیده و محققه‌سی اوزرینه تألیف و نشرینه همت و موفقیت کوسترمش اولان واوچ درت غروش فیئاتله صاتلمقده بولنان محمد طیفور افندینك (کل یتیشدیرمك و یا چیقارمق) نام کتاب نفیسی بالخاصه توصیه اولنور .

— قرا مکاتب ابتدائیه‌سنك چارهٔ اصلاحی —

سایهٔ معارفوایهٔ حضرت تاجدار اعظمیده ممالك محروسهٔ شاهانه‌نك همان عموم شهور و قصباتی نعمت جلیل معارفدن حصه‌مند تمدن اولمقده ایسه‌ده قریه‌لرك قسم اعظمی هنوز انوار معارفله تنویر عیون ایده‌مه‌مکده‌در . بوده مجرد اهالئ قرانك و ناحیه

...başka icabı takdirinde levazım ve alât-ı taktiriye dahi bahş ve ihsan eylemektedir.

Aya! Böyle büyük pek büyük bir lütuf ve müsaadeye mazhar olduğumuz halde bu babda betaet ve rehavet göstermekliğimiz reva'yı hak mıdır, bilmem?

Gülcülük hakkında daha ziyade malumat-ı sahihe almak isteyen heveskâran ve terakki-ceveyan ziraamıza an-asıl Karlıovalı olup bu sanat ve ticaret içinde büyümüş ve tecârüb-ü adide ve muhakkası üzerine telif ve neşrine himmet ve muvaffakiyet göstermiş olan ve üç dört kuruş fiyatta satılmakta bulunan Mehmet Tayfur Efendi'nin Gül yetiştirmek veya çıkarmak nam kitab-ı nefisi bilhassa tavsiye olunur.

... başka icabı takdirinde malzeme ve alet yardımlarını dahi ihsan eyleyecektir.

Evet! Böyle büyük pek büyük bir lütuf ve izine mazhar olduğumuz hâlde bu alanda tembellik yapmamız revaya hak mıdır, bilmem?

Gülcülük hakkında daha detaylı bilgiyi almak isteyen isteklilerin ve kendilerini geliştirmek isteyenlerin aslı Karlıovalı olup bu sanat ve ticaret içinde büyümüş ve iyi tecrübeleriyle ve doğru bilgileriyle telif ve neşrine himmet ve başarı göstermiş olan üç dört kuruş fiyatla satılmakta bulunan Mehmet Tayfur Efendi'nin "Gül Yetiştirmek veya Çıkarmak" adlı kitabı mutlaka tavsiye olunur.

Kurra mekteb-i ibtidâiyesinin çâre-i ıslâhı

Sâye-i maârifvâye-i Hazret-i tâcdâr-ı azimîde memâlik-i mahrûse-i şâhânenin hemân umûm şühûr ve kasabâtı nimet-i celîl-i maâriften hisse-mend-i temeddün olmakta ise de karyelerin kısm-ı azamî henüz envâr-ı maârifle tenvîr-i uyûn edememektedir. Bu da mücerred ahâlî-i kurrânın ve nâhiye...

Kurra ilkokulu'nu düzeltme yolu

Yüce padişahın hünerinin gölgesinde Osmanlı ülkelerinin hemen bütün şehir ve kasabalarında maarif nimetinden faydalanıp medenileşenler olmakla köylerin büyük birçoğunda henüz maarif nuruyla aydınlananlar yoktur. Bu da mücerred kurra ahalisinin ve nahiye...

مدیرلرینك غیرتسزلکی اولدیغی اول واخر ایدیلن تفتیشات ومشهوداتله مبرهندر. حتی مشغولیتلرینك کثرتندنمیدر نه‌در مأمورین حکومت معارف امر اهمنه جزئی برهمت عطف ایتمکی اهالیٔ بی‌بصیرتی شاهراه معارفه سوق وتشویق ایلمکی کندیلرنجه وظائف زائده‌دن عد ایتمکده‌درلر.

معارفك درجهٔ وجوب والزمیتنی؛ قدر وقیمتنی بحق تقدیر ایله بوخصوصی دخی کندیلرنجه فریضهٔ ذمت بیلوب جهد وغیرت و بذل عاطفت ایدنلر ایسه پك نادردر. ایشته بو مثللو غیرتوران وحمیتمندان معارفك ندرتندندرکه الیوم قریه‌لرده مطلوب عالی وجه اوزره معارف ترقی ایده‌مامشدر،

بر ایکی سنه‌در اعدادی مدیرلریله معاون ومعلملرندن بعضلری امور معارفك دور وتفتیشاتنه کوندرلمکده ایسه‌ده بر نهایت بر بچق آی ظرفنده ایدیله‌جك تفتیشات کوستریله‌جك هممانك آثار مشکوره‌سی پك جزئی اوله‌جغی طبیعیدر. زیرا بر قضاده لااقل درت بش ناحیه وهر بر ناحیه‌ده‌ده اون قریه بولنسه عمومنك بر ر کونده‌ده دور وتفتیشی ممکن اولسه اللی کون لازمدر. حالبوکه بحق ایش کورمك ایچون هر واریلن محلده الك آز درت بش کون مکث واقامت ایتمك اقتضا ایدره عکسی تقدیرده ایسه اثبات وجود ایله بر ایش کورمکسزین عودت ایدلمش اولور،

64

…müdürlerinin gayretsizliği olduğu evvel ve ahir edilen teftişât ve meşhûdâtla müberhendir. Hatta meşgûliyetlerinin kesretinden midir nedir memûrîn-i hükûmet maârif ehemmine cüzî bir himmet atıf etmeye ahâlî-i bî-basîreti şâhrâh-ı maârife sevk ve teşrîf eylemeyi kendilerince vezâif-i zâideden add etmektedirler.

Maârifin derece-i vücûb ve elzemiyetini, kadrü kıymetini bihakkın takdîr ile bu husûsu dahi kendilerince farîze-i zimmet bilip cehd ve gayret ve bezel-i âtıfet edenler ise pek nâdirdir. İşte bu misillü gayr-tûrân ve hamîyet-mendân maârifin nedretindendir ki elyevm kariyelerde matlûb-u âlî-vech üzre maârif terakki edememiştir.

Bir iki senedir âdâdı müdürleriyle muâvin ve muallimlerinden bazıları umûr-u maârifin devir ve teftişâtına gönderilmekte ise de bir nihâyet bir buçuk ay zarfında edilecek teftişât gösterilecek himemâtın asâr-ı meşkûresi pek cüzî olacağı tabîidir. Zira bir kazâda lâ-akal dört beş nâhiye ve her bir nâhiyede de on kariye bulunsa umûmunun birer günde de devir ve teftîşi mümkün olsa elli gün lâzımdır. Hâlbuki bihakkın iş görmek için her varılan mahalde en az dört beş gün meks ve ikâmet etmek iktizâ eder. Aksi takdirde ise isbât-ı vücûd ile bir iş görmeksizin avdet edilmiş olur.

…müdürlerinin gayretsizliği olduğu evvel ve ahir edilen teftiş ve olaylarla ortadadır. Hatta işlerinin yoğunluğundan mıdır nedir hükûmet memurları maarif önemine cüzi bir himmet göstererek basiretsiz ahalinin ilim isteğini sevk ve yönlendirmeyi kendilerine gereksiz bir görev olarak görmekteler.

Maarifin önem ve gereğinin derecesini kadrini ve kıymetini hakkıyla takdir ederek bu hususu da kendilerince önemli bir farz bilerek gayret gösterenlerin sayısı da pek azdır. İşte bu gibi gayret ve hamiyet sahibi olan kişilerin azlığıyladır ki bugün köylerde büyük bir arzu ile ilim öğrenme isteği geliştirilememiştir.

Bir iki senedir sayısız müdürler ve müdür yardımcıları ile öğretmenlerden bazıları maarifin işlerini devir ve teftişe gönderilmekte ise de bir nihayet bir buçuk ay zarfında edilecek teftişler ve gösterilecek çabanın neticesinin pek cüzi olacağı bellidir. Zira bir kazada aşağı yukarı dört beş nahiye ve bir nahiyede de on köy bulunursa genelin birer gününde de devir ve denetimi mümkün olsa 50 gün gereklidir. Hâlbuki hakkıyla iş görmek için gidilen her yerde en az dört beş gün bulunmak ve ikamet etmek gerekir. Aksi takdirde ise orada bulunmakla birlikte bir iş yapılmadan geri dönülmüş olur.

برده فرض محال اوله‌رق قریه‌لرك کافه‌سی مدت معینه وقلیله ظرفنده دوروتفتیش ایدیله بیلسون . لکن اصول جدیدهٔ معارفه هنوز یکی انسیت کسب ایتمکده اولان قریه‌لرك سنه‌ده بر دفعه تفتیشندن مطلوب اولان فائده ینه حاصل اولماز چونکه اومدت قلیله ظرفنده مأمور مخصوصك اکثر اجراآتی تبلیغات وتنبیهاتدن عبارت بولنور . او تبلیغات محاسن غایاتك موقع فعله وضعی خصوصنه همت ایده‌جك ، بو بابده تصادف ایدیله‌جك موانع ومشکلاتی بالتعقیب حل وتسویه ایلیه‌جك کیمسه بولنماز. محلی حکومتلریده اثر معاونت ومظاهرت کوسترمز ایسه مساعیٔ مصروفه عقیم قالیر . بوندن بشقه تفتیشات مکتبلرك تعطیلی زمانه تصادف ایتمکله معلملرك اهلیتلی ویا شهادتنامه‌لی بولنوب بولنمادیغی، فن تدریساته بحقٍ رعایت ایدوب ایتمدیکی ونورسیدکان اطفالك خواجه‌لرندن بحقٍ مستفید اولوب اولمادقلری خصوصات مهمه‌سی دخی مکتوم قالیر .

بو سببله قرا مکاتبنی وخصوصات سائرهٔ معارفی دائما دور وتفتیش ایچون هرناحیه معارف قومیسیونلرندن برر اهل، موظف معارف مفتشی بولنمق لازمدر .

بونلرك معاشاتی ایسه قریه‌لردن بلاکلفه تدارك اولنه‌بیلور

(٥)

65

Bir de farz-ı muhâl olarak kariyelerin kâffesi müddet-i muîne ve kalîle zarfında devir ve teftîş edilebilsin. Lakin usûl-ü cedîde-i maârife henüz yeni ünsiyet kesb etmekte kariyelerin senede bir defa teftîşinden matlûb olan fâide yine hâsıl olmaz. Çünkü o müddet-i kalîle zarfında memûr-u mahsûsun ekser icraâtı teblîgât ve tenbihâtdan ibâret bulunur. O teblîgât-ı mehâsin-gâyâtın mevki-i fiile vaz'ı husûsuna himmet edecek, bu bâbda tesâdüf edilecek mevâni ve müşkilâtı bittakîb hal ve tasviye eyleyecek kimse bulunmaz. Mahallî hükûmetleri de eser-i muâvenet ve müzâheret göstermez ise mesâî-i masrûfa akîm kalır. Bundan başka teftîşât mekteblerin tatîli zamânına tesâdüf etmekle muallimlerin ehliyetli veya şehâdetnâmeli bulunup bulunmadığı, fenn-i tedrîsâta bihakkın riâyet edip etmediği ve nevresîdegân-ı etfâlin hocalarından bihakkın müstefîd olup olmadıkları husûsât-ı mühimmesi dahi mektûm kalır.

Bu sebeple kurra mektebini ve husûsât-ı sâire-i maârifi dâimâ devr ve teftîş için her nâhiye maârif komisyonlarından birer ehil, muvazzaf maârif müfettişi bulunmak lâzımdır.

Bunların maâşâtı ise kariyelerden tedârik olunabilir.

Bir de örnek olarak köylerin tamamı alışılmış zaman zarfında devir ve teftiş edilebilsin. Lakin maarifin yeni usulleri henüz daha yeni yeni kabul edilmeye başladığından köylerin senede bir defa teftişinden amaçlanan fayda yine hasıl olmaz. Çünkü kısa zaman zarfında müfettişlerin çoğunun çalışmaları tebliğ ve uyarıdan ibaret bulunur. O güzel gayelerin tebligatı çalışma sahasına konulması hususuna gayret edecek bu alanda karşılaşılacak engel ve sorunları takip edip bunları ortadan kaldıracak kimse bulunmaz. Yerel yönetimler de yardım edip destek vermezse sarf edilen mesai sonuçsuz kalır. Bundan başka teftişler mekteplerin tatil zamanında yapıldığında öğretmenlerin ehliyetli ve bilgili bulunup bulunmadığı, mevzuata hakkıyla riayet edip etmediği ve gençlerin hocalarından hakkıyla yaralanıp yararlanmadıkları gibi önemli hususlar dahi eksik kalır.

Bu sebeple köy mektebini ve maarifin diğer birimlerini daima devir ve teftiş için her nahiye maarif komisyonlarından birer ehil vazifeli maarif müfettişi bulunması lazımdır.

Bunların maaşları ise köylerden tedarik olunalabilir.

شو يله كه :

ذاتاً اداى صلاة ومسائل دينيه‌لرينك حل وفصلى ضمننده هر قريه اهاليسى برر آدم طوتمغه وسنوى نقود ويا عينيات مقطوعه ايله آنلرك ترفيه حال واعاشه‌سنه مجبور بولنيور . ايشته بوميانده هرقريه‌خلقى خانه باشنه معارف مفتشلرى نامنه سنوى برر غروش ويرمكه مكلف ومجبور طوتيله‌جق اولور ايسه معاشاتى مع زيادة تدارك وتأمين ايدلمش اولور .

هيچ مثابه‌سنده بولنان بو اجرتى ايسه مكاتبنك اصلاحى، اولادلرينك منتظماً تعليم وتدرسى ايچون كافهٔ قرا اهاليسى كمال افتخار ومسار ايله هرزمان اعطايه مهيا وارزوكش بولنديغى امثالى ايله مثبتدر .

شايد بويولده اهالئ قرادن برشى اخذى مستحسن كورلمديكى تقديرده هيچ اولماز ايسه هرقضاده يالكز نواحى وقرا مكاتبنك تدريسات وانتظام احوالنى تفتيشه مأمور مخصوص اولمق اوزره مقتدر ؛ فعال بر معارف مفتشنك بولنمسى و بونلرك مساعى ومستدعياتى قطعاً نظر اهميتدن دور براقلمايه‌رق محلى حكومتلرينك دخى انضمام معاونتى لابددر .

66

Şöyle ki:

Zaten edâ-yı salât ve mesâil-i diniyelerinin hal ve faslı zımnında her kariye ahâlisi birer adam tutmaya senevî nükûd veya ayniyât-ı maktûa ile onların terfîye hâl ve iâşesine mecbûr bulunuyor. İşte bu meyânda her kariye halkı hâne başına maârif müfettişleri nâmına senevî birer kuruş vermeye mükellef ve mecbûr tutulacak olur ise maâşâtı ma-ziyâdet tedârik ve temîn edilmiş olur.

Hiç mesâbesinde bulunan bu ücreti ise mekâtibinin ıslâhı evlâdlarının muntazaman talîm ve tedisi için kâffe-i kura ahâlisi kemâl-i iftihâr ve mesâr ile her zamân itâya müheyyâ ve arzukeş bulunduğu emsâli ile müsbettir.

Şâyet bu yolda ahâli-i kurâdan bir şey ahiz-i müstahsen görülmediği takdîrde hiç olmaz ise her kazâda yalnız nevâhi ve kurâ mekâtibinin tedrîsât ve intizâm-ı ahvâli teftîşe memûr-u mahsûs olmak üzre muktedir; faâl bir maarif müfettişinin bulunması ve bunların mesâi ve müstediyâtı katiyyen nazar-ı ehemmiyetten dûr bırakılmayarak mahal hükûmetlerinin dahi inzimâm-ı muâveneti lâbüddür.

Şöyle ki:

Zaten dinî meselelerin çözümü ve ezan okuması için her köy ahalisi birer adam tutmaya senelik nakit veya bir şekilde onların masraflarını karşılama mecburiyetindedir. İşte bu şekilde her köy halkı hane başına maarif müfettişleri adına senelik birer kuruş vermeye mükellef ve mecbur tutulacak olursa maaşları ziyadesiyle sağlanmış olur.

Hiç değerinde bulunan bu ücreti ise okulunun ıslahı, evlatlarının iyi bir talim ve terbiyesi için köy ahalisinin övünçle ve mutlulukla her zaman yardıma hazır bulunduğu ve bunu arzu ettiği emsalleriyle bellidir.

Şayet bu yolda köy halkından bir şey istenmesinin doğru olmayacağı düşünülüyorsa hiç olmazsa her kazada yalnız nahiyeler ve köy okullarının eğitim ve durumunun düzenlenmesi için muktedir ve aktif bir müfettiş bulunması ve bunların mesai ve raporları katiyen bunlara önem vermekten uzak tutulmayarak yerel yönetimlerin dahi yardımlarının katkıları çok gereklidir.

ـ صنایع ومعمولات داخلیه‌مزه بر نظر ـ

بوندن اولکی مقاله‌لرمزك برنده «زراعت روح المعیشتدر» دیمشیدك. صنعت‌ده امر معیشتك اعضاسیدر. زیرا انسان یشامق ایچون طبعاً قارنی طویورمغه؛ دفع جوعه مضطر اولدیغی کبی، وجودینی هر نوع عارضاتدن، تأثیرات هوائیه‌دن محافظه‌یه، مأوای سعادت ورفاهتنك کافهٔ لوازماتنی تدارکه مجبوردر. بو بابده‌کی احتیاجاتی رفع ودفع ایلیه‌جك ایسه آنجق «صنعت»در. بناءً علیه زراعت وصنعت امر معیشتك روح واعضاسی اولمق حسبیله یکدیکرینك لازم غیرمفارقی بولنیور.

اوت بوکون صنعت اولمسه ایدی انواع مزین ومطنطن لباسلر ایچنده عرض اندام و وقار ایدن اووجود بشر چیریل؛ چیلاق قاله‌جق ویاخود اقوام وحشیه مثللو بر پوسته‌کی و یا بر چول پارچه‌سیله مستور بوله‌جق ایدی. اوکوزه‌لم کاشانه‌لر، او لطیف شهرلردن اثر کورلمیه‌جك والحاصل ابنای بشر هر نوع عمران وسعادتدن محروم اوله‌جق ایدی.

دیمك که هر بر عمران وسعادتمزی متکفل ومستلزم بولنان «صنعت» فن جلیلنك مزیت واهمیتی؛ قدر وقیمتی پك عالی پك مقدس ایمش! اوت اوقدر عالی، اوقدر مقدسدر؛ که بتون

67

Sınâî ve mamûlât-ı dâhiliyemize bir nazar

Bundan evvelki makâlelerimizin birinde "zirâat rûhü'l-maişettir" demiştik. Sanat da emr-i maişetin azâsıdır. Zira insân yaşamak içi tabien karnını doyurmaya; def-i cûva muztar olduğu gibi, vücûdunu her nevi ârızâttan, tesîrât-ı havâiyeden muhafazaya mevâ-yı saâdet ve refâhatinin kâffe- levâzımâtını tedâriğe mecbûrdur. Bu bâbdaki ihtiyâcâtını ref' ve def^eyleyecek ise ancak "sanat"tır. Binaenaleyh zirâat ve sanat emr-i mâişetin revah ve âzâsı olmak hasebiyle yekdiğerinin lâzım-ı gayr-ı müfârıkı bulunuyor.

Evet bugün sanat olmasa idi envai müzeyyen ve mutantan libâslar içinde arz-ı endâm ve vakâr eden o vücûd-u beşer çırıl çıplak kalacak veyahut akvâm-ı vahşîye misillü bir pösteki veya bir çul parçasıyla mestûr bulunacak idi. O güzelim kâşâneler o latîf şehirlerden eser görülmeyecek velhâsıl ebnâ-yı beşer her nev'umrân ve saâdetten mahrum olacak idi.

Demek ki her bir umrân ve saâdetimiz mütekeffil ve mütelezzim bulunan "sanat" fenn-i celîlinin meziyet ve ehemmiyeti; kadr-ü-kıymeti pek âlî pek mukaddes imiş! Evet o kadar âlî; o kadar mukaddestir, ki bütün…

Sanayi ve iç pazar ürünlere bir bakış

Bundan evvelki makalelerimizin birinde "geçinmenin ruhu, kaynağı ziraattır." demiştik. Sanat da geçinmenin bir parçasıdır. Zira insan yaşamak için doğuştan karnını doyurmaya açlığını gidermeye zorlanmış olduğu gibi vücudun her çeşit arızalardan havanın tesirinden muhafazaya kendisini refaha ve mutluluğa kavuşturacak maddeleri tedarik etmeye mecburdur. Bu alandaki ihtiyaçlarını temin edecek ya da sıkıntılarını uzaklaştıracak şey ise ancak "sanattır" Bundan dolayı ziraat ve sanat yaşama emrinin neşe ve gereği olmak hasebiyle birbirinden ayrılması mümkün değildir.

Evet bugün sanat olmasaydı çeşitli güzellikler ve süslü elbiseler içinde gezip tozan o insan vücudu çırılçıplak kalacak veyahut vahşi kavimler gibi bir pösteki ve bir tür parçasıyla örtünmüş bulunacaktı. O güzelim köşkler, ol latif şehirlerden eser görülmeyecek velhasıl insanoğlu her çeşit medeniyet ve saadetten mahrum olacak idi.

Demek ki her bir medeniyet ve saadetiniz için kefil ve gerekli bulunan sanat büyük ilmin meziyet ve önemi kıymeti pek yüce pek mukaddes imiş. Evet o kadar yüce o kadar mukaddestir ki bütün...

جهان مدنیت آکا مفتقردر . بوحالده فن جلیل صنعت وحرفتك بودرجه اهمیت والزمیتنه نظراً بزده و بلکه بتون عالم اسلامیتده پیش تقدیره آلنمش وترقی ایتدیرلمشمیدر ؟ نرده ؟! صنعت بزدن پك اوزاق ، اوقدر اوزاق که « عنقا » قوشی کبی یالکز اسمنی بلله‌مشزدر . کندیسنی ایسه مع التأسف دها هنوز کوروب طانیدیغمز یوق !!

فی الواقع بر زمانلر؛ ساعت ، اسلحه ؛ کاغد ، پوصله؛ اقمشه وفن معماری کبی بر چوق مهم و معتنا صنایعك موجدی ؛ مصلحی؛ استادی بز ایکن حیف که بوکون بونلرك دکل ؛ پك عادی صنعتك بیله بیکانه‌سی بولنیورز ! . بوکا سبب یکانه ایسه هیچ شبهه یوق که عطالتدر . اوت بوکون هر ارباب نصفت و حمیتده ؛ صنایعده بودرجه‌ده‌کی تدنی‌مزك سبب مستقلی رخاوت وتنپرورلکمزدن بشقه بر شی اولمدیغنی اعتراف وتسلیم ایدر .

دها یقین زمانه دکین هر نوع لباسمزی ؛ همان بالعموم اثاث بیتیه‌مزی کندیمز تدارك ایدر وخارجه پك اوقدر محتاج دکل ایدك . هرخانه‌ده بر دستکاهك بولنمسی ، هر قادینك هفته‌ده برقاچ طوپ متاع طوقومه‌سی شرط اعظم ایدی . شمدی ایسه طائفهٔ نسامز کسب ظرافت ونزاکت ایتدکجه ؛ سوسدن؛ تحری‌ٔ موده‌دن ؛ قپو قپو کزمه‌دن، کیه‌جکنی تدارك ایتمك

68

…cihân-ı medeniyet ona müftekirdir. Bu hâlde fenn-i celîl-i sanat ve hirfetin bu derece ehemmiyet ve elzemiyetine nazaran biz de ve belki bütün âlem-i islâmiyet de pîş-i takdîre alınmış ve terakkî ettirilmiştir? Nerede? Sanat bizden pek uzak, o kadar uzak ki "anka kuşu" gibi yalnız ismini bellemişizdir. Kendisini ise maateessüf daha henüz görüp tanıdığımız yok.

Filvâki bir zamânlar; sâat, esliha; kâğıt, pusula, akmişe ve fenn-i mimâri gibi birçok mühim ve mutenâ sınâyiin mucidi, muslihi, üstâdı biz iken hayıf ki bugün bunların değil, pek âdî sanatın bile bigânesi bulunuyoruz! Buna sebeb-i yegâne ise hiç şüphe yok ki atâlettir. Evet bugün erbâb-ı nısfet ve hamiyette; sınâide bu derecedeki tedennîmizin sebeb-i müstakili rehâvet ve tenpürûrluğumuzdan başka bir şey olmadığını itirâf ve teslîm ederim.

Daha yakın zamâna değin her nev' libâsımızı; hemân bilumum esâs-ı beytiyemizi kendimiz tedârik eder ve hârice pek o kadar muhtâc değil idik. Her hânede bir destgâhın bulunması; her kadının haftada birkaç top metâ' dokuması a'zam idi. Şimdi ise taife-i nisâmız kesb-i zerâfet ve nezâket ettikce, süsten; taharrî-i modadan; kapı kapı gezmeden, giyeceğini tedârik etmek…

…medeniyet dünyası ona muhtaçtır. Bu durumda büyük kıymete sahip sanat ve küçük el sanatları bu derece önemli ve gerekli olmasına nazaran biz de ve belki de bütün İslâm âleminde takdir edilip göz önüne alınıp ilerleme kaydedilmiş midir? Nerede? Sanat bizden pek uzak o kadar uzak ki "Anka kuşu" gibi yalnız ismini bilip kendisini ise maalesef daha henüz görüp tanıdığımız yok!

Bu nedenle bir zamanlar saat, silah, kâğıt, pusula, kumaş ve mimari alanda birçok mühim ve gerekli sanayi ürünlerinin mucidi, düzenleyicisi, üstadı biz iken yazık ki bugün bunların değil pek adi sanatın bile yabancısı bulunuyoruz. Buna tek sebep ise hiç şüphe yok ki tembelliktir. Evet bugün hak gözetmede ve ülkeyi kalkındırmada sanayide bu derece aşağılara düşmemizin müstakil sebebi rehavet ve rahatına düşkünlüğümden başka bir şey olmadığını itiraf ve teslim ederim.

Daha yakın zamana kadar her çeşit elbisemizin hemen bilumum ev eşyalarımızı eserlerini kendimiz tedarik ederdik ve dışarıya pek o kadar muhtaç değildik. Her evde bir el tezgahının bulunması her kadının haftada birkaç top kumaş dokuması büyük bir işti. Şimdi ise kadınlarımız zarafet ve nezaket keşfettikçe süsten moda araştırmalarından kapı kapı gezmekten giyeceğini tedarik etmek...

شویله طورسون خانه‌سنك امورینی تسویه‌یه بیله وقت بوله‌مایور. حتی استراحت وسفاهته اودرجه آلیشدیرلمشدرکه فی زماننا قادینلرمزه خانه‌نك الك خفیف ایشلرینی بیله‌کوردیرمك بك بیوك معیبات عدادینه داخل اولمشدر. بو سببله اوروپانك مملکتمزه یوماً فیوماً تزاید ایتمکده اولان ادخالات متنوعه‌سنه پاره یتشدیره‌میورز.

برده اسلافمزك احوال ومساعیلرینه ارجاع نظر ایده‌لم: عجبا وقتلرینی هیچ بوش‌کچیرمشلرمیدر؟ اجانبه بزم قدرعرض افتقار واحتیاج ایتمشلرمیدر؟ حاشا! ایشته ایشلمه‌لری؛ سجاده‌لری؛ هر نوع معمولات نسجیه‌لری والحاصل کافهٔ یادکارلری الآن حیرتزدهٔ عقول اولمقده وارباب تقدیر طرفندن دائما اتکار طولوسی پاره‌لر صرفیله حرزجان ایدلمکده‌در.

نصل نسخهٔ شفاکبی حرزجان ایدلمسون که بوکون قصوای مدنیته واران آوروپا؛ آمریقا سکنه‌سی بیله تقلیدنده اظهار عجز ایلیورلر.

آنلر اویله بر یادکار قیمتداردرکه شمدیکی محیرالعقول آلات صناعیه‌نك معاونت سریعه‌سندن محروم وآنجق برچوق کوز نورلریله مساعئ متوالیهٔ جدیه ایله وجودپذیر ومظهر تقدیر عالم اولمشدر.

فی الواقع برمقتضای مقدرات الهیه شوجهان فانینك بدایتندن بو

69

...şöyle dursun hânesinin umûrunu tasfiyeye bile vakit bulamıyor. Hatta istirâhat ve sefâhate o derece alıştırılmıştır ki fî zamânına kadınlarımıza hânenin en hafîf işlerini bile gördürmek pek büyük mugayyebât idâdına dâhil olmuştur. Bu sebeble Avrupa'nın memleketimize yevmen-fe-yevmen tezâyid etmekte olan ithâlât-I mütenevviasına para yetiştiremiyoruz.

Bir de eslâfımızın ahvâl ve mesâilerine ircâ'-i nazar edelim: acabâ vakitlerini hiç boş geçirmişler midir? Ecânibe bizim kadar arz-ı iftikâr ve ihtiyâc etmişler midir? Hâşâ! İşte işlemeleri; seccâdeleri her nev' mamûlât nesciyeleri velhâsıl kâffe-i yâdigârları elan hayretzede-i ukûl olmakta ve erbâb-ı takdîr tarafından dâimâ etekler dolusu paralar sarfıyla hırz-ı cân edilmesin ki bugün kusvâ-yı medeniyete varan Avrupa; Amerika sekînesi bile taklîdinde izhâr-ı acz eyliyorlar.

Onlar öyle bir yâdigâr-ı kıymetdârdır ki şimdiki muhayyerü'l-ukûl alât-ı sınâiyenin muâvenet seriasından mahrûm ve ancak birçok göz nurlarıyla mesâi mütevâliye-i ciddiye ile vücûdpezîr ve mazhâr-ı takdîr-i âlem olmuştur.

Filvâki bir muktezâ-yı mukadderât-ı ilahiye şu cihân-ı fâninin bidâyetinden bu...

...şöyle dursun hanesinin işlerini düzenlemeye bile vakit bulamıyor. Hatta istirahat ve sefahate o derece alıştırılmış ki günümüz kadınlarına evin en hafif işlerini bile yaptırmak pek büyük sıkıntı hâline gelmiştir. Bu nedenle Avrupa'nın memleketimize günden güne yerleştirmeye çalıştığı çeşit çeşit ithal ürünlere para yetiştiremiyoruz.

Bir de bizden öncekilerin durum ve mesailerine şöyle bir göz attığımızda acaba vakitlerini hiç boş geçirmişler midir? Avrupalılara bizim kadar muhtaç olmuşlar mıdır? Haşa! İşte işlemeleri, seccadeleri her çeşit ürünleri, dokumaları sözün özü bütün yadigarları hâlâ akıllara hayret vermektedir. Takdir sahipleri tarafından daima etekler dolusu paralar harcanarak canla başla çaba sarf etmelerine ve bugün medeniyetin en son noktasına varan Avrupa, Amerika bile bunların taklidinde acz içinde kalıyor.

Onlar öyle kıymettar eserlerdir ki günümüzdeki akıllara hayranlık veren sanayi aletlerinin yardımından mahrumdurlar ancak göz nuruyla ve ciddi mesailer ile ortaya çıkmışlardır ve herkes tarafından takdirle karşılanmışlardır.

Doğrusu ilahi takdirin gerekliliği şu fani cihanın başlangıcından bu...

آنه دکین نقدر کاوب کچمش ونقدر کاوب کچه‌جك قوم وملت وار ایسه ابدی بر حال ترقی و یا تدنی‌ده بولنه‌مایوب هر حال وکارده فرمان ازلی‌یه تابع اولیور. ایشته بزده برزمانلر صنایعده جهان مدنیتك غبطه‌کش رقابتی ایکن بو کونکی تدنی‌یه اوغرا- یشمز احتمال اویله بر مسبب معنوی‌یه مبنی بولنسون. فقط بز او اسبابی ینه کندی رخاوت و بطائتمز ایله دعوت ایتمش اولیورز. ماسبقدن بو بابده براهین قاطعه تحریسنه نه‌حاجت؟ ایشته اوروپا، امریقا کوزمزك اوکنده طوریور. عجبا هانکیمزك نظر رقابت وحسدینی جلب ایدوبده صنایعده بر آدیم ایلری آته‌بیلمشزدر؟ یالکز مأثر حمیت وترقیدن قوری قوری دم اورمق فائده ویرمز. فعلیات لازم، فعلیات!.

کافهٔ فعلیات واجرا آت حسنه‌نك یکانه واسطهٔ حصول وکمالی ایسه عقد شرکتدر. حالبوکه هیچ بریمز یکدیکریمزه امین، هیچ بر تشبثمزده نائل موفقیات اوله‌جغمزه مطمئن دکلز. چونکه حسن تلقی، حسن نیت اصحابی دکلز!!

صدده کله‌لم: اوروپا عالمنی شویله بر نظر تدقیقدن کچیره‌جك اولورسه‌ق کوروزکه هرحکومت صنایعك بر ویا بر قاچنده کسب رسوخ ترقی وکمال ایتمشدر. زیرا بر طبیبك فن طبابتك کافهٔ اقسامنده ید طولا صاحبی اولمسی نصل غیرممکن ایسه بر

…ana değin ne kadar gelip geçmiş ve ne kadar gelip geçecek kavim ve millet var ise ebedi bir hâl-i terakkî veya tedennide bulunamayıp her hâl ve kârda fermân-ı ezelîye tâbi' oluyor. İşte biz de bir zamanlar sınâyide cihân-ı medeniyetin gıptakeş rekâbeti iken bugünkü tedenniye uğrayışımız ihtimâl öyle bir müsebbib-i manevîye mebni bulunsun. Fakat biz o esbâbı yine kendi rehâvet ve betâetimiz ile davet etmiş oluyoruz. Mâsebaktan bu babda berâhîn-i kâtıa teharrÎsine ne hâcet? İşte Avrupa; Amerika gözümüzün önünde duruyor. Acabâ hangimizin nazar-ı rekâbet ve hasedini celb edip de sınâîde bir adım ileri atabilmişizdir? Yalnız müesser-i hamîyet ve terakkiden kuru kuru dem vurmak fâide vermez. Fiiliyât lâzım; fiiliyât!

Kâffe-i fiiliyât ve icrâat-ı hasenenin yegâne vasıta-i husûl-i kemâli ise akd-i şirkettir. Hâlbuki hiçbirimiz yekdiğerimize emîn hiçbir teşebbüsümüz de nâil-i muvaffakiyât olacağımıza mutmain değiliz. Çünkü hüsn-i telakkî, hüsn-i niyet ashâbı değiliz!

Sadede gelelim: Avrupa âlemini şöyle bir nazar-ı tedkîkten geçirecek olursak görürüz ki her hükûmet sınâyiin bir veya birkaçında kesb-i rüsûh-u terakkî ve kemâl etmiştir. Zira bir tabîbin fenn-i tebâbetin…

…bu ana kadar ne kadar gelip geçmiş ve ne kadar gelip geçecek kavim ve millet var ise sonsuz bir ilerleme durumu veya çökmede bulunamayıp kesinlikle ezeli fermana tabi oluyor. İşte biz de bir zamanlar sanayide dünyanın gıptayla baktığı rekabet noktasında bizlere hayran oldukları durumdan bugünkü zor durumlara düşmüşüz. İhtimal öyle bir manevi sebeptir ki kaynağı bulunsun. Fakat biz o sebepleri yine kendi tembelliğimiz ve yavaş davranmamız ile davet etmiş oluyoruz. Daha önce olmuş olan bu alandaki güçlü deliller ortadadır araştırmaya ne hacet? İşte Avrupa, Amerika gözümüzün önünde duruyor. Acaba hangimizin haset ve rekabet nazarıyla celbedip de sanayide bir adım ileri atabilmişizdir? Yalnız ilerleme ve hamiyet etkilerinden kuru kuru dem vurmak fayda vermez. Uğraşmak lazım, uğraşmak!

Güzel neticelenen iş ve uğraşların tamamı ise şirket birlikteliği ile elde edilir. Hâlbuki hiçbirimiz birbirimize güvenmiyoruz ve hiçbirimiz (bu şirket birlikteliğinde) başarılı olacağımıza inanmıyoruz. Çünkü iyiye yorma ve iyi niyet sahibi değiliz.

Sadede gelelim: Avrupa'yı yine şöyle bir gözden geçirecek olursak görürüz ki her hükûmet sanayinin bir veya birkaç alanında ilerleme ve gelişme kaydetmiştir. Zira bir doktorun bir tıp ilminin…

حکومتلکده بالعموم صنایعی ید انحصار واقتدارینه آلمسی مستحیل الامکاندر . بناءً علیه بزم ایچون صنعت خصوصنده شمدیلك اوروپایه رقابت ایده‌جك برجهت وار ایسه اوده منسوجات داخلیه‌مزدر . چونکه حمداً ثم حمداً اراضیمزك هر کوشه‌سنده مواد نسجیه‌نك هردرلوسی ؛ الك اعلاسی برکتله نشوونما بولمقده‌در . نته‌کیم بو صنعت — مجرد مظهر تقدیر والتفاتمز اولمادیغندن — حس اولنمیه‌جق درجه‌ده کندی طبیعتیله کوندن کونه جزئی بر اثر ترقی کوسترمکده‌در . فقط میدانده پك بیوك استعداد وسهولت موجود ایکن همان حال ابتدائیده دیمك اولان صنایع نسجیه‌مزی نیچون ترقی ایتدیرمیه‌لم ؟ باخصوص سوریه ؛ عراق حوالیسیله دیاربکر . معمورة العزیز ، انقره ، بروسه ولایتلرینك متانت ونفاست خارق العاده‌سیله مشهور دستکاهلرینی بالاتفاق نیچون تکثیر واصلاح ایده‌میه‌لم ؟

اجانبك بیسله بوکون مظهر تقدیر وحیرتی اولان منسوجاتمزی ترك ایله مجرد اهونیتنه ؛ نظر فریب آلایش کاذبه‌لرینه قاپیله‌رق نیچون اوروپانك پاچاورالرینه اتکلر ؛ خزینه‌لر طولوسی پاره‌لری صاچه‌لم ؟ ! .

نه وقت خانه‌لرمزدن اوروپانك آللی ؛ کاللی و جیجیلی

71

…hükûmetinde bilumûm sanâyi yed-i inhisâr ve iktidârına alması müstahîlü'l-imkândır Binaenaleyh bizim için sanat husûsunda şimdilik Avrupa'ya rekâbet edecek bir cihet varsa o da mensûcât-ı dâhiliyemizdir. Çünkü hamden sümme hamden arâzîmizin her köşesinde mevâd-ı nesciyenin her türlüsü; en âlâsı bereketle neşvünümâ bulmaktadır. Nitekim bu sanat–ı mücerred mazhar-ı takdîr ve iltifâtımız olmadığından– his olunmayacak derecede kendi tabiatıyla günden güne cüzî bir eser terakkî göstermektedir. Fakat meydânda pek büyük istidâd ve suhûlet mevcûd iken hemân hâl-i ibtidâide demek olan sanâyi-yi mensuciyemizi niçin terakkî ettirmeyelim? Bâhusûs Suriye; Irak havâlisiyle Diyarbakır, Memûreti'l-azîz Ankara, Bursa vilâyetlerinin metânet ve nefâset-i hârikukâledesiyle meşhûr destgahlarını bilittifâk niçin teksîr ve ıslâh edemeyelim?

Ecânibin bile bugün mazhar-ı takdîr ve hayreti olan mensûcâtımızı terk ile mücerred ehveniyetine; nazar-firîb alâyiş kâzibelerine kapılarak niçin Avrup'nın paçavralarına etekler; hazîneler dolusu paraları saçalım!

Ne vakit hânelerimizden Avrupa'nın allı; kelli ve cicili…

…hükûmetinde bilumum sanayiyi tekel ve iktidarına alması imkân dahilinde değildir. Bundan dolayı bizim için sanat açısından şimdilik Avrupa'ya rekabet edecek bir yön varsa o da dahili dokuma işlerimizdir. Çünkü sonsuz hamdolsun ki toprağımızın her köşesinde mensucat maddelerinin her türlüsü, en güzeli bereketle ortaya çıkmaktadır. Nitekim bu mücerred sanata iltifat ve takdirimiz olmadığından his olunmayacak derecede kendi tabiatıyla günden güne cüzi bir eser ortaya çıkmaktadır. Fakat meydanda pek büyük yetenek ve suhulet mevcut iken hemen daha yeni başlamış demek olan dokuma sanayimizi neden ilerilere taşımayalım? Bu hususta Suriye, Irak civarı ile Diyarbakır, Elâzığ, Ankara, Bursa vilayetlerinin harikulade dayanıklı ve kaliteli el işlerini birlik olup neden geliştirip düzenlemeyelim?

Avrupalıların bile bugün takdir ve hayretle izledikleri dokuma işlerimizi terk edip değersiz ve sadece göz dolduran süslü ürünlerine kapılarak niçin Avrupa'nın paçavralarına etekler hazineler dolusu paraları saçalım?

Ne vakit evlerimizden Avrupa'nın allı, kelli ve cicili…

يجيلى قاليچه‌لرى ، چوللرى قالقه‌جق ويرينه مشهور ومغبوط
عالم اولان خاليلرمز ،كليملرمز قائم اوله‌جق والحاصل نه‌زمان
امتعۀ داخليه‌مزه معطوف اولان نظر حقارتمز رفع اولنه‌جق ؟

— تربيۀ اطفال —

اطفال ! نه قيمتلى بر سوز ؟ نه اهميتلى بر كلام ؟ قيمتليدر ،
زيرا اطفال ، بر قومك ، بر ملتك نودميدۀ عناصريدر .
اهميتليدر ؛ چونكه اطفال ؛ بر دولتك ، بر حكومتك بدرقۀ
استقباليدر .

بوحالده بونلرك صورت ونشوونمالرنده ، تربيه‌لرنده نصل
تجويز تراخى اولنور ؟ نقدر قصيرالعقل ؛ نقدر كوته‌بين
بولنمه‌ليدركه او معصومجقلرك تربيه‌لرى نظر اعتنايه آلنميوب
حيوانات وحشيه مثللو كندى حاللرينه ترك ايدلسون ؟ .

نقدر بى حس ؛ نقدر بى رحم بولنمق لازمدركه هر شيدن
بى خبر بولنان او زواللى ياوروجقلرك آغوش مادردن ؛ سينۀ
شفقتدن دور بولنديرلمسى ممكن اولسون ؟

هيچ شبهه يوق كه بر ياورونك ، بر معصومك اهميتى نه‌درجه‌ده
ايسه تربيه‌سى ده او درجه‌ده و بلكه‌ده افزونتردر . زيرا بر

72

...bicili kaliçeleri, çulları kalkacak ve yerine meşhûr ve âlem olan halılarımız, kilimlerimiz kâim olacak velhâsıl ne zaman emtia-i dahiliyemize matûf olan nazar-ı hakâretimiz re'f olunacak?

...bicili küçük halıları, çulları kalkacak ve yerine meşhur ve âlem tarafından bilinen halılarımız kilimlerimiz bunların yerine geçecek sözün kısası bize ait ürünlere olan hakaret dolu bakışlar son bulacak?

Terbiye-i etfâl

Etfâl! Ne kıymetli bir söz! Ne ehemmiyetli bir kelâm? Kıymetlidir; zira etfâl; bir kavmin; bir milletin anasırıdır. Ehemmiyetlidir; çünkü etfâl;bir devletin, bir hükûmetin bedreka-i istibâlidir.

Bu hâlde bunların sûret ve neşvünümâlarında, terbiyelerinde nasıl tecviz-i terâhî olunur? Ne kadar kasîrü'l-akıl; ne kadar kûteh-bîn bulunmalıdır ki o masûmcukların terbiyeleri nazar-ı itinâya alınmayıp hayvanât-ı vahşiye misillü kendi hâllerine terk edilsin?

Ne kadar bî-his, ne kadar bî-rahm bulunmak lâzımdır ki her şeyden bî-haber bulunan o zavallı yavrucukların agûş-u mâderden, sîne-i şefkatten dûr bulundurulması mümkün olsun?

Hiç şüphe yok ki bir yavrunun, bir masûmun ehemmiyeti ne derecede ise terbiyesi de o derecede ve belki de efzûn-terdir. Zira bir

Çocukların eğitimi

Çocuk ne kıymetli bir söz ne önemli bir ifade? Kıymetlidir zira çocuk bir kavmin, bir milletin unsurlarıdır. Önemlidir çünkü çocuk bir devletin bir hükûmetin istikbalinin rehberidir.

Bu durumda bunların suret ve büyümelerinde, terbiyelerinde nasıl rahat davranılabilir. Ne kadar akılsızca ne kadar yanlış bir iş bulunmalıdır ki o masum çocukların eğitimleri dikkate alınmayıp vahşi hayvanlar gibi kendi hâllerine terk edilsin?

Ne kadar hissiz ne kadar merhametsiz bulunmak lazımdır ki her şeyden habersiz bulunan o zavallı yavrucakların anne kucağından ve şefkatin sinesinden uzak bulundurması mümkün olsun?

Hiç şüphe yok ki bir yavrunun bir masumun önemi ne derecede ise terbiyesi de o derecede ve belki de ondan daha gereklidir. Zira bir...

چوجق دنیایه کلیرده آنك حد مطلوبده نشو ونماسنه اعتنا ایدلمز ، مستحق اولدیغی تربیه ویرلمز ایسه هر شیئه قابلیتی اولان استعداد فطریسی سونر ، زائل اولور ! . . وجودی جیلیز ، شعوری قصیر قالیر . بنابرین هر نوع کمالات ومزایای انسانیه‌دن محروم بولنور !

آیا ! مجرد قیدسزلق یوزندن بومرتبه تأثیرات وخیمه انتاج ایده‌جك برحاله هانکی وجدان ، هانکی برقاب سلیم روی رضا کوستریر . بوکا رضا کوسترمك ، قائل اولمق ایچون انسانك مطلق حس علوی دنیالن جوهر کمالاتپروردن کلیاً محروم بولنمسی لابددر . فقط انسان هیچ انسان یارادیلیرده حسیات انسانیه‌دن محروممی اولور ؟ هیچ بو تجلیات الهیه‌دن نصیبی اولماز اولورمی ؟

لکن بعض جهلا ثمرهٔ فوأدلرینك حد کماله ایرشمه‌لری ضمننده شرعاً ، عقلاً ، انسانیهً ، وظیفهً اختیاره مجبور بولندقلری بر طاقم کلفت زحمت وقیوداتی صرتلرندن آتمق ایچون :

« چوجقلرك تربیه‌لرینه بیك چالیشلسه نافله . ینه آنلر استعداد فطریلری نسبتنده بیویه‌جکلر ، خلقت اصلیه‌لرینك ایجاباتی مرتبه‌سنده آدم اوله‌جقلر . بناءً علیه بو بابده صرف ایدیله‌جك امکلر هپ بوش ، بی فائده‌در » یوللو برطاقم مدعیات واهیه واعتراضات جاهلانه‌ده بولنه‌رق ادب وتربیه‌نك ، علم

…çocuk dünyâya gelir de onun hadd-i matlûbda neşvünümâsına itinâ edilmez, müstehak olduğu terbiye verilmez ise her şeye kâbiliyeti olan istidâd-ı fıtrîsi söner; zâil olur!.. Vücûdu cılız; şuûru kasîr kalır. Binâberîn her nev' kemâlât ve mezâyâ-ı insâniyeden mahrûm bulunur!

Ayâ! Mücerred kayıtsızlık yüzünden bu mertebe tesîrât-ı vahime intâc edecek bir hâle hangi vicdân, hangi bir kalb-i selîm rûy-i rızâ gösterir. Buna rızâ göstermek, kâil olmak için insânın mutlak hiss-i ulvî denilen cevher-i kemâlât-perverden külliyen mahrûm bulunması lâbüddür. Fakat insân hiç insân yaratılır mı hissiyât-ı insâniyeden mahrûm mu olur? Hiç bu tebcîlât-ı ilahiyeden nasîbi olmaz olur mu?

Lakin bazı cühelâ semere-i fevâidlerinin hadd-i kemâle erişmeleri zımnında şeran; aklen insâniyeten vazîfeten ihtiyâra mecbur bulundukları birtakım külfet zahmet ve kuyûdâtı sırtlarından atmak için; "Çocukların terbiyelerine bin çalışılsa nâfile. Yine onlar istidâd-ı fıtrîyeleri nisbetinde adam olacaklar. Binâenaleyh bu bâbda sarf edilecek emekler hep boş, bî-fâidedir." Yollu bir takım müddeayât-ı vâhiye ve itirâzât-ı câhilânede bulunarak edeb ve terbiyenin; ilim

…çocuk dünyaya gelir de onun arzulanan noktaya doğru eğitimde ilerlemesine özen gösterilmez, hak ettiği terbiye verilmezse her şeye kabiliyeti olan fıtri istidadı söner gider. Vücudu cılız, şuuru eksik kalır. Bunun yanı sıra her çeşit olgunluk ve insani meziyetlerden mahrum bulunur.

Eyvah! Büyük kayıtsızlık yüzünden bu mertebe vahim tesirler ortaya çıkacak bir hâle hangi vicdan, hangi temiz kalp rıza gösterir. Buna rıza göstermek ve bunu kabul etmek için insanın mutlaka ulvi his denilen olgunluk cevherinden tamamen mahrum bulunması gerekir. Fakat insan hiç insan yaratılır mı insani hislerden mahrum mu olur hiç bu ilahi yücelmeden nasibi olmaz olur mu?

Lakin bazı cahiller faydalarının mükemmellik sınırına erişmeleri dolayısıyla şeriat hükmüne göre, akıl olarak ve insanlık gereği birtakım sorumluluklara mecbur bulundukları ve birtakım külfet, zahmet ve mecburiyeti sırtlarından atmak için "çocukların eğitilmesine ne kadar çaba sarf edilirse edilsin boşuna bir uğraştır. Onlar fıtri yaratılışları nispetinde adam olacaklar. Bundan dolayı bu noktada sarf edilecek emekler hep boş ve faydasızdır gibi birtakım vahim iddialar ve cahilane itirazlarda bulunarak edep ve terbiyenin ilim…

وعرفانك ، فضل وكالك فطريدن زياده‌ا كتسابى اولديغنى جرح و انكار ايتمك ايستيورلر . لكن هيهات ! كه الدانيورلر ! واعتقادات باطله وغير محققه‌لرى يوزندن محصول حياتلرينى كريوهٔ خطرناكك قعر نايابنه كندى اللريله ايصال ودفن ايليورلر ؟! حيف ، صدهزار حيف ! ! . .

ايشته مادرله پدرك قيدسزلغى ودها طوغريسى اعتقادات سقيمه‌لرى يوزندن وطنك الك قيمتدار جكر پاره‌لرى؛ الك قانى يوركلرى رحمه كتيره‌جك درجه‌ده موجب اندوه وملال برطاقم احوال كدورت ومذلت اشتماله قارشو معروض بولنديريليور!

اوت بوكون ممالك عثمانيه‌نك اكثر يرلرنده وعلى الخصوص استانبول ؛ ازمير ؛ سلانيك كبى واصل قصواى مدنيت اولان بلاد معموره‌سنده مظلوم كوچوجكلر والده‌سنك بوسهٔ رحمنى طاتمه‌دن ؛ سينهٔ شفقت پرورنده ايصنمادن بيكانه بر آغوشه آتيليور . زواللى كوچوجكلرك نشوونما وتربيه‌لرى احوالى مجهول برطاقم مادامل و مادمازللردن بكلنيور ! ارتق لالالر، دايه‌لر اورته‌دن قالقمقده . شمدى اعتبار سورينه ؛ سورينه كوج حال ايله قبولانمش ؛ هويتى كنديسنجه بيله مجهول بر طاقم مادامل‌رده‌در . سبب ؟ زيرا تربيه كرده‌لرينه اعلا فرانسزجه ، انكليزجه ؛ المانجه ؛ ايتاليانجه اوكره‌ده‌جكلر وهم بو لسانلرى اوقدر آز بر مدتده اوكره‌ده‌جكلركه دها چوجقلر

…ve irfânın; fazl ve kemâlin fıtrîden ziyâde iktisâbî olduğunu cerh ve inkâr etmek istiyorlar. Lakin heyhât! Ki aldanıyorlar! Ve itikâdât-I bâtıle ve gayr-i muhakkaları yüzünden mahsûl-ü hayâtlarını küreyve-i hatırnâkın ka'r-ı nâyâbına kendi elleriyle îsâl ve defn eyliyorlar! Hayıf, sad hezâr hayıf!

İşte mâderle pederin kayıtsızlığı ve daha doğrusu itikâdât-ı sakîmeleri yüzünden vtanın en kıymetdâr ciğerpâreleri; en katı yürekleri rahme getirecek derecede mûcib-i endûh ve melâl birtakım ahvâl-i küdûret ve mezellet-i istimâle karşı marûz bulunduruluyor!

Evet bugün memâlik-i Osmaniyenin ekser yerlerinde ve alelhusus İstanbul İzmir; Selanik gibi vâsıl-ı kusvâ-yı medeniyet olan bilâd-ı mamûresinde mazlûm küçükler validesinin bûse-i rahmini tatmadan; sîne-i şefkat pürûrunda ısınmadan bigâne bir aguşa atılıyor. Zavallı küçüklerin neşvünümâ ve terbiyeleri ahvâli mechûl birtakım madamlar ve matmazellerden beklenyor! Artık lalalar, dâyeler ortadan ortadan kalkmakta. Şimdi itibâr sürüne, sürüne güç hâl ile kaplanmış; hüviyeti kendisince bile mechûl birtakım madamlardadır. Sebeb? Zira terbiye-kerdelerine âlâ Fransızca, İngilizce; Almanca; İtalyanca öğretecekler ve hem bu lisânları o kadar az bir müddette öğrenecekler ki daha çocuklar

…ve irfanın fazilet ve olgunluğun yaratılıştan ziyade kazanmakla olduğunu inkâr etmek istiyorlar. Lakin eyvah! Ki aldanıyorlar! Ve bu batıl düşünceleri ve gerçek olmayan fikirleri yüzünden hayatlarının ürünü evlatlarını dünyanın dibi bulunmayacak şekilde en derin çukurlarına elleriyle gömüyorlar. Yazık, binlerce kere yazık!

İşte anneyle babanın kayıtsızlığı ve daha doğrusu eksik inançları yüzünden vatanın en kıymetli ciğerpareleri en katı yürekleri bile merhamete getirecek ve endişeye sevk edecek birtakım boş fikirlere ve hatalı birtakım düşüncelere ve işlere karşı maruz bırakılıyor.

Evet bugün Osmanlı memleketlerinin pek çok yerinde ve özellikle İstanbul, İzmir, Selanik gibi medeni şehirlerden olan mamur beldelerde mazlum küçükler annelerinin merhamet öpücüğünü tatmadan şefkatli sinesinde ısınmadan yabancı bir kucağa atılıyor. Zavallı küçüklerin büyümesi ve terbiyeleri meçhul birtakım madamlar ve matmazellerden bekleniyor. Artık lalalar, hizmetçiler ortadan kalkmakta. Şimdi itibar sürüne sürüne güç hâliyle kaplanmış hüviyeti kendisince bile meçhul birtakım madamlardadır. Sebep? Zira çocuklarına en iyi şekilde Fransızca, İngilizce, Almanca, İtalyanca öğretecekler ve hem bu dilleri o kadar az bir sürede öğrenecekler ki daha çocuklar…

یوریمکه باشلار، باشلاماز بو لسانلرك هپسیله متکلم بولنه‌جق! بی‌نظیر بر ناطقه‌پرداز اوله‌جق! طوغریسی بو آز بیوك موفقیتمی؟!! حالبوکه بولسانلری بر انسانك مکمل دکل شویله سطحی بر صورتده تحصیلی ایچون هیچ اولمازسه ربع عصر ایستر!!.

هیهات! نه غریب بر سودا؟ نه عجیب بر ابتلا؟!!.

غریبدر! زیرا کوسترلسون؛ بوکون هانکی بر قوم؛ هانکی بر ملت کندی لسان مادرزادرینی ترك و اکا بر نظر نفرین وحقارت عطف ایله چوجغنی سائر اجنبی بر لسانك تعلمنه مجبور ایدیور؟

عجیبدر! چونکه بوکون هانکی بر قوم هانکی بر ملت اولادلرینه اول امرده کندی عقائد دینیه، مسائل شرعیه‌لرینی اوکرتمکسزین دیکر بر لسانك مزیت واهمیتنی تقدیره محکوم قیلیور؟

نصل ممدوح اولورکه ابوین ثمرهٔ فؤادلرینك منسوب اولدیغی قومك لسانی اوزره نطقه مدار اوله‌جق حرف واحد بیلمز ایکن السنهٔ سائرهده تکلمنی کوردکجه افتخار ایتسون؟

نصل تجویز اولنورکه بر انسانك موجب سلامت ونجاتی

75

…yürümeye başlar başlamaz bu lisânların hepsiyle mütekellim bulunacak! Bînazîr bir nâtıka-perdâz olacak! Doğrusu bu az büyük muvaffakiyet mi? Hâlbuki bu lisânları bir insânın mükemmel değil şöyle sathî bir sûrette tahsîli için hiç olmazsa rub-ı asır ister!

Heyhât! Ne garîb bir sevdâ! Ne acîb bir ibtilâ! Garîbdir! Zira gösterilsin; bugün hangi bir kavim, hangi bir millet kendi lisân- mâderzâderini terk ve ona bir nazar-ı nefrîn ve hakâret atıf ile çocuğunu sâir ecnebî bir lisânın talimine mecbûr ediyor?

Acîbdir! Çünkü bugün hangi bir kavim hangi bir millet evladlarını evvel-i emirde akâid-i diniye, mesâil-i şer'iyelerini öğrenmeksizin diğer bir lisânın meziyet ve ehemmiyetini takdîre mahkûm kılıyor?

Nasıl memdûh olur ki ebeveyn, semere-i fevâidlerinin mensûb olduğu kavmin lisânı üzre natıka-medâr olacak harf ve ahd bilmez iken elsen-i sâireden tekellümünü gördükçe iftihâr etsin? Nasıl tecvîz olunur ki bir insânın mûcib-i selâmet ve necâtı

…yürümeye başlar başlamaz bu dillerin hepsiyle konuşur olacaklar! Benzeri olmayan, çok güzel konuşan kişiler olacaklar! Doğrusu bu küçümsenecek bir başarı mı! Hâlbuki bu dilleri bir insanın mükemmel değil şöyle yüzeysel bir suretle öğrenmesi için hiç olmazsa çeyrek asır ister!

Eyvah! Ne garip bir sevda! Ne acayip bir bağımlılık! Gariptir! Zira gösterilsin bugün hangi bir kavim hangi bir millet kendi ana dilini terk ederek ve ona bir nefret nazarıyla ve hakaret ile bakıp da çocuğunu diğer yabancı bir dilin öğretilmesine mecbur ediyor?

Acayiptir! Çünkü bugün hangi bir kavim hangi bir millet evlatlarına ilk olarak dinî kuralları, şeri' meseleleri öğretmeden diğer bir dilin meziyet ve önemini takdire mahkûm kılıyor?

Aileler evlatları, mensup olduğu milletin dili üzere konuşup derdini anlatacak seviyede değilken nasıl olur da yabancı bir dil öğrenip konuşmasından gurur duyar? Nasıl uygun olur ki bir insanın kurtuluş ve selameti…

اولان حب وطن ، حقوق ابوين وعباد ؛ اوامر ومنهيات الهيه سنن پيغمبريه‌دن بی بهره ، بی‌نصيب اولسون ؟

ممكنميدر كه حوصلهٔ عقله دكل تا قلبكاهه نقش وترسيمی اهم والزم وفرض اولان بو مثللو مسائل مهمه‌دن بوسبتون غافل بولنسون ؟

ای قارء ! هر بر قوم وملتك من كل الوجوه ترقيسی ، تعاليسی ، رفاه وسعادتی ؛ سلامت ونجاتی آنلرك صلابت دينيه ، علوم وفنون شرعيه‌ده كی قوتلرينه وابسته‌در . بو ايكی نقطه نقدر ضعيف اولور ايسه اوقدر خطرناكدر . زيرا بونلر اساسدر . بناءً عليه هر نه شيئك كه اساسی چوروك اولور آنده ترقی ، تعالی اوله‌ماز .

ايشته بونك ايچون هرشيدن اول چوجقلريمزه كندی عقائد دينيه ؛ مسائل شرعيه‌لرينی كوزل وهيچ برزمان فنا بولميه‌جق درجه‌ده كوزل تعليم وتفهيم ايتدكدنصكره ممكن ايسه طقسان بيك لسان اوكردلسون ، عالم ناسوتك بالجمله علوم وفنونی بللتديرلسون . انديشه متصور دكلدر . زيرا تمل محكمدر . اودرجه‌ده كه مناعت ورصانتنی هيچ بر شی رخنه وخللدار ايده‌مز .

76

...olan hubb-u vatan, hukûk-u ebeveyn ve ibâd, evâmir ve mehiyât-ı ilahiye sünen-i peygamberiyeden bî-behre, bînasîb olsun?

Mümkün müdür ki havsala-i akla değil tâ kalbgâha nakş ve tersimi ehem ve elzem ve farz olan bu misillü mesâl-i mühimmeden büsbütün gâfil bulunsun?

Ey kâri! Her bir kavim ve milletin min külli'l-vücûh terakkîsi, teâlîsi, refah ve saâdeti; selâmeti ve necâtı onların salâbet-i diniye, ulûm ve fünûn-u şeriyedeki kuvvetlerine vâbestedir. Bu iki nokta ne kadar zayıf olursa o kadar hatırnâktır. Zira bunlar esâstır. Binâenaleyh her ne şeyin ki esâsı çürük olur onda terakkî teâlî olamaz.

İşte bunun için her şeyden evvel çocuklarımıza kendi akâid-i diniye, mesâil-i şeriyelerini güzel ve hiçbir zaman fenâ bulmayacak derecede güzel talîm ve tefhîm ettikten sonra mümkün ise doksan bin lisân öğretilsin, âlem-i nâsûtun bilcümle ulûm ve fünûnu bellettirilsin. Endişe mutasavver değildir. Zira temel muhkemdir. O derecede ki menâat ve resânetini hiçbir şey rahne ve haleldâr edemez.

...olan vatan sevgisi, aile hukuku, ibadetler, emirler ve ilahî kurallar ile Peygamber'in sünnetinden nasipsiz olsun?

Mümkün müdür ki akla mantığa değil ta kalbine nakşedilmesi önemli ve gerekli ve farz olan bu gibi mühim meselelerden tamamen gafil bulunsun?

Ey okur! Her bir kavim ve milletin ilerlemesinin temeli, gelişmesi, refah ve saadeti; selamet ve kurtuluşu onların dinî terbiyeleri, ilim ve şer'i konulardaki bilgisine bağlıdır. Bu iki husus ne kadar zayıf olursa o kadar eksik olur. Zira bunlar esastır. Bundan dolayı her şeyin esası çürük olur, ondan ilerleme beklenemez.

İşte bunun için her şeyden önce çocuklarımıza kendi dinî akidelerini, şer'i meseleleri doğru ve hiçbir zaman son bulmayacak derecede güzel bir biçimde eğitim verdikten sonra mümkün ise 90.000 dil öğretilsin. İnsanlığın bütün ilim ve fenni öğretilsin. Endişe duyulmaz. Zira temel gerçektir. O derecedeki kuvvet ve sağlamlığa hiçbir şey dahil olamaz ve ona zarar veremez.

— زراعتك ترقی وتكملی نه ایله اولور؟ —

معلوم اولدیغی اوزره ترك دغدغهٔ حیات ایدنجه‌یه دكین هرنوع احتیاجات یومیه‌مزی تداركله عالم آسودكی وبختیاریده یشامغه طبعاً مجبور وخواهشكر بولنیورز . بنابرین « دنیا یوزنده امور مقدسه‌نك ؛ مساعیٔ فوائدبخشانك الك افضلی نه‌در ؟ » دیه وارد اوله‌جق بر سؤاله‌قارشی ویریله‌جك جواب هیچ شبهه یوق‌كه « زراعت » در .

صنعت ؛ تجارت ؛ ثروت ؛ معموریت ؛ سعادت، رفاهت بالحاصل ترقیٔ مدنیت زراعته مفتقردر .

زراعت ؛ منبع ثروت ، روح المعیشتدر . چونكه زراعتك فقدانی حتی جزئی قلتی بالجمله امورك دوران ویا جریاننی تصعیب وتعطیل وبو سببله امر معیشتی تعسیر ایلر . بركاتب ؛ بر منشی؛ بر ادیب؛ بر صنعتكار ، برتاجر بیاباندە ؛ طاغ باشنده یشایه‌ماز، آجلقدن اولور . لكن زراع نره‌ده اولورسه آج قالماز، یشار. ایشته زراعت بوقدر مهم ؛ بوقدر مقدسدر . بنابرین برمملكت حرفتده نقدر ترقی ایلر ایسه اونسبتده ثروت وسامانه،رفاهت وسعادته نائل اولور .

ینه بو اسباب بدیهیه‌یه مبنیدركه بوكون فرانسه ، امریقا

77

Zirâatin terakkî ve tekemmülü ne ile olur?

Malûm olduğu üzere terk-i dağdağa-yı hayât edinceye değin her nev' ihtiyâcât-ı yevmiyemizi tedârikle âlem-i âsûde-gî ve bahtiyârîde yaşamaya tabien mecbûr ve hâhişger bulunuyoruz. Binâberîn dünyâ yüzünde umûr-u mukaddesenin; mesâi-i fevâid-bahşânın en efdali nedir?" diye vârid olacak bir suale karşı verilecek cevâb hiç şübhe yok ki "zirâat"tir.

Sanat, ticâret, servet, memûriyet saâdet refâhat velhâsıl terakkî-i medeniyet zirâate müftekirdir.

Zirâat menba-ı servet, refah-ı maîşettir. Çünkü zirâatin fıkdânı hatta cüzî kılleti bilcümle umûrun deveran veya cereyânını nasîb ve tatîl ve bu sebeble emr-i maîşeti tesîr eyler. Bir kâtib; bir münşî, bir edîb; bir sanatkâr, bir tâcir beyâbânda dağ başında yaşayamaz; açlıktan ölür. Lakin zirâa' nerede olursa aç kalmaz, yaşar. İşte zirâat bu kadar mühim, bu kadar mukaddestir. Binâberîn bir memleket hirfette ne kadar terakkî eylerse o nisbette servet ve sâmâna, refâhat ve saâdete nâil olur.

Yine bu esbâb-ı bedihiyeye mebnidir ki bugün Fransa, Amerika

Tarımın ilerlemesi ve gelişmesi nasıl gerçekleşir?

Malum olduğu üzere hayat kavgasını terk edinceye kadar her çeşit günlük ihtiyacımızı temin etmeye ve dünyada mutlu ve bahtiyar bir biçimde yaşamaya fıtratımız gereği mecbur ve istekli bulunuyoruz. Bundan dolayı dünya üzerinde mukaddes işlerin, fayda bahşeden zamanın en faydalısı nedir? diye sorulacak bir suale karşı verilecek cevap hiç şüphe yok ki "ziraat"tır.

Sanat, ticaret, servet, memuriyet, mutluluk, refah velhasıl medeni gelişme ziraata muhtaçtır.

Ziraat, servet kaynağı ve yaşama huzurudur. Çünkü ziraatın yokluğu hatta küçük bir eksikliği bütün işlerin devran ve cereyanını engellemeye bunun sonucu olarak da yaşama şartlarına etki eder. Bir kâtip, bir münşi, bir edip, bir sanatkâr, bir tacir çölde dağ başında yaşayamaz açlıktan ölür. Lakin çiftçi nerede olursa aç kalmaz, yaşar. İşte ziraat bu kadar önemli bu kadar değerlidir. Bundan dolayı bir memleket küçük el sanatlarında ne kadar gelişme gösterirse o miktarda servet ve kazanca, refah ve saadete kavuşur.

Yine bu sebeplere bağlıdır ki bugün Fransa, Amerika...

دنیانك الك زنكین حكومتلرندندر . اراضیسی زراعته یك الویرشلی اولمایان و یا محصولات نباتیه‌لری اهالیٔ موجوده‌سیله متناسب بولونمایان حكومات ؛ صنایع دستكاهلرینك تعمیم وتكثیرینه و بو صورتله استحضار ایلدكاری محصولات‌صناعیه‌لرینی حبوبات و مأكولات خارجیه ایله مبادله‌یه مجبوریت حاصل ایتمشلردر . برطاقم صاحبقران زمانك‌ده‌دنیانك ایصسز پایانسز كوشه‌لرنده میلیونلرجه مصارف و یوز بیكلرجه مزاحم اختیاریله مستملكات ایدنمكه یلتنمه‌لری یالكز توسیع ممالك ، اعلاء سطوت وشان ، جهانكیرلك ارزوی سوداویسنه مبنی اولمیوب آنجق محصولات‌صناعیه‌لری ایچون محل‌صرف‌واستهلاك آرامق و بو صورتله اكتساب ثروت ایدرك تأمین معیشت ورفاهیت ایلمكدر .

دیمك كه شو مسروداتدن فن جلیل زراعتك ابناء بشره وحتی بالجمله ذوی‌الحیاته اولان درجهٔ وجوب والزمیتی تظاهر ایتدی . بنابرین ممالك‌محروسة المسالك‌شاهانه، آوروپا،اسیانك دكل بلكه بتون اقطار عالمك الك منبت ، الك فرحفزا ؛ الك‌دلارا بلاد معموریت بخشاسی اولدیغی حالده عجبا اراضیمزك بو مرتبه قابلیت واستعدادندن بحق استفاده ایدیلیورمی !

مع التأسف دیه بیلورزكه « خایر » !.. نیچون ؟ بو سؤاله قارشی برچوق جواب صواب وارد خاطر اوله بیلور :

...dünyânın en zengin hükûmetlerindendir. Arâzîsi zirâate pek elverişli olmayan veya mahsulât-ı nebâtiyeleri ahâli-i mevcûdesiyle mütenâsib bulunmayan hükûmât; sinâyi destgâhlarınınn temîm teksîrine ve bu sûretle istihzâr eyledikleri mahsûlât-ı sınâiyelerini hubûbât ve mekûlât-ı hâriciye ile mübâdeleye mecburiyet hâsıl etmişlerdir. Birtakım sâhib-kırân zamânında dünyânın ıssız pâyânsız köşelerinde milyonlarca masârif ve yüzbinlerce mezâhim ihtiyârıyla müstemlekât edinmeye yeltenmeleri yalnız tevsî-i memâlik, i'lâ-i sütût ve şân, cihângîrlik arzû-yu sevdâvisine mebni olmayıp ancak mahsûlât-ı sanâyîleri için mahal sarf ve istihlâk aramak ve bu sûretle iktisâb-ı servet ederek temîn-i maişet ve refâhiyet eylemektir.

Demek ki şu mesrûdâttan fenn-i celîl-i zirâatin ebnâ-yı beşere ve hatta bilcümle zevi'l-hayâta olan derece-i vücûb ve elzemiyeti tezâhür etti. Binâberîn memâlik-i mahrûsetü'l-mesâlik-i şâhâne, Avrupa'nın, Asya'nın değil belki bütün aktâr-ı âlemin en münbit, en ferahfezâ, en dilârâ bilâd-ı mamûriyet bahşâsı olduğu hâlde acabâ arâzîmizin bu mertebe kâbiliyet ve istidâdınddan bihakkın istifâde ediliyor mu?

Maateessüf diyebiliriz ki "Hayır" !.. Niçin? Bu suale karşı birçok cevâb savâb-vârid hâtır olabilir:

...dünyanın en zengin hükûmetlerindendir. Arazisi tarıma pek elverişli olmayan veya bitkisel ürünleri kendi milletine yeterli bulunmayan hükûmetler, el tezgahlarının geliştirilmesine ve çoğaltılmasına bu şekilde gayret ettikleri ve sanayi ürünlerini, hububat ve ithal edilen ürünlerle değiştirmek mecburiyetinde kalmışlardır. Bazı hükümdarlar zamanında dünyanın ıssız bucaksız köşelerinde milyonlarca masraflar ve yüz binlerce zahmet sonucunda sömürgecilik yapıp devletleri ele geçirmeye başladıklarında yalnız memleketlerini geliştirme şan ve şöhretleri ilerilere taşıyıp cihangirlik arzu ve sevdasına bağlı kalmamışlar aynı zamanda sanayi ürünlerini satacakları Pazar arayışına da girmişler böylelikle servetlerini artırıp refah ve huzurlarını da temin etmeyi amaçlamışlardır.

Demek ki şu söylenen ziraatın değerli fikirlerinin insanoğluna hatta bütün canlılara vacip derecesindeki önemi ortaya çıktı. Bundan dolayı güzel ülkemizin toprakları Avrupa'nın Asya'nın değil belki bütün âlemin en bereketli, en ferah, en gönül alıcı mamur şehirleri olduğu hâlde acaba arazimizin bu mertebe kabiliyet ve istidadından hakkıyla istifade ediliyor mu?

Maalesef diyebiliriz ki "hayır!" Niçin? Bu suale karşı birçok cevap verilebilir...

اولا بزده اسکی کورنکه تابع اولمق بلای ناروا سنك الآن دوام ایتمسیدر . الیوم چفتجیلرمزك همان کافه‌سی اجدادندن آثارندن کوردکاری اصول نامقبول اوزره اجرای زراعتده مصر بولنیورلر . ترقیات فنیه‌نك بوکونکی کون عالم مدنیته ایرشدیردیکی آلات وادوات زراعیهٔ محیرالعقولدن استفادده‌یه غیرت ایتمیورلر . « بابامز حضرت ادم بویله اکمش بویله بیچمشدر » دیه عادی صاپان ؛ اوراقدن بر درلو واز کچه‌میورلر !

ثانیاً — زراعت مفتشلرینك . متفننلرك زراعه اولان (احضار اراضی‌یه چندان دقت ؛ تخم انتخابنه هیچ اهمیت ویرلمیور ؛ بویله حصاد ؛ شویله حرمان اولماز) یوللو نصائح فنیه وتبلیغات مرشدانه‌لرینك قولاقلرینه کیرمه‌مسیدر .

ثالثاً — زراعمزك احوالنی کندیلرندن دها زیاده دوشونن دولت ابد مدتمزك کشادینه همت بیوردقلری زراعت بانقه‌لرندن بحق فائده‌یاب اوله‌مامالری ؛ اوله‌مامالری دکل استفاده ایتمك ایسته‌مه‌ملریدر . چفت ؛ چبوغنی اعمار واصلاح ایتسون دیه یدینه ویریلان پاره‌یی ؛ چفتجی کویا سوقاقده بولمش ویا کندیسنه بخش ایدلمش کبی حظوظات نفسانیه‌سنه دوکون اکلنجه‌لرینه صرف ایدییور ؛ توکتیور .

آنجق بر قاچ سنه صکره ترلاسنك ؛ باغنك صاتلدیغنی

79

...evvela çiftçilerimizin heman kâfesi ecdâdından atalarından gördükleri usûl-ü nâmakbûle üzre icrâ-yı zirâatte masır bulunuyorlar. Terakkîyât-ı fenniyenin bugünki gün âlem-i medeniyete eriştirdiği âlât ve edevât-ı zirâiye-i muhayyerü'l-ukûldan istifadeye gayret etmiyorlar. "Babamız Hazreti Âdem böyle ekmiş böyle biçmiştir." diye âdî saban; oraktan bir türlü vaz geçmiyorlar!

Sâniyen; Zirâat müfettişlerinin mütefennenlerin zirâa olan (İhzâr-ı arâzîye çendân dikkat; tohum intihâbına hiç ehemmiyet verilmiyor. Böyle hasad; şöyle harman olmaz) yollu nesâyih fenniye ve tebligât-ı merşedânelerinin kulaklarına girmemesidir.

Sâlisen; zirâi'mizin ahvâlini kendilerinden daha ziyâde düşünen devlet-i ebed müddetimizin keşâdına himmet buyurdukları zirâat bankalarından bihakkın fâide-yâb olamamaları olamamaları değil istifâde etmek istememeleridir. Çift; çubuğunu güyâ sokakta bulmuş veya kendisine bahşedilmiş gibi huzûzât-ı nefsâniyesine düğün eğlencelerine sarf ediyor, tükeniyor. Ancak birkaç sene sonra tarlasının bağının satıldığını

...öncelikle biz de eski göreneğe bağlı kalınarak ziraat için uygun görünmeyen işler hâlâ devam etmektedir. Günümüzde çiftçilerimizin hemen hepsi atalarından gördükleri uygun olmayan usuller üzere ziraat ile uğraşmakta. Bugünün medeni âleminin akıllara hayret veren zirai aletlerini kullanmaya gayret göstermiyorlar. "Babamız Hazreti Âdem böyle ekmiş böyle biçmiştir." diye basit bir sabanla oraktan bir türlü vazgeçmiyorlar!

İkinci olarak ziraat müfettişlerinin, bilim adamlarının çiftçiye söylediği "arazi hazırlamaya çok dikkat edilmeli, tohum seçmeye hiç önem verilmiyor. Böyle hasat şöyle harman olmaz." yollu nasihatleri ve tavsiyelerini dikkate almıyorlar.

Üçüncü olarak çiftçilerimizin durumunu kendilerinden daha fazla düşünen devletimizin gelişmelerine hizmet buyurdukları ziraat bankalarından hakkıyla faydalanmamalarını bırakın hiç istifade etmek istememeleridir. Çiftini çubuğunu güya sokakta bulmuş veya kendisine bahşedilmiş gibi nefsani hazlarla düğün eğlencelerine sarf ediyor, tükeniyor. Ancak birkaç sene sonra tarlasının bağının satıldığını...

كورونجه عقلى باشنه كلـيور . فقط چه‌فائده‌كه ايش ايشـدن كچمش بولنيور .

شايان استغراب وتأسفدركه زراعت بانقه‌لرندن استقراض ايتدكلرى اقچه‌يى مابه‌الاحتياج ؛ ماوضع لهنده صرف ايتميـوب سـوء استعمال ايدنلرك چـوق كچمكسزين دوچارئ ندامت وفلاكت اولدقلرى هركون ميـدانده ايكن كيمسه‌جه موجب انتباه اولمايور !! ..

فلاحتك اصول فنه تطبيقاً اجراسيله عدم اجراسى بيننده‌كى فرقى دوشونمليزكه بزه مجاور بولنان ممالكدن دكل دنيـانك تا اوبر اوجنده‌كى امريقادن كلن محصولات زراعيه ؛ حبوباتيله بيله رقابت ايده‌ميـورز . عجبا بو بابده‌كى رقابتسزلكمز آلات وادوات زراعيـهٔ جـديده‌نك ؛ كتب فلاحتك نفع واهميتنى تقدير وتسـليمه كافى اوله‌مازمى ؟ خلاصـه ترقيات فلاحتمزه معموريت بلادمزه ازجان‌ودل ارزوكش بولنمقلغمز طبيعى وضرورى اولديغندن اعتقاد باطلى . كهنه‌لشمش عادتا عملى مانده اولمش اسكى كركولرمزى قطعيـاً ترك ؛ خاطروخيالدن بوسـبتون حـك ايله وار قوتى بازويه ويره‌رك آلات وادوات زراعيـهٔ جديده‌يه . كتب فلاحته كوكل باغـلايوب نمونه چفتلكلرندن زراعت بانقه‌لرندن اسـتفاده واسـتفاضه‌يه غيرت ايتمليز . اداسندن عاجز قاليـه‌جغمز بورج آلتنه كيرمه‌مليز .

80

...görünce aklı başka geliyor. Fakat çü-fâide ki iş işten geçmiş bulunuyor.

Şâyân-ı istiğrâb ve teessüftür ki zirâat bankalarından istikrâz ettikleri akçeyi mâ-bihi'l-ihtiyâc; mâ-vaz' lehinde sarf etmeyip sui istimâl edenlerin çok geçmeksizin düçâr-ı nedâmet ve felâket oldukları her gün meydanda iken kimsece mûcib-i intibâh olmuyor!!..

Felâhatin usûl-ü fenne tatbîken icrâsıyla âdem-i icrâsı beynindeki farkı düşünmeliyiz ki bize mücâvir bulunan memâlikden değil dünyânın tâ öbür ucundaki Amerika'dan gelen mahsûlât-ı zirâiye; hubûbâtıyla bile rekâbet edemiyoruz. Acaba bu bâbdaki rekâbetsizliğimiz alât ve edevât-ı zirâîye-i cedîdenin kütüb-ü felâhatin nef' ve ehemmiyetini takdîr ve teslîme kâfî olamaz mı? Hülâsa terakkiyât-ı felâhatimize mamûriyet-i bilâdımıza ez-cân u dil arzûkeş bulunmaklığımız tabîi ve zarûrî olduğundan itikâd-ı bâtılı köhneleşmiş âdeta amelmânde olmuş eski eski göreneklerimizi katiyen terk-i hâtır ve hayâlden büsbütün hasek ile var kuvveti pazıya vererek alât ve edevât-ı zirâiye-i cedîdeye kütüb-ü felâhete gönül bağlayıp numune çiftliklerinden zirâat bankalarından istifâde ve istifâzaya gayret etmeliyiz. Edâsından âciz kalmayacağımız borç altına girmeliyiz.

...görünce aklı başına geliyor. Fakat faydasız ki iş işten geçmiş bulunuyor.

Hayret ve esef vericidir ki ziraat bankalarından almış oldukları parayı ihtiyaca sebep olan işlerde kullanmayıp suistimal edenlerin çok geçmeksizin gaflete düşüp felakete uğradıkları her gün ortadayken hiç kimse bu hataya dikkat etmiyor.

Çiftçiliğin, fen usulüne göre yapılmasıyla yapılmaması arasındaki farkı düşünmeliyiz ki bize komşu bulunan memleketlerden değil dünyanın ta öbür ucundaki Amerika'dan gelen zirai mahsullerin hububatıyla bile rekabet edemiyoruz. Acaba bu alandaki rekabetsizliğimiz alet ve yeni sanayi eşyalarını takdir edip bunları beğenmeye yeterli değil mi? Netice itibarıyla çiftçiliğimizin ilerlemesi ve memleketimizin kalkınmasını canı gönülden arzuladığımız tabii ve zaruri olduğundan âdeta iş yapamaz hâle gelmiş batıl itikat ve köhneleşmiş göreneklerimizi katiyen terk etmeli bütün güç ve kuvveti pazıya vererek yeni tarım aletlerine yönelmeli, numune çiftliklerinden ve ziraat bankalarından istifade edip feyz almalıyız. Ödemesinden aciz kalmayacağız borç altına girmeliyiz.

مرابحه‌جیلردن ، محتکرلردن فاحش کذشته ایله استقراضاتده بولنمامغه جهد ایتملی یز ، زراعت مفتش ومأمورلرینك ، متفنن وتجارب دیدکانك نصایح فنیه ، تبلیغات خیرخواهانه‌لرینی حبل متین ایدینه‌رك اکا کوره غیرتده حرکتده ؛ بولنملی یز .

— سرعت سیر —

شو صوك عصرك اختراعات فوق‌العاده‌سندن اولان وجهان مدنیتـه خدمات مستحسنهٔ فوق‌العـاده وبی‌غایه بخش ایدن شمندوفر ، واپورلرك ابنای بشره نافع ویا مضراولوب اولمادیغی مسائلی چوق کره میدان مباحثه ومناظره‌یه قونولمش والآن‌ده قونولمقده بولنمشدر .

تأسف اولنورکه بوکون بونلرك فوائدعظیمه و بی‌شماری کونش کبی میدانده طوررکن اللرندن کلسـه وجودلرینی اورته‌دن قالدیره‌جق بعض کوته‌بینان بولنیور. اول امرده شوراسنی اعتراف وتسلیم لازمدرکه « مدنیت » ابنای بشرك تخریبنـه ، فقروضرورتنه خادم دکل آنجق ترقیسنه ، اعتلاسنه ، فراغ بالنه ، تزیید ثروت وسامانته والحاصل استکمال سـعادتنه ساعیدر .

81
Murâbahacılardan, muhtekirlerden fâhiş güzeşte ile istikrâzâtta bulunmamaya cehd etmeliyiz, zirâat müfettiş ve memûrlarının mütefennin ve tecârüb dîdegânın nesâyih-i fenniye, teblîgât hayrhâhânelerini habl-ı metîn edinerek ona göre gayrette harekette bulunmalıyız.

Tefecilerden, vurgunculardan fahiş fiyatlarla borçlanmamaya çaba sarf etmeliyiz Ziraat müfettiş ve memurlarının bilgilerine ve tecrübelerine dikkat edip nasihatlerine, tavsiyelerine sıkı sıkıya bağlı olarak bu şekilde hareket etmeliyiz.

Sür'at-i seyr

Şu son asrın ihtirâât-ı fevkâledesinden olan ve cihân-ı medeniyete hidemât-ı müstahsene-i fevkalâde ve bî-gâye bahşeden şimendifer, vapurların ebnâ-yı beşere nâfi veya muzırâ olup olmadığını mesâili çok kere meydân-ı mübâhese ve münâzaraya konulmuş ve elân da konulmakta bulunmuştur.

Teessüf olunur ki bugün bunların fevâid-i azîme ve bî-şumârı güneş gibi meydânda dururken ellerinden gelse vücûdlarını ortadan kaldıracak bazı kûtehbînân bulunuyor. Evvel-i emirde şurasını itirâf ve teslîm lâzımdır ki "medeniyyet" ebnâ-yı beşerin tahribine fakrüzarûretine hâdim değil ancak terakkîsine, itilâsına, ferâğ-ı bâline tezyîd-i servet ve sâmânına velhâsıl istikmâl-i saâdetine sâîdir.

Hızlı yolculuk

Şu son asrın fevkalade icatlarından olan ve medeni cihana fevkalade güzel hizmetler sunan şimendifer ve vapurların insanoğluna faydalı mı yoksa zararlı mı olup olmadığına dair meseleler çok kere konuşulmuş ve tartışılmıştır. Hâlâ da konuşulmaktadır.

Üzülerek belirtilmelidir ki bugün bunların büyük ve sayısız faydaları güneş gibi apaçık meydanda dururken ellerinden gelse vücutlarını ortadan kaldıracak bazı cahiller bulunuyor. İlk olarak şurasını itiraf ve teslim gerekir ki "medeniyet" insanoğlunun tahribine, sıkıntıya uğramasına çaba sarf etmez, ancak ilerlemesine kalkınmasına huzuruna, servetini artırmasına sözün özü saadetinin ilerlemesi için çalışır.

بو آنه دكين « مدنيت » انسانلرك دوچاری کدورت ومذلتی اولەجق میدانه نه کتیرمشدر ؟ يوز بيك مشكلات ودقايق ايله وجوده كتيرلمش اختراعات وكشفياتك هانكيسندن بر مضرت كورلمش ؛ هانكيسندن ممنون قالنمامشدر ؟ هانكى برى ولەوحيرتله تقدير ايدلمشدر ؟ ... مدنيته مخرب عالم ؛ باعث سفالت امم ديمك ايچون مطلق جنون وياعته كتيرمك لازمدر .

شبهه يوق كه « مدنيت » سير اب مشفق ، برمادر مراحم پروردر . بناءً عليه بز كه آنك احفادى يز ؛ آغوش تربيەسندە پرورشياب كمال اوليورز ؛ بزى هر تهلكەدن وقايەيە جهد ايدر . تأمين استراحت ومعيشتمزه ، ترفيه حالمزه دائما چاليشير وچاليشيور . كونش كبى بونكدە انكارينه امكان يوقدر . بو حالده مدنيت پرميمنتك جملهٔ اختراعات خارق العادەسندن دها طوغريسى نعم عظماسندن بخشايش جهانپسندانەسندن اولان دمير يولى ووا پورلرك تعميم وتكثيرينك مضر بولنديغنه نصل راضى نصل قائل اولنور . بوكا قائليت هيچ بر عاقلك كارى دكلدر . نصل اولور كه انسان بش اون كونلك مسافەيى ممكن الاحتمال برطاقم حادثات ومزاحمدن وارستە اولديغى هر كونا استراحتى تأمين ايدلديكى حالده جزئى بر مصرفله بر ايكى كونده طى ايله خانهٔ سعادتنه ، محل مقصودينه قاووشمقلغى آرزو ايتمسون ؛

Bu âna değin "medeniyet" insânların küdûret ve mezelleti olacak meydâna ne getirmiştir? Yüz bin müşkülât ve dakayık ile vücûdad getirilmiş ihtirâât ve keşfiyâtın hangisinden bir muzırat görülmüş; hangisinden memnûn kalınmamıştır? Hangi biri veleh ü hayretle takdîr edilmemiştir?.. Medeniyete muharrib âlem; bâis-i sefâlet-i emem demek için mutlak cünûn veya ıteh getirmek lâzımdrı.

Şübhe yok ki "medeniyet" sîr-âb-ı müşfik, bir mâder-i merâhim perverdir. Binâenaleyh biz ki onun ahfâdıyız; agûş-u terbiyesinde perver-şayân-ı kemâl oluyoruz; bizi her tehlikeden vikâyeye cehd eder. Temîn-i istirâhat ve maîşetimize, terfiye-i hâlimize dâimâ çalışır ve çalışıyor. Güneş gibi bunun da inkârına imkân yoktur. Bu hâlde medeniyet-i pürmeymenetin cümle ihtirâât-ı harikulâdesinden daha doğrusu niam-ı uzmâsından bahşâyiş-i cihânpesendânesinden olan demir yolu ve vapurların temîm ve teksîrinin muzır bulunduğuna nasıl râzı nasıl kâil olunur. Buna kâiliyet hiçbir âkilin kârı değilidr. Nasıl olur ki insân beş on günlük mesâfeyi mümkünü'l- ihtimâl bir takım hâdisât ve mezâhimden vâreste olduğu her gûnâ istirâhati temîn edildiği hâlde cüzî bir masrafla bir iki günde tay ile hâne-i saâdetini, mahal-i maksûduna kavuşmaklığı arzû etmesin?

Bu zamana kadar medeniyet insanları sıkıntıya ve zarara uğratacak ne yapmıştır? Yüz bin sıkıntı ve uğraşla meydana getirilmiş icatlar ve keşiflerin hangisinden bir zarar görülmüş hangisinden memnun kalınmamıştır? Hangi biri hayret ve takdirle karşılanmamıştır? Medeniyete karşı olan bir âlemin medeniyet sıkıntıların sebebidir, demesi için mutlaka ya delirmiş ya da ahmak olması lazımdır.

Şüphe yok ki medeniyet çok şefkatli bir merhametli annedir. Bundan dolayı biz onun evlatlarıyız onun terbiyesinin kucağında olgunlukla yetişiyoruz. Bizi her tehlikeden korumak için mücadele eder. Rahatımızı sağlamak ve yaşamamız için, durumumuzun ilerlemesi için daima çalışır ve çalışıyor. Güneş gibi bunun da inkârına imkân yoktur. Bu durumda bereketle dolu bu medeniyetin bütün harikulade icatları daha doğrusu en büyük nimetlerinden, dünyaya en büyük kolaylık sağlayan demiryolu ve vapurların geliştirilmesinin ve çoğaltılmasının yanlış olduğuna nasıl razı olunur bu nasıl kabul olunur. Bunu söylemek hiçbir akıl kârı değildir. Nasıl olur ki insan beş on günlük mesafeyi gerçekleşmesi mümkün olan birtakım hadiseler ve sıkıntılardan uzak olduğu bir şekilde huzuru sağlanmış ve küçük bir masrafla bir iki günde araç ile evine ulaşmak istediği yere varmayı arzu etmesin?

هیچ ممکنمیدرکه بر دوه‌نك ، بر استرك بر لوقوموتیفه رجحانیتی اولسون ؟ شبهه یوقکه بر شیده بالخصوص مراسلات ومناقلاتده نه‌درجه‌سرعت التزام اولنور ایسه اوقدر فائده حاصل اولور . فی‌الواقع بر زمان واپورلرك، شمندوفرلرك وجودندن اقدم صنداجیلر، کمیجیلر، آرابه‌جیلر، کاربانلر و بونلرك صاحبلری ، سرمایه‌دارانی خیلی مستفید اولورلردی. فقط مرسولات بر اسکله‌دن دیکر اسکله‌یه قاچ کونده ، قاچ آیده واررردی ، یولده نه زحمت ونه تهلکه‌لر چکیلیردی. برطاقم عوارض وموانعدن نه قدر ضایعات اولوردی . بری‌ده آچ وبی‌علاج قلان اهالی حوائج ضروریه‌لرینك ورودینه دکین نه مشقتلر ونه ضرورتلر چکرلردی . بوندن ماعدا زراع وصنعتکاران محصولات زراعیه ؛ معمولات صناعیه‌لرینی یالکز حوائج ضروریه‌لریله بلده‌لرینك احتیاجاتنی رفع ایلیه‌جك درجه‌ده یتشدیررلر و یوق بهاسنه صاتارلر ایدی . حال بویله ایکن ینه چوق یرلرده شمندوفرلر وسائط عادیهٔ نقلیه‌نك تکمله‌؛ تکثرنه خدمت ایتمشدر .

اما دینیله‌جك که « جانم ؛ اوللری فلان ؛ فلان یرلرده بش‌التی یمورطه بر متالکه ؛ بر طاووق قرق ؛ اتمکك قیه‌سی یکرمی ، اتك اوقه‌سی اللی پاره‌یه و مأکولات سائره و بعض اشیا بونلره مماثل غایت اهون ایکن بوکون شمندوفرلرك انشاسیله نسبت

83

Hiç mümkün müdür ki bir devenin bir esterin bir lokomotife rüchâniyeti olsun? Şüphe yok ki bir şeyde bilhusûs mürâselât ve münâkalâtta ne derece sürat iltizâm olunur ise o kadar fâide hâsıl olur. Filvâki bir zamân vapurların, şimendiferlerin vücûdundan akdem sandalcılar, gemiciler, arabacılar, kârbânlar ve bunların sâhipleri, sermâyedârânı hayli müstefîd olurlardı. Fakat mürâselât bir iskeleden bir iskeleye kaç günde kaç ayda varırdı, yolda ne zahmet ve ne tehlikeler çekilirdi. Bir takım avârız ve mevâniden ne kadar zâiyât olurdu. Bir de aç ve bî-ilâc kalan ahâli havâyic-i zarûriyelerinin vürûduna değin ne meşakkatler ve ne zarûretler çekerlerdi. Bundan mâadâ zirâi ve sanatkârân mahsûlât-ı zirâiye, mamûlât-ı sanâiyelerini yalnız havâyic-i zarûriyeleriyle beldelerinin ihtiyâcâtını ref' eyleyecek derecede yetiştirirler ve yok pahâsına satarlar idi. Hâl böyle iken yine çok yerlerde şimendiferler vesâit-i âdiye-i nakliyenin tekemmülüne tekessürüne hizmet etmiştir.

Ama denilecek ki "Canım! Evvelleri falan falan yerlerde beş altı yumurta bir meteliğe, bir tavuk kırk, ekmeğin kıyyesi yirmi etin okkası elli paraya ve mekûlât -ı sâire ve bazı eşya bunlara mümâsil gâyet ehven iken bugün şimendiferlerin inşâsıyle nisbet...

Hiç mümkün müdür ki bir devenin bir katırın bir lokomotife üstünlüğü olsun? Şüphe yok ki bir şey de acil mektuplaşmalar ve ulaştırma ne derece hızlı olursa o kadar fayda ortaya çıkar. Dolayısıyla bir zaman vapurların, şimendiferlerin varlığından önce sandalcılar, gemiciler, arabacılar kervanlar ve bunların sahipleri sermayelerin hayli artırmışlardı. Fakat yazışma bir iskeleden bir iskeleye kaç günde kaç ayda varırdı yolda ne zahmet ne tehlikeler çekilirdi. Birtakım sıkıntılar ve engellerden ne kadar zarar görürdü. Bir de aç ve biilaç kalan ahalinin zaruri ihtiyaçlarının tamamlanmasına değin ne sıkıntılar ne zahmetler çekilirdi. Bundan başka çiftçi ve sanatkârlar ürünlerini yalnız kendi civarındaki halkın zaruri ihtiyaçlarını karşılayacak derecede yetiştirir ve yok pahasına satarlardı. Hâl böyle iken yine birçok yerde şimendifer ürünlerin üretimine de katkı sağlamıştır.

Ama denilecek "canım önceleri falan falan yerlerde beş altı yumurtayla bir meteliğe, bir tavuk 40 ekmeğin okkası 20, etin okkası 50 paraya ve diğer ürünler de bazı eşya bunlara temsilen gayet iyi iken bugün şimendiferin icadıyla ölçü...

قبول ایتمیه‌جك درجه‌ده فیئات بولمشدر واهالی اولکی کبی آز
پاره ایله تهوین احتیاج ایده‌میور. ایشته بونلر هپ برکتك
اورته‌دن قالقدیغنه دلالت ایتمزمی؟» خیر! بلکه برکتك زیاده‌-
لشدیکنه برهاندر. زیرا بر مملکتده بر شیئك رواج بولمسی
بهالنمسی مطلق قحطنه، برکتسزلکنه حکم اولنه‌ماز. هرنوع
مأکولات ومشروبات و بالجمله معمولاتك تزاید ویا تناقصی
فیئاتی ایکی سببه مبنیدر. برنجیسی احتیاجات محلیه‌یه کوره
یتشدیرلمز وخارجدن دخی جلب ایتدیریله‌مز ایسه بالطبع تزاید
ایدر. ایکنجیسی فوق‌العاده برکت وکثرت اوزره حاصل
اولمغله برابر خارجه نقل ایدلدکده ینه تزاید ایدرکه مقبولدر.
زیرا مملکتك ثروتی آرتار؛ ثروت آرتدقجه ترقیٔ معموریت
ومدنیت تکمل ایدر. ایشته شمندوفرلرك کچدیکی؛ اوغرادیغی
محللرده حبوبات واشیا وسائره فیئاتلرینك یوکسلمسنك سبب
مستقلی شق اول اولمایوب شق ثانیدر. بالعکس مبذولیتیله
برابر محل صرف واستهلاك اولماز ایسه فیئاتی تدنی ایدر؛ صاـ
تلماز. انبارلرده چورور؛ نهایت اتیلیرکه قورقنج‌در، باعث
فقروضرورتدر. بوکا چارهٔ عاجل ایسه‌وسائط نقلیه‌یه بالتوسل
الده کی اموالی خارجه صاتوب کسب ثروت ایلمکدر. دیمك‌که
معموریت؛ ثروتله، ثروت دخی حوایج بشریه‌یی اك سریع
وسائط نقلیه وممکن مرتبه طولغون والویرشلی فیئاتله فروخت

84

...kabûl etmeyecek derecede fiyât bulmuştur ve ahâli evvelki gibi az para ile tehvîn-i ihtiyâc edemiyor. İşte bunlar hep bereketin ortadan kaktığına delâlet etmez mi* Hayır! Belki bereketin ziyâdeleştiğine burhândır. Zira bir memlekette bir şeyi revâc bulması pahâlanması mutlak kahtına, bereketsizliğine hüküm olunamaz. Her nev' mekûlât ve meşrûbât ve bilcümle mamûlâtın tezâyid ve tenâkısı fiyâtı iki sebebe mebnîdir. Birisi ihtiyâcât-ı mahaliyeye göre yetiştirilmez ve hâriçten dahi celb ettirilemez ise bittabi tezâyüd eder. İkincisi fevkalâde bereket ve kesret üzere hâsıl olmakla beraber hârice nakil edildikte yine tezâyüd eder ki yine makbuldür. Zira memleketin serveti artar; servet arttıkça terakkî-i mamûriyet ve medeniyet tekemmül eder. İşte şimendiferlerin geçtiği, uğradığı mahallerde hubûbât ve eşyâ ve sâire fiyâtlarının yükselmesinin sebeb-i müstakili şıkk-ı evvel olmayıp şıkk-ı sânidir. Bilakis mebzuliyetiyle beraber mahal sarf ve istimlâk olmaz ise fiyâtı tednî eder; satılmaz. Ambarlarda çürür, nihâyet atılır ki korkunçtur, bâis-i fakruzarûrettir. Buna çâre-i âcil ise vesâit-i nakliyeye bittevessül eldeki emvâli hârice satıp kesb-i servet eylemektir. Demek ki mamûriyet servetle, servet dahi havâyic-i beşeriyeyi en serî' vesâit-i nakliye ve mümkün mertebe dolgun ve elverişli fiyatla fürûht...

...kabul edilmeyecek derecede fiyat bulmuştur. Ve halk önceki gibi az parayla ihtiyaçlarını temin edemiyor. İşte bunlar hep bereketin ortadan kalktığına işaret değil mi? Hayır! Belki bereketin çoğaldığına delildir. Çünkü bir memlekette bir şeyin revaçta olması pahalanması mutlak eksikliğine, bereketsizliğine hüküm olunamaz. Her çeşit ürünü yiyecek, içecek ve bilcümle mamulün çoğalması veya azalması fiyatı iki sebebe bağlıdır. Birisi mahalli ihtiyaçlara göre yetiştirilmez ve dışarıdan da gelmezse elbette fiyatlar yükselir. İkincisi muhteşem bir biçimde bereketle ürün ortaya çıkıp bu ürünler dışarıya satıldığında da yine fiyatlar yükselir ki yine makbuldür. Zira memleketin serveti artar servet arttıkça bayındırlık ve medeniyet gelişip ilerler. İşte şimendiferlerin geçtiği, uğradığı yerlerdeki hububat, eşya ve diğer fiyatların yükselmesinin asıl sebebi birinci şık olmayıp ikinci seçenektir. Aksine çokluğuyla beraber ürüne talep olmazsa fiyatı aşağı düşer satılmaz. Ambarlarda çürür ve sonunda çöpe atılır ki korkunçtur. Perişanlık sebebidir. Buna acil çare ise nakil araçlarıyla hızlı bir şekilde eldeki ürünleri dışarıya satıp servet kazanmaktır. Demek ki ilerleme servetle, servet de beşerî ihtiyaçları en seri nakil araçlarıyla ve mümkün mertebe dolgun fiyatla...

ایتمکله حاصل اوله‌جغی مرتبهٔ ثبوته واردی . بناءً علیه بوندن زیاده تفصیلات و براهینه‌حاجت کوریله‌مز .

بوندن ماعدا سرعت سیرك آسایش مملکته ، نقدر فائده‌سی اولدیغی ده خاطردن چیقارلمامليدر . بوکا دلیل ایسه بالجمله‌اوروپا وتحت حمایهٔ مدنیته کیرن بلاد ایله ممالك محروسهٔ شاهانه‌نك اون ، اون بش سنه اولکی حالی ایله شمدیکی حالی کافیدر . اوللری انسان بر محلدن دیکر محله یوز بیك تهلکه وخوف وهیجان ایله وارردی . شمدی ایسه‌سایهٔ معمور یتوایهٔ حضرت تاجدار اعظمیده انسان صرتنده التون طولوسی طوربه ایله سیروسفر ایلمکده سربست وهرنوع تهلکه‌دن وارسته‌در . بو ایسه نه بیوك لطف ؛ نه بیوك موفقیتدر ؟

برده بر دولت وحکومتك اعداسنه غلبه‌سی ؛ خصماسنك نیات بد اندیشانه‌سنك ؛ ایادیٔ تعرضنك رفع وتنکیلی ینه‌سرعت سیره متوقفدر .

اما ایستنیلیورکه اتکلر طولوسی ثروتمز دیار اجنبیه‌یه چیقماسون . پك اعلا ! بونی کیم ایستمز ؟ هپمز ایستر وهم جان وکوکلدن دیلرز . بونك ده‌چاره‌سی : واپورلرك ؛ شمندوفرلرك صاحب امتیازلری ؛ حصه‌وسرمایه‌دارانی ؛ متعهدلری مسلم هیچ اولمازسه عثمانلی اوللی فقط نه چاره که‌هنوز بومثللو امور عظیمهٔ نافعه وخیریه‌یه اشتراکه جسارت. تشویقه بذل همت اولنمیور !

85

...etmekle hâsıl olacağı mertebe-i sübûta vardı. Binaenaleyh bundan ziyâde tafsîlât ve berâhîne hâcet görünemez.

Bundan mâada sürat-i seyrin asâyiş-i memlekete "ne kadar fâidesi olduğu da hâtırdan çıkarılmamalıdır. Buna delîl ise bilcümle Avrupa ve taht-ı himâye-i medeniyete giren bilâd ile memâlik-i mahrûse-i şâhânenin on on beş sene evvelki hâli ile şimdiki kâfîdir. Evvelleri insân bir mahalden diğer mahale yüz bin tehlike ve havf ve heyecân ile varırdı. Şimdi ise sâye-i mamûriyetvâye-i hazret tâcdâr-ı azimîde insân sırtında altın dolusu torba ile seyr-ü sefer eylemekte serbest ve her nev' tehlikeden vârestedir. Bu ise ne büyük lütuf ne büyük muvaffakiyettir?

Bir de bir devlet ve hükûmetin âdâsına galebesi, hasmânının niyât-ı bed-endişânesinin, ayâd-ı taarruzunun ref' ve tenkîli yine sürat seyre mütevakkıftır.

Ama istenilir ki etekler dolusu servetimiz diyâr-ı ecnebiyeye çıkmasın. Pekalâ! Bunu kim istemez? Hepimiz ister vehm-i cân ve gönülden dileriz. Bunun da çâresi: vapurların şimendiferlerin sâhib-i imtiyâzları hissedârânı, müteahidleri müsellem hiç olmazsa Osmanlı olmalı fakat ne çâre ki henüz bu misillü umûr-u azîme-i nâfia ve hayriyeye iştirâk-i cesâret, teşvîke bezel-i himmet olunmuyor!

... satmakla hasıl olacağı sonucuna varılır. Bundan dolayı daha fazla açıklama ve delile gerek yoktur.

Bundan başka hızlı ulaşımın memleketin asayişine de ne kadar faydasının olduğu hatırdan çıkarılmamalıdır. Buna delil ise bütün Avrupa ve medeniyetin geliştiği beldelerin ve başkentimizin on on beş sene evvelki hâliyle şimdiki hâlinin karşılaştırılması yeterli olacaktır. Daha önceleri insan bir yerden başka bir yere yüz bin tehlike, korlu ve heyecan ile varırdı. Şimdi ise Padişahımızın sayesinde insan sırtında altın dolusu torba ile yolculuk etmekte serbest ve her çeşit tehlikeden uzaktır. Bu ise ne büyük bir lütuf ne büyük bir başarıdır.

Bir de devlet ve hükûmetin düşmanını yenmesi, hasmının kötü düşüncelerinin açık taarruzlarının uzaklaştırılması ve kontrolü yine hızlı ulaşıma bağlıdır.

Ama istenir ki etekler dolu servetimiz yabancı ülkelere gitmesin. Pekâlâ! Bunu kim istemez? Hepimiz isteriz hem de canı gönülden dileriz. Bunun da çaresi vapurların, şimendiferlerin imtiyaz sahipleri, hissedarları, müteahhitleri Müslüman hiç olmazsa Osmanlı olmalı fakat ne çare ki henüz bu gibi büyük bayındırlık işlerine cesaret edecek ve teşvike dilecek bir durum bulunmuyor! işlerinde cesaret ve teşvike himmet gösterenler bu onun bulunmuyor!

مع هذا هیچ شبهه یوق بر زمان کله جکه معموریت بلاده
استفادهٔ عامه یه خادم بو مثللو تشبثات مهمه ارباب وغیرتورانك
مدت قلیله ظرفنده کسب ثروت ویسار ایله مساعئ مصروفه‌لرینك اثمارینی قات اندرقات اقتطاف ایلدکلری مشهودعیون
رشك آورمز اوله جق و بزلرده دائرهٔ اشتراك واتفاقلرینی
ازجان ودل تمنی ایلیه جکز . لکن بیلمم اوزمان سعادت اقترانك
شرف ادراکیله نه وقت مسرورالفؤاد نه زمان قریرالعین
اوله جغز .

— اسقاط جنین —

« صباح » غزته سنك اسقاط جنین حقنده کی مسروداتنی
تأییداً وتوضیحاً جریدهٔ معتبره‌لرینك کچن جمعه ایرتسی کونکی
نسخه‌سنده بیان ایدیلن حقایق جانکدازك تأثیرات المناکیله درکه
شو پریشان سطرلری قارالامغه نشر واعلانه مجبور اولدم .

اسقاط جنین !... نه مخوف کلام نه دهشتلی سوز ؟! .

اسقاط جنین !... نه بیوك جنایت ؛ نه بیوك دنائت .

اوت ، اسقاط جنینه جرأت ایدن والده‌لرده عجبا ذره قدر
اولسون عقل واذعان ؛ مرحمت وشفقت ؛ رقت قلب بولنورمی؟

…ma hazâ hiç şübhe yok bir zamân gelecek ki mamûriyet-i bilâda istifâde-i âmeye hâdim bu misillü teşebbüsât-ı mühime erbâb ve gayr-ı tûrânın müddet-i kalîle zarfında kesb-i servet ve yesâr ile mesâi-i masrûfelerini esmârını kat ender kat iktitâf eyledikleri meşhûd-u uyûn reşkâverimiz olacak ve bizler de dâire-i iştirâk ve ittifâklarını ez cân u dil temenni eyleyeceğiz. Lakin bilmem o zaman saâdet iktirânın şeref-i idrâkiyle ne vakit mesrûrü'l-fevâid ne zamân karîrü'l-ayn olacağız.

…bunun yanı sıra hiç şüphe yok ki bir zaman gelecek ki beldelerin imarına çaba sarf eden bu gibi mühim teşebbüslere gayret gösteren kişiler kısa bir zaman zarfında servet ve zenginliklerini artıracak yaptıkları masrafların katbekatını kazanacaklar ve bizler de bu çalışma ve gayretlerini hayranlıkla izleyip başarılarını canıgönülden dileyeceğiz. Lakin bilmem o zaman saadeti elde etmenin idrakine varıp ne zaman faydalarından yararlanıp mutlu olacağız ne zaman gözümüz bunları görecek.

İskât-ı cenîn

"Sab'ah" gazetesinin iskât-ı cenîn hakkında mesrûdâtını teyîden ve tavzîhen cerîde-i muteberelerinin geçen cumartesi günki nüshasında beyân edilen hakâik -i cân-güzârın tesîrât -ı elemnâkiyledir ki şu perişân satırları karalamağa neşr ve ilâna mecbûr oldum. İskât-ı cenîn!... Ne mahûf kelâm dehşetli söz!..İskât-ı cenîn!... Ne büyük cinâyet ne büyük denâet.

Evet, iskât-ı cenîne cürret eden vâlidelerde acabâ zerre kadar olsun akıl ve izân; merhamet ve şefkat, rikkat-i kalb bulunur mu?

Gebeliğin sonlandırılması

Sabah gazetesinin çocuk düşürme hakkında söylediklerini teyit ve açıklama ile bu çok önemli haberin geçen cumartesi günkü nüshasında beyan edilen can yakan gerçeklerinin etkisiyle şu perişan satırları karalamaya ve yayınlamaya mecbur oldum. Çocuk düşürme! Ne korkunç ne dehşetli söz! Çocuk düşürme! Ne büyük cinayet ne büyük kötülük.

Evet, çocuk düşürmeye cüret eden annelerde acaba zerre kadar olsun akıl ve anlayış; merhamet ve şefkat, kalp inceliği bulunur mu?

بیچاره معصوملرك ؛ زواللی بیگناهلرك ناحق یره قانه کیرمك — کنـدی یاوروسنی ییر کبی — بوغوب آتمق حق الانصـاف . دوشونلسون نه بیوك جنایت . نه بیوك دنائت ! فقط بو جرمی اوتانمه‌دن ؛ دوشنمه‌دن ارتکاب ایدن غدار ، ظالم خونخوار والده‌لرده جزای مایلیقنی بولمیورلر دکل بولیـورلر . خارجی ؛ داخلی استعمـال ایلدکلری تدابیر سقیمه وابله‌فروشـانه‌لریله وقتسز مزاره‌کیر ییورلرو بو صورتله او زواللی مظلوم‌ومعصوم جنینلرك آهی ، انتقامی آلنیور فقط نه‌چاره‌که اورته‌ده دولت، ملت ضایع ایدییور .

اسقاط جنینـك اسباب وقوع وچارهٔ دفعنی بولمق ایچون ایسه پك اوقدر درین دوشنمکه‌حاجت یوق . فی‌الواقع فحش؛ اولاد اعاشه‌سـنه عدم اقتـدار ، والده‌نك ولادتده‌کی مخاطره‌یی اعظام ایتمسی اسـقاط جنین ایچون بر سبب اوله‌بیلورسـه‌ده سبب مستقل ومستکرهی سفاهتدر .

اوت ! بو کون بر والده طراوت بدنیه‌سنه ؛ حسن‌وآننه خلل کلمه‌مك ایچون عدم توالده جان آتیور . عقیم قالمق‌ایچون کیجه کوندوز متصل چاره‌لر آر ییور . بو اغورده کافهٔ مامملکنی فدایه مهیا !... لـکن هیهـات ! غریب بر هوس ؛ مهلك بر آرزو !... اوت بو آرزوسنك‌مذموم ؛ معیوب ، مهلك؛ سمناك موجب‌عار وندامت اولدیغنی کنـدیده بیلور . فقط نه چاره .

Biçâre masûmların, zavallı bî-günâhların nâ-hak yere kanına girmek –kendi yavrusunu yer gibi— boğup atmak hakkü'l-insâf. Düşünülsün ne büyük cinâyet. Ne büyük denâet! Fkat bu cürmü utanmadan; düşünmeden irtikâb eden gaddar, zâlim hunhâr vâlidelerde cezâ-yı mâ-yelîkini bulmuyorlar ve bu sûretle o zavallı mazlûm ve masum cenînlerin âhı, intikâmı alınıyor fakat ne çâre ki ortada devlet, millet zâyî ediyor.

İskât-ı cenînin esbâb-u vukûu ve çâre-i def'ini bulmak için ise pek o kadar derîn düşünmeye hâcet yok. Filvâkî fahş; evlâd iâşesine âdem-i iktidâr, vâlidenin velâdetteki muhâtarayı izâm etmesi iskât-ı cenîn için birer sebeb olabilirse de sebeb-i müstakil ve müstekreh-i sefâhattir.

Evet! Bugün bir vâlide tarâvet-i bedeniyesine; hüsn-ü anna halel gelmemek için âdem-i tevâlüde cân atıyor. Akîm kalmak için gece gündüz muttasıl çâreler arıyor. Bu uğurda kâffe-i mâmeleğini fedâya müheyyâ! Lakin çâreler arıyor. Garîb bir heves; mühlik bir arzû!... Evet bu arzusunun mezmûm; muayyeb, mühlik, semenâk mûcib-i âr ve nedâmet olduğunu kendi de bilir. Fakat ne çâre.

...çaresiz masumların, zavallı günahsızların haksız yere kanına girmek -kendi yavrusunu yer gibi- boğup atmak kabul edilemez. Düşünülsün ne büyük cinayet! Ne büyük kötülük! Fakat bu suçu utanmadan düşünmeden yapmak isteyen gaddar, zalim ve hunhar annelere gerekli ceza veriliyor ve bu şekilde o zavallı, mazlum ve masum çocukların ah ve intikamı alınıyor fakat ne çare ki ortada devlet, millet yok olup gidiyor.

Çocuk düşürmenin sebepleri ve bunu önlemenin çarelerini bulmak için pek o kadar derin düşünmeye gerek yok. Öncelikle fuhşiyat, evlat yetiştirmeye gücü olmaması, annenin doğumdaki korkuyu abartması çocuk düşürmek için birer sebep olabilirse de asıl sebep eğlence düşkünlüğüdür.

Evet bugün bir valide bedeni güzelliğine zarar gelmemesi için çocuk düşürmeye can atıyor. Ondan kurtulmak için gece gündüz sürekli çareler arıyor. Bu uğurda sahip olduğu her şeyi fedaya hazır! Lakin çareler arıyor. Garip bir istek helak eden bir arzu! Evet bu arzunun kötülüğü, ayıbı, eleştirisi utanç verici olduğunu kendi de bilir. Fakat ne çare...

چولق چوجقلی اولدیغی سوقاق ؛ سوقاق ؛ قپو ؛ قپو کزه‌میه‌جك ! زیارتجیلریله ایسته‌دیکی کبی چکه یاریشدیره‌مایه‌جق .
ابوینك ثمرهٔ فؤادلرینك لایقیله تربیه‌سندن عاجز بولنملری خصوصی دخی بو فعل دلسوزك اسباب حقیقیه‌سندن بری اوله‌بیلور .

اوت هپمز بیلیرزکه فی یومنا هذا بر ایکی چوجغی اولان اکثری آنا ، بابالر دائما متشکی الحالدر . اولادلرندن بیزار ، الامان دییور . فقط حقسزدرلر . زیرا قهوه‌خانه‌دن ؛ میخانه‌دن ؛ آلفته‌خانه‌دن باش قالدیرمیان بر پدرك ؛ امور بیتیه‌سنی علی‌حاله ترك ایله سوقاق دیلنجیسی کبی قپو قپو طولاشان بر والده‌نك اولادینه ایده‌جکی وعظ ونصیحتك نه حکم وتأثیری اولور .

بونجه مساوئ احوالیله نصل مرشدلك ایده‌بیلورلرده نصل یاوروجقلرینی جعلی سوزلرینه رام ، اقوالنی افعالنه مطابق کورمین معصومینه نصل تلقین مرام ایده‌بیلورلر ؟ ...
حیف ! بیهوده مشغولیت ؛ فضولی اوزنتی !..

ایشته هوای نفسمزه عدم اتباع ایله سفاهتدن ممکن مرتبه اعراض واصلاح احوال وافعالمزه بذل مقدرت ایدرسه‌ك بو جرم مشئوم ومذمومك اوکی آلنه‌جغی کبی دولت وملتمزه دخی مادی ؛ معنوی خدمت وهم‌ده پك بیوك خدمت ایدرزه

Çoluk cocuklu oldu mu sokak, sokak kapı kapı gezemeyecek! Ziyâretcileriyle istediği gibi çene yarıştıramayacak. Ebeveynin semere-i fevâidlerinin lâyıkıyla terbiyesinden âciz bulunmaları husûsu dahi fiil-i dil-sûzun esbâb-ı hakîkiyesinden biri olabilir.

Evet hepimiz biliriz ki fî yümnâ hazâ bir iki çocuğu olan ekseri ana, babalar dâimâ müteşekkîü'l-hâldir. Evlâdlarından bî-zâr elaman diyor. Fakat haksızdırlar. Zîrâ kahvehâneden meyhâneden alüftehâneden baş kaldırmayan bir pederin; umûr-u beytiyesini alî hâle terk ile sokak dilencisi gibi kapı kapı dolaşan bir validenin evlâdına edeceği vaaz ve naîhatin ne hüküm ne tesîri olur.

Bunca müsâvî ahvâliyle nasıl mürşidlik edebiliyor da nasıl yavrucuklarını ca'lî sözlerine râm, akvâlini efâline mutâbık görmeyen masûmuna nasıl telkîn-i merâm edebiliyoruz? Hayır! Beyhûde meşgûliyet; fuzûlî üzüntü!

İşte hevâ-i nefsimize âdem-i ittibâ' ile sefâhatten mümkün mertebe irâz ve ıslâh-ı ahvâl ve efâlimize bezel-i mukadderat edersek bu cürüm-ü meş'ûm ve medmûmunun önü alınacağı gibi devlet ve milletimize dahi mâddi; manevî hizmet-i ve hem de pek büyük hizmet ederiz.

Çoluk çocuklu oldu mu sokak sokak kapı kapı gezemeyecek! Misafirleriyle istediği gibi çene yarıştıramayacak. Anne baba olmanın faydalarından bilgisiz olmaları hususu da bu gönül yakan işlerin hakiki sebeplerinden biri olabilir.

Evet hepimiz biliriz ki bir iki çocuğu olan çoğunlukla ana babalar daima perişan bir hâldedir. Evlatlarından sürekli yakınırlar. Fakat haksızdırlar. Zira kahvehaneden, meyhaneden eğlence yerlerinden baş kaldırmayan bir babanın; evin işlerini iyi yoluna koymayıp sokak dilencisi gibi kapı kapı dolaşan bir annenin evladına edeceği vaaz ve nasihatin ne hükmü ne de etkisi olur.

Bunca bilinen durumuyla nasıl bir tavsiyede bulunup da nasıl yavrularını boş sözlerine uymalarını bekliyor, sözlerini işlerine tabi görmeyen evladına nasıl meramını aktarabiliyor? Hayır! Boşuna uğraş, gereksiz üzüntü!

İşte nefsimizin arzularını uzaklaştırıp eğlenceden mümkün mertebe uzak durup durumumuzu düzeltmek ve işlerimizde mukadderata rıza göstererek bu uğursuz ayıplanmış hatayı engellersek devlet ve milletimize dahi maddi manevi ve hem de pek büyük bir hizmet ederiz...

— مدنیت حاضره‌ده بیوك بر نقیصه —

بوکون هر کسك لساننده‌ن کمال مفخرتله بر مدنیت‌سوزیدر چیقیور. فقط هیچ شبهه یوق که مدنیتك نه دیمك اولدیغنی، وظیفهٔ نظیفه ومعتنا بهاسی نه‌دن عبارت ایدوکنی بحق بیلنلر طانیانلردن زیاده آکلامیانلر چوقدر.

اوت بوکون بو آدم مدنیدر؟ بو شهرده مدنیت خیلی ترقی ایتمشدر دینلنجه‌بردن. او کسه‌نك بر صورت‌مکمله‌ده اوروپامسی کینمش اولدیغی آیاغنده اعلا بر بر بجق لیرالق فوتینلر؛ اسقارپنلر تجیردادیغی متممانندن‌اولمق اوزره النده برده باستون بولندیغی ودائماً بوصورتله عرض اندام ایلدیکی وارد خاطر اولور. شهر کده جسیم لوقنطه؛ قرائتخانه‌لر مکمل میخانه، تیاترولر، بالولر، کاشانه‌لر ایله معمور بولندیغنه قائلی اولنور دکلمی؟ کوزل فقط مدنیتك الك اهمیتلی جهتی نظر اهمیت ودقته آلنمایور. نه ایمش او! اخلاق! اوت مدنی دنیلان بر آدمك صفات ممدوحه‌سی؛ مکارم اخلاقی صورلمایور. خاطره بیله کلمیور. مدنی اولمسی ایچون یالکز بر طاقم مطنطن البسه ایله تزین ایلمسی کافی کوریلیور! نه بیوك خطا: کذلك شهرك میخانه‌لردن آلفته‌خانه‌لردن تجردی تحسین ایدلمك شویله

89

Medeniyet-i hâzırada büyük bir nakîsa

Bugün herkesin lisânında kemâl-i mefharetle bir medeniyet sözüdür çıkıyor. Fakat şüphe yok ki medeniyetin ne demek olduğunu vazîfe-i nazîfe ve mutenâbehâsı neden ibâret ettiğini bihakkın bilenler tanıyanlardan ziyâde anlamayanlar çoktur.

Evet bugün bu adam medenîdir? Bu şehirde medeniyet hayli terakkî etmiştir denilince birden o kimsenin bir sûret-i mükemmelede Avrupamsı giyinmiş olduğu ayağında alâ bir bir buçuk liralık fotinler, iskarpinler gıcırdadığını mütemmimâtından olmak üzere elinde bir de baston bulunduğu ve dâimâ bu sûretle arz-ı endâm eylediği vârid-i hâtır olur. Şehrinde cesîm lokanta, kıraathâneler mükemmel meyhâne, tiyatrolar balolar, kâşâneler ile mamûr bulunduğuna kâil olunur değil mi? Güzel fakat medeniyetin en ehemmiyetli ciheti nazar-ı ehemmiyet ve dikkate alınmıyor. Ne imiş o? Ahlâk! Evet medenî denilen bir adamın sıfât-ı memdûhesi, mekârim-i ahlâkı sorulmuyor. Hâtıra bile gelmiyor. Medenî olması için yalnız birtakım mutantan elbise ile tezeyyün eylemesi kâfî görülüyor! Ne büyük hatâ: güzellik şehrin meyhânelerden alüftehânelerden tecerrüdü tahsîn edilmek şöyle…

Günümüzde medeniyetin yetersiz kaldığı boyut

Bugün herkesin dilinde övgüyle dolu bir medeniyet sözüdür çıkıyor. Fakat şüphe yok ki medeniyetin ne demek olduğunu, en iyi olması için neler yapılması gerektiğinin bunların neden ibaret olduğunu hakkıyla bilenler tanıyanlardan ziyade anlamayanlar çoktur.

Evet bugün bu adam medenidir, bu şehirde medeniyet hayli gelişme göstermiştir, denildiğinde birden o kişinin mükemmel bir suretini, Avrupai tarzda giyinmiş olduğu güzel ve bir bir buçuk liralık potinlerin ve iskarpinlerin olduğunu onu tamamlayan bir biçimde elinde bir de baston bulunduğunu ve daima bu şekilde giyinip dolaştığı hatıra gelir. Şehrinde büyük lokanta, kıraathaneler, mükemmel meyhaneler, tiyatrolar, balolar, köşkler ve daha başka mimari eserler bulunduğuna ikna olunur değil mi? Güzel, fakat medeniyetin en önemli yönü dikkate alınmıyor. Neymiş o? Ahlâk! Evet medeni denilen bir adamın övgüye mazhar özellikleri, ahlâkının güzelliği sorulmuyor. Hatıra bile gelmiyor. Medeni olması için yalnız birtakım tantanalı elbiseyle kendini süslemesi yeterli görünüyor. Ne büyük hata: Güzellik şehrin meyhanelerinden, eğlence yerlerinden uzaklaşmayı uygun görmek şöyle…

طورسون موجب استغراب اولیور ! مدنیتك، درت عمود اوزرینه مبتنی بولندیغی فرض اولنسه اك قوی؛ اك برنجی دیره‌کی تربیه ؛ اخلاقدر . نه چاره‌که بوعمود مهمك صلابتنه، تقویه‌سنه چندان دقت واهتمام ایدلمیور !

هله عدو اکبری اولان مسکرات بورکن قیمتداری کوندن کونه رهین اندراس ایلمکده‌در .

مسکرات ! نه مدهش ؛ نه مخوف زهر ! تأسف که مدنیت حاضره بو زهرسیالك کونده یوز بیکلرجه مضراتنی ، خباثاتنی کوروب طوریبورده هنوز وجودینی اورته‌دن قالدیرمیور ، جزئی اولسون بر همت کوسترمیور ! لاقید بولنیور ! کافهٔ حقایق ودقایقده دوربین اولان شریعت مطهرهٔ اسلامیه استقبالده بومایع زهرالودك ابنای بشره ایقاع وایراث ایده‌جکی مضرات هولناکی هرکسدن اول درپیش خاطر وفهم وتیقن ایلدی و بر قطره‌سنی مؤمنلرینه حرام قیلدی. مجازات شدیده کوستردی. ایشته بوکونکی مدنیت‌ده بونك حدسز ، نهایتسز، مضراتنی کوزیله کوریبورلر .

مدنیت محیرالعقول ، خارق العاده اختراعاتنده‌کی بهره‌واقتدارینی برازده بوجهته توجیه ایتسون ؛ ایتسونده ماء ملعونك ایقاع ایلمکده اولدیغی فساداته، سببیت ویردیکی مقاتلاته آرتق نهایت ویرلسون . مظلوم والده‌لرك ، معصوم یاوروجقلرك کوز

...dursun mûcib-i istiğrâb oluyor! Medeniyetin, dört umum üzerine mebnî bulunduğu farz olunsa en kavî, en birinci direği terbiye, ahlâktır. Ne çâre ki bu umûm-u mühimin salâbetine takviyesi çendân dikkat ve ihtimâm edilmiyor!

Hele adüvv-ü ekberi olan müskirât bu rükn-ü kıymetdârı günden güne rehîn-i indirâs eylemektedir.

Müskirât! ne müdhiş ne mahûf zehir! Teessüf ki medeniyet-i hâzıra bu zehr-i seyyâlin günde yüz binlerce muzırâtını, habâsâtını görüp duruyor da henüz vücûdunu ortadan kaldırmıyor, cüzî olsun bir himmet göstermiyor! Lâkayıd bulunuyor! Kâffe-i hakâyık ve dekâikte dûrbîn olan şeriat-ı mutahhara-i İslâmiye istikbâlde bu mâyi' zehrü'l-alûdun ebnâ-yı beşere îkâ' ve îrâs edeceği muzırât–hevl-nâkı herkesten evvel derpîş hâtır ve fehm ve teyakkun eyledi ve bir katresini müminlerine harâm kıldı. Mücazât-ı şedîde gösterdi. İşte bugünkü medeniyette bunun hadsiz, nihâyetsiz, muzırâtını gözüyle görüyorlar.

Medeniyet-i muhayyerü'l-ukûl; hârikulâde ihtirâattaki behre ve iktidârını biraz da bu cihette tevcîh etsin etsin de mâ-melûnun Îkâ' eylemekte olduğu fesâdâta; sebebiyet verdiği mukâtelâta artık nihâyet verilsin. Mazlûm vâlidelerin; masûm yavrucukların göz...

...dursun oralara gitmemek şaşırmaya sebep oluyor. Medeniyetin dört genel husus üzerine bağlı bulunduğu farz olunsa en güçlüsü en birinci direği terbiye, ahlâktır. Ne çare ki bu mühim özelliğinin önemine pek dikkat edilmiyor ve önemsenmiyor.

Hele en büyük düşman olan sarhoş edici bu şeyler günden güne bu değeri bozuyor.

İçmek! Ne müthiş ne kötü zehir! Maalesef ki günümüz medeniyeti bu zehrin günde yüz binlerce sıkıntısını, zararını görüp duruyor da hâlâ içkiyi ortadan kaldırmıyor. Azıcık olsun bir çaba göstermiyor! Kayıtsız davranıyor! Hakikat ve doğruluğun gözcüsü olan İslâm şeriatı, içkinin gelecekte insanoğluna vereceği zararları herkesten evvel gözler önüne koyup dile getirmiş ve bir damlasını içmeyi bile müminlere haram kılmıştır. Sıkıntılı durumlar gösterdi ki işte bugünkü medeniyette bunun hadsiz, nihayetsiz problemleri gözle görülüyor.

Akıllara hayranlık veren harikulade icatlar yapan medeniyet; gücünü biraz da bu yöne çevirsin de bilgisizlerin yaptıkları bu fesada, sebebiyet verdiği sıkıntılara artık son verilsin. Mazlum annelerin, masum yavruların göz...

پاشلری دینسون ، حبسخانه‌لر . بیمارخانه‌لر براز تنهالشسون . سعادت یوز کوسترسون حضور بال تحصل ایتسون .

ای قارء ! مسکرات ؛ کیف ویرمش ؛ دافع کدرمش ؛ هضمی تسهیل ایلرمش ؛ اشتها آچارمش ! هپ یالان ! فقط منبع فسادمش ، مخرب خانمانمش ؛ مورث امراض وفلاکتمش ؛ موجب رذالت وسفالت داعئ فقر وضرورتمش ؛ جنت ویرمش ؛ مخل حیثیت واعتبارمش ، اینان ، مسکراتك غدا اولمادیغنی بنابرین وجوده ذرتما فائده ویرمدیکنی فن کوستریور . ارباب فن وطب‌ده تسلیم ایلیور . بوحالده‌نه‌دن ابتلا . انهماکنه مجبوریت حاصل اولسون . نه‌دن کندیسندن واز کچه‌میه‌لم . ایچمینلر نه‌اولیور ؟ دائما غمکین می‌یاشایورلر . یدکلرینی هضم‌می ایده‌میورلر . یوقسه حیثیت واعتبارلرینه خلل‌می کلیور . یاخود دیکرلرندن دها آزمی معمر اولیورلر ! !

حیف بوکون سرخوشلق اودرجه ایلرلمش‌که ایچمینلره شاشلیور . ایچمك زهرلنمك اولورمی ایمش دیه استغراب اولنیور .

خلاصه اکر مدنیت مسکراتك وجودینی اورته‌دن تدریجاً اولسون قالدیرمغه غیرت ایتمز ایسه الی‌الابد بدنام اوله‌جق واستقبالده صحایف توازیخده بیوك بر لکه براقه‌جقدر .

91

...yaşları dinsin, hapishâneler, bimârhâneler biraz tenhâlaşsın. Saâdet yüz göstersin huzur bittahassul etsin.

Ey kâri'! Müskirât; keyf verirmiş, dâfi-i kedermiş, hazmı tashîl eylermiş, iştihâ açarmış! Hep yalan! Fakat menbâı fesâdmış, Muhrib-i hânimânmış mûris-i emrâz ve felâketmiş, mûcib-i rezâlet ve sefâlet dâi-i fakru zarûretmiş, cinnet verirmiş, muhal-i haysiyet ve itibârmış, aynân, müskirâtın gıdâ olmadığını binâberîn vücûda zerretemâ fâide vermediğini fen gösteriyor. Erbâb-ı fen ve tıpta teslîm eyliyor. Bu hâlde neden ibtilâ, inhimâkına mecbûriyet hâsıl olsun. Neden kendisinden vaz geçemeyelim. İçmeyenler ne oluyor? Yoksa haysiyet ve itibârlarına halel mi geliyor. Yahut diğerlerinden daha az mı muammer oluyorlar!

Hayıf bugün sarhoşluk o derece ilerlemiş ki içmeyenlere şaşılıyor. İçmek zehirlenmek olur muymuş diye istiğrâb olunuyor. Hülâsa eğer medeniyet müskirâtın vücûdunu ortadan tedricen olsun kaldırmaya gayret etmez ise alelebed bed-nâm olacak ve istikbâlde sahâyif-i tevârîhte büyük bir leke bırakacaktır.

...gözyaşları dinsin, hapishaneler, hastaneler biraz sakinleşsin. Mutluluk artsın, huzur ortaya çıksın.

Ey okur! İçki içmek keyif verirmiş kederi def edermiş, hazmı rahatlatırmış, iştah açarmış! Hep yalan! Fakat fesadın kaynağıymış. Hastalığın dostuymuş, sıkıntılara ve felaketlere sebepmiş, rezalet ve sefalet sebebi imiş. Perişanlıkmış, cinnet getirtirmiş, haysiyet ve itibar kaybettirirmiş. İçkinin gıda olmadığını bununla birlikte vücuda zerre miktar fayda vermediğini bilim gösteriyor fen ve tıp bilimleri belirtiyor. Bu nedenle neden ilgi, yönelme mecburiyeti hasıl olsun. Neden kendisinden vazgeçemeyelim. İçmeyenler ne oluyor? Yoksa haysiyet ve itibarlarına zarar mı geliyor. Yahut diğerlerinden daha az mı kıymetli oluyorlar!

Yazık bugün sarhoşluk o derece ilerlemiş ki içmeyenlere şaşılıyor. İçmek zehirlenmek olur muymuş diye hayret ediliyor. Sonuç olarak eğer medeniyet içkinin kendisini ortadan derece derece olsun kaldırmaya gayret etmezse sonsuza kadar kötü adı olacak ve gelecekte tarihin sayfalarında büyük bir leke bırakacaktır.

— بارقهٔ حقیقت —

هفته‌لك « ازمیر » و « آهنك » غزته‌لرینك صوك نسخه‌لرینی مطالعه ایدن قارئین کرام فحشیات حقنده بر طاقم مناظرات ومعارضاتك شدتله دوام وتوالی ایتمکده اولدیغنی کورر . بوکا سبب یکانه ایسه « ازمیر » جریدهٔ فریده‌سنك « آهنك » لك طقوز یوز طقسان بش نومرولو نسخه‌سنده فحشیات حقنده مندرج بولنان مقالهٔ مخصوصه‌سنك بعض اقسامنی سوء تلقی ایله تنقیده یلتنمه‌سیدر .

تنقید وتصحیح ایدلمك استه‌نیلن « واقعا انسانك بولندیغی محلدن فحشیاتی کلیاً رفع ایده‌بیلمك طبیعت بشرده مرکوز حس شهوتی قلع ایتمك کبی انسانیتك دائرهٔ اقتداری خارجنده قوت ابرازینه متوقف و بو ایسه بالضرور ممتنع اولدیغندن مرکز ایله الویه وقضاهای ملحقه‌دن کلیاً رفع ایتمك بالضرور ممکن اوله‌ماز » مسروداتندن علی نظمی بکك مقصدی ازمیر جریده‌سنك ظن وذهابنه نظراً (زنا مقتضای طبیعت بشریه‌دن بولندیغندن ترك ورفعی ممتنع الامکاندر) اولمایوب آنجق : (زنادن اجتناب هرحالده علم واخلاقك درجهٔ کمالنه وارمقله حاصل اولور . حال بوکه علم اخلاق ومعارف هنوز انسانی بوکبی مساویدن منع ایده‌بیله‌جك درجه‌ده کسب ترقی ایده‌مدیکندن وطبع بشرده‌ده شهوت موجود بولندیغندن انسان ناچار زنایه منهمك اولور .)

92

Bârika-i hakîkat

Haftalık "İzmir" ve "Âhenk" gazetelerinin son nüshalarını mütâlaa eden karin-i kirâm fuhşiyât hakkında bir takım münâzarât ve muârızâtın şiddetle devam ve tevâlî etmekte olduğunu görür. Buna sebeb-i yegâne ise "İzmir" cerîde-i ferîdesinin "Âhenk" 'in dokuz yüz doksan beş numerolu nüshasında fuhşiyât hakkında münderic bulunan makâle-i mahsûsesinin bazı aksâmını sûi telakkî ile tenkîde yeltenmesidir.

Tenkîd ve tashîh edilmek istenilen " vâkıâ insânın bulunduğu mahalden fuhşiyâtı külliyen ref' edebilmek tabiiyet-i beşerde merkûz hiss-i şehveti kal' etmek gibi insâniyetin dâire-i iktidârı hâricinde kuvvet ibrâzına mütevakıf ve bu ise bilzarûr mümteni' olduğundan merkez ile elviye ve kazâhâ-yı mülhikeden külliyen ref' etmek bilzarûr mümkün olamaz" mesrûdâtından Ali Nazmî beyin maksadı İzmir ceridesinin zan ve zehâbına nazaran (Zinâ muktezâ-yı tabîat-ı beşeriyeden bulunduğundan terk ve ref'i mümteniü'l-imkândır.) olmayıp ancak: (Zinâdan ictinâb herhâlde ilim ve ahlâkın derece-i kemâline varmakla hâsıl olur. Hâlbuki ilm-i ahlâk ve maârif henüz insânı bu gibi müsâvîden men edebilecek derecede kesb-i terakkî edemediğinden ve tabi-i beşerde de şehvet mevcûd bulunduğundan insan nâ-çâr zinâya münhemik olur.

Hakikat bereketi

Haftalık "İzmir" ve "Ahenk" gazetelerinin son nüshalarını inceleyen kıymetli okurlar, fuhşiyat hakkında birtakım münazara ve kavgaların şiddetle devam edip sürüp gittiğini görür. Buna yegâne sebepse İzmir gazetesinin "Ahenk"in 995 numaralı sayısında fuhşiyat hakkında yer alan hususi makalenin bazı kısımlarının eksik bilgilerle tenkide yeltenilmesidir.

Eleştirilmek ve düzenlenmek istenilen olay; insanın bulunduğu yerlerden fuhşiyatı tamamen uzaklaştırmak insan tabiatındaki şehvet hissini yok etmek gibi insanın iktidar dairesi haricinde gücünü ortaya çıkarmaya sahiptir ve bu da zaruri olarak kaçınılması gerektiği için merkez ile vilayetler ve mülki kazalarda tamamen uzaklaştırmak mümkün olamaz." düşüncesinden Ali Nazmi Bey'in maksadı İzmir gazetesinin zannına nazaran "Zina, beşeri tabiatın gereği olduğundan terk edilmesi ve engellenmesi imkansızdır." olmayıp ancak: zinadan kaçınmak herhâlde ilim ve ahlâkın en olgun derecesine varmakla olur. Halbuki maarif ve ahlâk ilmi henüz insanın bu gibi sıkıntılardan men edebilecek derecede gelişme göstermediğinden kazanmasından ve beşer tabiatında şehvet mevcut bulunduğundan insan zinaya çaresiz yönelir.

فکر سلیمیدر . نته‌کیم بو حقیقت مقالهٔ مذکوره‌نك براز آشاغیلرنده اولوب زیرده مندرج بولنان الفاظ محقه ایله تأیید وتوضیح ایدلمشدر ! « اکر بوجهت حقیله نظر دقته آلنوب علم وعرفانك بر آن اول دائرهٔ شمولنی توسیع ایتمسنه بذل مقدرت بیوریلورسه بو فنالقلرك اوکی آلنمش اولور .

بیلمم نصل اولوبده شو سطرلر محرر ذی‌اقتدارك مطالعه‌سنه ایلیشمدی وموجب اندوه وملال وشان مطبوعاته ناچسبان بر طاقم نابمحل مناقشاته میدان آچلدی !

انسانی زنا ؛ فحش کبی افعال شنیعه‌یه سوق ایدن شی ! جهل وسوء اخلاق ایله شهوتدر . شهوتدن محروم اولانلر نه قدر بد اخلاق وجاهل بولنسه‌لر اجرای فحش وزنایه قادر اوله‌میه‌جقلری امر آشکاردر .

بناءً علیه مجرد شهوت وسیلهٔ زنا اوله‌ماز ایسه‌ده واسطهٔ مجامعتدر . بونکله برابر (شهوت) وسیلهٔ جوی زنا اولور . نه زمان کندیسنه فقدان ادب وتربیه ، نقصانیٔ علم وعرفان انضمام ومظاهرت ایدرسه . اوت وجدان مصفا ومجلایه تماماً معارض بولنان شهوت ونفس علم اخلاق ، فضل وکمال ایله اعمار وتیمار ایدلمز ایسه انسانی دائماً اغوا واضلال ایله طریق ضلالت وسفالته ساعی وسائق اولور .

اوته‌ده بریده ، محله آرالرنده احیاناً موجود وشعار اسلامیته [

93

Fikr-i selîmîdir. Nitekim bu hakîkat makâle-i mezkûrenin biraz aşağılarında olup zîrde münderic bulunan elfâz-ı muhakka ile teyîd ve tavzîh edilmiştir! Eğer bu cihet hakkıyla nazar-ı dikkate alınıp ilim ve irfânın bir an evvel dâire-i şümûlünü tevsî' etmesine bezel mukadderat buyurulursa bu fenâlıkların önü alınmış olur.

Bilmem nasıl olup da şu satırlar muharrir-i zî-iktidârın mütalaasına eylemişti ve mûcib-endûh ve melâl ve şân matbûâta nâ-çesbân birtakım bânemahal münâkaşâta meydân açıldı! İnsanı; zinâ fuhuş gibi efâl-i şenîaya sevk eden şey! cehil ve sû-i ahlâk ve câhil bulunsalar. icrâ-yı fuhuş ve zinâya kadar olamayacakları emr-i aşikârdır.

Binaenaleyh mücerred şehvet vesÎle-i zinâ olamaz ise de vâsıta-i mücâmaattır. Bununla berâber (Şehvet) vesîle-i cû-i zinâ olur. Ne zaman kendisine fıkdân-ı edeb ve terbiye, noksan-ı ilim ve irfân inzimâm ve müzâheret ederse. Evet vicdân-ı musaffâ ve mücellâya tamamen muârız bulunan şehvet ve nefis ilm-i ahlâk, fazl ve kemâl ile imâr ve tımâr edilmez ise insânı dâimâ iğvâ ve izlâl ile tarîk-i dalâlet ve sefâlete sâî ve sâik olur.

Ötede, beride, mahalle aralarında ihyânen mevcûd ve şiâr-ı İslâmiyet'e…

...düşüncesidir. Nitekim bu hakikat zikredilen makalenin biraz aşağılarında olup yukarıda ele alınan gerçek ifadelerle teyit edilmiş ve onaylanmıştır. Eğer bu yön hakkıyla dikkate alınıp ilim ve irfanın bir an önce gelişmesine fayda buyurulursa bu kötülüklerin önü alınmış olur.

Bilmem nasıl olup da şu satırlar bahsi geçen yazarın incelemesinde ve endişeye sebep verip yazıya uygun olmayan birtakım münakaşalara sebebiyet verdi. İnsanı zina, fuhuş gibi kötü işlere sevk eden şey! Cehalet ve ahlâk eksikliği... Ve cahil bulunsalar fuhuş ve zina kadar açık bir emirdir. Bununla beraber "şehvet" zina işlemeye sebep olur. Ne zaman kendisinde edep ve terbiye eksikliği, ilim irfan eksikliği olursa evet saf ve temiz vicdana tamamen karşı olan şehvet ve nefis, ahlâk ilmi, fazilet ve olgunlukla tımar edilmezse insanı daima sıkıntı, hata ve yanlışa yönlendirir.

Ötede, beride, mahalle aralarında ortaya çıkar ve İslâm şiarına...

بالوجوه منافی بولنان برطاقم اراذیلك اجرای فحشیاتدن منعیله محال مناسبه ومحدوده‌ده ملل غیرمسلمه‌یه مخصوص عموم‌خانه‌لرك كشادینه مساعده ومسامحه اولنمسی كیفیتی ایسه موجب استغراب دكلدر ، واوله‌ماز . فی‌الواقع یر یوزنده موجود بالعمـــوم فحشخانه‌لرك كوكندن قلعی پك ارزو اولنه‌جق برشیدر و بونلره الیوم عالم انســانیت ومدنیت نظر نفرت وحقارتله باقمایور دكل . فقط نه چاره‌كه انسان جهالت واخلاقسزلقدن كلیاً تجرد ایتمدكجه بویله بر تبشیر مسرت وفیره نائلیتله بكام اوله‌مایه‌جقدر . شبهه یوق‌كه فحشیاتك عقیم قالمه‌سی هر ســـك علم وحسن اخلاق ایله متحلی بولنمســنه وابســته‌در . بو ایســه مستحیل‌الامكان دكل ایسه‌ده بعیـدالاحتمالدر . ایشته بوحقیقته مبنیدركه بوكون هرحكومت عموم‌خانه‌لرك كشادینه ناچار روی مساعده كوسترمكده‌در .

بوحالده بر ایكی ســودی ناپاك بدطینت و بد اصـل یوزندن محلاتك و بلكه‌ده بتون قصبه‌نك استراحتی سلب ، اعتبـارینی كسردن ماعدا همان هركون وقوعات فجیعــه وعدیده‌یه میـدان ویرمكدن ایسه ــ قوهٔ ضابطــه‌نك دائما نظر تهدیدنده بولنمق اوزره ــ بو مثللو خانه‌لرك شهرلردن اوزاق محلره حصر وقصری البته احسن و مستحسندر .

اختتام

Belediye
Kütüphanesi
No.

bilvücûh münâfî bulunan bir takım erâzillik icrâ-yı fuhşiyâttan meniyle mahâl-i münâsebe ve mahdûdede milel-i gayr-i müslimeye mahsûs umûmhânelerin güşâdına müsâade ve müsâmaha olunması keyfiyeti ise mûcib-i istiğrâb değildir; Ve olamaz. Filvâki yer yüzünde mevcûd bilumûm fuhuşhânelerin kökünden kalî pek arzu olunacak bir şeydir ve bunlara elyevm âlem-i insâniyet ve medeniyet nazar-ı nefret ve hakâretle bakmıyor değil. Fakat ne çâre ki insan cehâlet ve ahlâksızlıktan külliyen tecerrüd etmedikçe böyle bir tebşÎr-i meserret vefîre nâiliyetle bekâm olamayacaktır. Şüphe yok ki fuhşiyâtın akîm kalması herkesin ilim ve hüsn-ü ahlâk ile mütehallî bulunmasına vâbestedir. Bu ise müstahîlü'l-imkân değil ise de baîdü'l-ihtimâldir. İşte bu hakîkate mebnîdir ki bugün her hükûmet umûmhânelerin güşâdına nâ-çâr-ı rûy-i müsâade göstermektedir.

Bu hâlde bir iki sûd-ı nâ-pâk bed-tıynet ve bed-asıl yüzünden mahallâtın ve belki de bütün kasabanın istirâhatini selb, itibârını kesirden mâada hemen her gün vukuât-ı fâcia ve adiyeye meydân vermekten ise— kuvva-yı zabitânın dâimâ nazar-ı tehdîdinde bulunmak üzere— bu misellü hânelerin şehirlerden uzak mahallere hasr-u kasrı elbette ahsen ve müstahsendir.

...tamamen aykırı bulunan birtakım rezilliklerin ve fuhşiyatın yasaklanmasıyla münasip ve sınırlı gayrimüslim milletlere mahsus yerlerin açılması ve müsamaha gösterilmesi tuhaf bir durum değildir ve olamaz. Bundan dolayı yeryüzünde mevcut fuhuş yerlerinin kökünden kaldırılması pek istenecek bir şeydir ve bunlara günümüzde insanlık ve medeniyet âlemi nefret ve hakaret nazarıyla bakmıyor değil; fakat ne çare ki insan cehalet ve ahlâksızlıktan tamamen kurtulmadıkça böyle bir güzel bir durum neticeye varamayacaktır. Şüphe yok ki fuhşiyatın ortadan kalması herkesin ilim ve güzel ahlâk ile dolu olmasına bağlıdır. Bu ise imkân dışı değilse de ihtimalden uzaktır. İşte bu hakikate bağlıdır ki bugün her hükûmet genelevlerin gelişmesine ister istemez rıza göstermektedir.

Bu durumda bir iki kötü niyetli kişi ve kötü asıllı insanlar yüzünden bütün kasabanın huzurunu engelleme ve itibarını azaltmaktan başka hemen her gün olaylar yaşamaktansa zabıta kuvvetinin daima kontrolünde bulunmak üzere bu gibi hanelerin şehirlerden uzak mahallelere kuruması elbette güzel ve önemlidir.

Sonuç ve Değerlendirme

Eserin ilk risalesi eğitim üzerinedir. Eğitim kavramı, insan yaşamının temel bir unsuru olarak incelenir ve bu kavramın insanlık tarihindeki taşıdığı kritik önem vurgulanır. Metinde "İlim bilgisizlikten üstündür." ilkesi özellikle vurgulanır ve bu gerçeğin Cenab-ı Hak'ın "Hiç bilenlerle bilmeyenler bir midir?" ayetiyle açıkça ifade edilip açıklanmış olduğu ortaya konur. Yazar "maarif" kelimesinin, diğer kelimelerde bulunmayan yüce bir anlamı içerdiğine işaret eder ve bu kavramın tanımını, dünyaya katkısını ve içerdiği farklı seviyeleri ayrıntılı bir şekilde açıklar. Eserde "maarif" sahiplerini, bilgiyi işitenler, zikredenler, coşkuyla kavrayanlar ve bilgiyle mutlu olanlar olarak sıralar. Aynı zamanda, bu mutluluğun ve hakikatlerin diğer kelimelerle ifade edilemeyecek kadar derin olduğu belirtilir. Yazar eğitimin sadece kişisel gelişimle sınırlı olmadığını, aynı zamanda toplumsal sorumluluğun nasıl şekillendirildiğini anlamaya teşvik eder ve bu bağlamda "maarif" kavramının toplumsal dönüşüme nasıl katkı sağlayabileceğini inceler.

İkinci risalede gazetelerin modern toplum içindeki hayati rolünü irdeleyen yazar, bu iletişim araçlarının toplumun her düzeyinde büyük bir öneme sahip olduğunu vurgular. Ancak bu önem ve gazetelerin sunabileceği faydaların, genellikle yeterince anlaşılamadığını belirtir. Gazeteler günlük yaşamın ayrılmaz bir parçası haline gelmiş, binlerce nüsha basılarak yayımlanmış ve her yaştan insanın merakla takip ettiği birer kaynak olmuştur. Gazetelerin bu denli büyük bir okuyucu kitlesi tarafından ilgi görmesinin altında yatan ana sebep, takdir ve değerlendirmedir. Herhangi bir yeni icadın, ürünün veya kitabın değerini takdir etmek, bir tür bilgelik ve zekâ göstergesi olarak kabul edilir. Yazar gazetelerin sadece okuyucularını dünyanın dört bir yanındaki olaylarla tanıştırmakla kalmayıp aynı zamanda zihinsel kapasitelerini genişlettiğini, işlerini iyileştirdiğini, servetlerini artırdığını, gerçekleri aramayı teşvik ettiğini ve ahlâki değerleri güçlendirdiğini ileri sürer. Gazeteler yeni fikirlerin yayılmasına ve ilerlemesine katkıda bulunur; bir gazete okuyucusu, dünya genelindeki yeni buluşları, keşifleri ve olayları sanki kendi gözleriyle görmüş gibi deneyimler. Bu bilgili insanlar için her zaman büyük bir avantajdır ve bu bilinçli okuyucular, geçmiş nesillerin mirasını koruma ve ilerletme sorumluluğunu taşırlar.

Üçüncü risale, çocukların eğitimine ve öğretmenlerin rolüne odaklanmaktadır. Yazar bu risalede gazetede okuduğu bir makaleden ilham aldığını belirtirken, milletin refahını ve mutluluğunu hedefleyen ve bu alanda hayırlı işler yapmaya odaklanmıştır. Yazının ortaya çıkışı, Ahenk gazetesindeki "kötü akran" başlıklı edebi yazının ardından meydana gelmiştir. Bu yazı, incelikle yazılmış, toplumun bilinçlenmesine ve iyileşmesine katkı sağlamaktadır. Yazar doğruluk ve hakikatin önemini vurgulamakta ve inatçı kişilerin bu değerlere karşı gelmelerine rağmen, gerçeklerin her zaman aydınlık olduğunu ve akılların erdiği doğruları yansıttığını savunmaktadır. Ancak garip bir şekilde, kötülüğün herkes tarafından bilinmesine rağmen, insanlar bu olumsuz davranışlara sıklıkla tahammül etmiş ve onları kabul etmiştir. Bu durumun tuhaflığı, insanların kendi aklının erdiği ve hatalarını bildiği konulardan kaçınmaları gerektiğini göstermektedir.

İdrak kuvvetinin dışındaki konularda bilgisizlik savunulabilir. Çocukların eğitimi, toplumun ve bir devletin geleceğini şekillendiren kritik bir meseledir. Her gün bu konuda yazılar yazılsa bile bu konunun önemi asla küçümsenemez. Çünkü çocuklar, bir ulusun refahını, bir devletin istikrarını ve yüceliğini onaylayan ve sürdüren unsurlardır. Ancak günümüzde, birçoğu edep ve terbiye eksikliği içinde yetişmektedir ve toplumun düzelmesi ve güçlenmesi için onlara davet etmek, kâğıt ve kalem gibi basit araçlarla mümkün hale gelmiştir. Yarım asır önce gençler çocuk sayılırken, terbiyeli davranışlar ve saygı, toplumun temel değerleriydi. Ancak zamanla bu değerler kaybolmuş ve unutulmuştur. Bu nedenle, çocukların terbiye edilmesi ve değerlerin öğretilmesi, toplumun refahı ve geleceği için kritik bir öneme sahiptir. Bu yazı, bu önemi vurgulamakta ve çocukların yetişmesindeki sorumluluğu ele almaktadır.

Dördüncü risale, genel eğitimin evrensel önemine odaklanmıştır. Yazar toplumların medeniyetinin gelişimi, refahı ve mutluluğunun genel eğitimle sıkı bir şekilde bağlantılı olduğunu belirtmektedir. Bu gerçek, binlerce yıl önce Yüce Peygamber'in "Beşikten mezara kadar ilim öğrenmek için çalışınız. İlim hazinesi velev ki Çin'de olsa da gidip öğreniniz." hadisiyle net bir şekilde ifade edilmiştir. Tarihsel olarak eğitim ve öğrenim, bir toplumun medeniyetini ve ilerlemesini etkileyen temel bir faktördür. İslâmi eğitim sayesinde, bir zamanlar öğrencileri olan Avrupalılar, bugün gurur kaynağı olan öğretmenler haline gelmişlerdir. Yazar genel eğitimin taşıdığı mutluluk ve refahın, maddi zenginlik veya güçle kıyaslanamayacak kadar büyük olduğunu vurgulamaktadır. Bu nedenle, genel eğitimin gelişimine katkıda bulunmak için bireyler olarak sorumluluğumuzu yerine getirmeliyiz. Yazar bu sorumluluğun sadece hükümetten beklenmemesi gerektiğini savunmaktadır. Devlet bu konuda rehberlik sağlamış olsa da bireylerin bu önemli göreve katkıda bulunması gerekmektedir. Ancak maalesef yazar, bu yasal yükümlülüğün hâlâ doğru anlaşılmadığını, hatta bazılarının bu zorunluluğun farkında bile olmadığını ifade etmektedir. Yazar genel eğitim konusundaki bu sorumluluğun bilincinde olanların çocuklarının eğitimine büyük önem verdiğini ve genellikle eğitimden yoksun veya yeteneksiz bireylere dikkat çektiğini belirtmektedir. İnsanlar akıllarının derecesine rağmen, genellikle gevşeklik, düşüncesizlik, kötülük ve sıkıntı gibi olumsuzluklara eğilimlidirler. Bu nedenle yasal sorumluluklara karşı her zaman dikkatli olmalıdırlar. Yazar sokaklarda terk edilen çocuklar ve gençlerin sayısının azalması için sıkı önlemlerin alınması gerektiğini savunmaktadır. Bu önlemler alındığında herkes çocuklarını eğitime yönlendirecek ve okulların kurulmasına katkı sağlayacaktır. Yazar devletin umumi eğitimin temin ve gelişimi için kaynak sağladığını ve bu alana önemli yatırımlar yaptığını vurgulamaktadır. Ancak bu kaynakların toplanması ve okulların inşa edilmesi için kimlerin çalışacağı ve hangi nüfuz sahibi bireylerin yardım edeceği önemli bir sorundur. Bu nedenle vatanseverlik sözlerimizin fiili olarak sahada görünmesi gerektiğini kabul etmeliyiz. Kişinin aynası, yaptığı işlerde görünür, sözlerinde değil. Bireylerin akılları, işlerindeki başarılarıyla belirlenir.

Beşinci risale, edebi sohbetlerin önemine odaklanmaktadır. Mehmet Şerif ve M. Kâmil Efendilerin dil üzerine kaleme aldıkları karşılıklı ve devam eden makaleler, dilin anlamını netleştirmekte zorlanıyor gibi görünmektedir. Yazar dilin sadece Türkçe olarak kullanılmasını savunurken, bu konuda devam eden tartışmaların ve çabalamanın sonuçsuz olduğunu örneklemektedir. Mehmet Şerif Efendi'nin Ahenk gazetesinde yayımlanan makaleleri, sadeleşmenin arandığını ve arzulandığını gösterirken, bu çabanın vatanseverlik beyitleri, sayısız nükteler ve espriler gibi öğelerin ortaya çıkmasını teşvik ettiğini ifade etmektedir. Ancak bir şeyi dile getirenin, bu sözleri aynen uygulamış olması gerektiğine dikkat çeker. Yazar Arapça ve Farsça kelimelere olan ilgimize odaklanır. Bu iki dil, uzun bir geçmişe sahip olup dilimize zenginlik katmıştır ve dilimizin çeşitli ve renkli olmasını sağlamıştır. Her dil, kelimeleri diğer dillerden ödünç alarak gelişmiştir ve bağımsız bir dil düşünmek artık mümkün değildir. Ancak bazı kişiler bu dillerin alınmasının gerekli olmadığını savunabilirler. Bununla birlikte, fazla bilgi zarar vermez, aksine zenginlik katar. Arapça ve Farsça, dilimize aynı şekilde cazibe ve estetik katmıştır. Bu gerçek kabul edilmelidir. Ancak dilin anlamını ve uyumunu herkes anlayamayabilir. Bu nedenle, her dilin iki farklı üslubu ve ifadesi olduğunu anlamalıyız. Yazar Arapça ve Farsça kelimelerin dilimizi aşırı derecede karmaşık hale getirmesini engellemek için bu dillerin kullanımıyla ilgili sınırlar koymamız gerektiğini savunmaktadır.

Altıncı risale, eczacılık ve eczacılarla ilgilidir. Yazar insanın doğal olarak toplum oluşturma ve medeniyet kurma kabiliyetine sahip olduğunu, kendini korumak ve hayatını sürdürmek için araçlar kullandığını ve bu konuda Yaratıcı'nın kudretini anlamaya yönelik bir arzunun varlığına işaret etmektedir. Ancak insanoğlu, bu mücadelesinde zamanla kendi sınırlarını ve acziyetini fark ederek Yüce Yaratıcı'ya olan sevgi ve teslimiyetini artırmıştır. Yazar insanın zekâsı sayesinde çeşitli araçları etkili bir şekilde kullanabileceğini ve bu sayede dikkate değer başarılar elde edebileceğini vurgulamaktadır. İnsan toplumların en değerli varlığı olabilir, ancak bunu ancak akıl, ilerleme ve topluma fayda sağlama yoluyla gerçekleştirebilir. Bu nedenle, her millet ve toplumun, güzellik ve fayda yaratma amacıyla sürekli çaba göstermesi gerekmektedir. Ancak yazar, kişisel hedeflerin ve çabaların sınırlı olduğunu ve başkalarının izlediği yolu takip ederek kısıtlandığını da belirtmektedir. Doktorlar ülkenin dört bir yanında bulunsa da eczacılar için aynı şeyi söylemek mümkün değildir. Oysa ki eczacılık, sağlık sisteminin önemli bir parçasıdır ve hastaların tedavi ve sağlık süreçlerinde önemli bir rol oynamaktadır. Eczacılar reçete edilen ilaçların içeriğini düzenleyen ve hazırlayan kişilerdir ve hastaların iyileşmeleri ve sağlıklarını korumaları bu uzmanlara bağlıdır. Sonuç olarak yazar, tıpkı tıp bilimi gibi eczacılığın da toplum sağlığına büyük katkılar sağlayabileceğine ve bu alandaki potansiyelin tam anlamıyla değerlendirilmesi gerektiğine dikkat çekmektedir.

Yedinci risalede ders kitaplarına odaklanılmaktadır. Yazar herhangi bir faaliyette bulunurken, bir işi gerçekleştirmek için her zaman bir araca ihtiyaç duyulduğunu vurgulamaktadır. Bu hem fiziksel, hem de zihinsel çabalar için geçerlidir. Örneğin bir işle uğraşan kişilerin, mesleklerine özgü bir veya birkaç araca sahip olduğu ve bu araçlarla işlerini yürüttüğü görülür. Ayrıca iş yapma süreçlerinde kullanılan araçların karmaşıklığı, beceri seviyesine bağlı olarak değişmektedir. Bu nedenle başlangıç seviyesindeki bir kişiye basit ve kolay araçlar verilirken daha karmaşık ve zor araçlar ancak ilerleme kaydedildikten sonra kullanılabilir. Yazar eğitimle ilgili olarak öğrencilerin anlayış düzeyine uygun ders kitaplarının önemini vurgulamaktadır. Ancak bazı ders kitaplarının anlaşılması zor ve karmaşık ifadeler içerdiğini ve özellikle genç öğrencilerin bu tür ifadeleri anlamakta güçlük çekebileceğini belirtmektedir. Bu durum, öğrencilerin gereksiz zorluklarla karşılaşmalarına ve zamanlarını boşa harcamalarına neden olabilir. Yazar eğitim materyallerinin, öğrencilerin anlama kapasitesi göz önünde bulundurularak düzenlenmesi gerektiğini vurgulamaktadır. Bu ise öğrencilere daha kolay anlayabilecekleri bir dilde ve anlatım tarzında bilgi sunmanın önemini yansıtmaktadır. Bu çaba, öğrencilerin daha rahat bir şekilde öğrenmelerine ve bilgiye daha kolay erişmelerine yardımcı olabilir. Sonuç olarak yazar, eğitim materyallerinin öğrencilerin anlayışına uygun şekilde düzenlenmesinin büyük bir öneme sahip olduğunu vurgulayarak bu konuda daha fazla çaba harcanması gerektiğini dile getirmektedir.

Sekizinci risale, "İlerleme ve Başarının Tamamı Kuvvetlerin Birliğine ve Şirket Anlaşmalarına Bağlıdır" başlığını taşımaktadır. Bu risalede, insanların mesleklerinde ilerleme kaydetme isteği ve saadetlerini artırma arzusu üzerine odaklanılmaktadır. Yazar insanların, bugünden yarına daha iyi bir gelecek için çaba sarf etmelerinin doğal bir arzu olduğunu ifade etmektedir. Bu arzu, insanların hem kişisel hem de toplumsal başarılarını artırmak için önemli bir itici güçtür. İnsanlar kendi refahlarını ve rahatlıklarını gözetmek için doğal bir içgüdüye sahiptirler; bu nedenle sürekli olarak daha iyiye ulaşmayı hedeflerler. Yazar bu ilerleme arzusunun medeniyetin ve toplumun gelişimine katkı sağladığını vurgulamaktadır. Ancak bu gelişmeler, bireysel çabaların ötesine geçmiş ve kolektif çabaların bir sonucu olarak meydana gelmiştir. Birlikte çalışma, toplumların büyük projeleri başarıyla tamamlamalarını sağlamıştır. Bu projeler, servetlerin birleştirilmesi ve kuvvetlerin birliğiyle mümkün olmuştur.

Yazar şirket anlaşmalarının ve işbirliğinin büyük ve karmaşık işlerin üstesinden gelmede kilit bir rol oynadığını vurgulamaktadır. Medeniyetin inşası ve büyümesi, servetlerin birleştirilmesi ve insanların bir araya gelmesi sayesinde gerçekleşmiştir. Bu işbirliği sayesinde dünya çapında harabelerin yeniden inşa edilmesi, refahın artırılması ve toplumların mutluluğunu sağlama konularında büyük bir başarı elde edilmiştir. Yazar ilerlemenin ve mutluluğun yolunun kuvvetlerin birliğinden ve şirket anlaşmalarından geçtiğini belirtmektedir. Rekabet eksikliği ve güvensizlik yerine, insanların birbirine güvenerek ve işbirliği yaparak ülkelerini daha iyi bir geleceğe taşımaları gerektiğini vurgulamaktadır. Bu da medeniyetin ve toplumun sürdürülebilir bir şekilde gelişmesi için önemli bir adımdır ve herkesin bu hedefe katkı sağlaması gerekmektedir.

Dokuzuncu risale, "Aile Gaile mi Dedik?" başlığı altındadır ve bu risalede, aile kavramının toplumsal ve bireysel yaşamın temel düzenleyicisi olduğu vurgulanmaktadır. Yazar ailenin insanların yaşamının tüm yönlerini düzenlediğini, herkesin huzur içinde yaşamasına ve hayatın nimetlerinden zevk almasına yardımcı olduğunu açıklar. Aile insan hayatının düzeninin temel taşıdır ve doğanın düzeninde de erkek ve dişi gibi çiftlerin önemli bir rol oynadığına dikkat çeker. Yazar aile kurumunun toplumun her köşesine yayılan ilerlemeyi ve gelişmeyi teşvik ettiğini ve insanların zorluklarla başa çıkma yeteneğini artırdığını vurgular. Aile bugün dünyanın birçok yerinde ilerlemenin anahtarıdır ve tüm insanların hayatlarını devam ettirmek için önemlidir. Bu nedenle "aile derttir" ifadesinin, Allah'ın yaratılış düzenine karşı bir isyan olduğunu ve ailenin önemini küçümsemekten kaynaklanan büyük bir hatanın işlendiğini ifade eder. Yazar aile yaşamının bir kuşun yuva yapma sürecine benzediğini öne sürer. Bir kuş, eşini bulduktan sonra güvenli bir yer arar ve yuva yapmak için çaba harcar. Yumurtlar ve yavrularını korurken büyük bir özveri gösterir. Bu çaba ve özveri sayesinde kuşlar hayatlarının tadını çıkarırlar. Bekâr bir insanın yaşam tarzına karşı çıkar ve bu tarzın insanı mutsuzluğa sürükleyeceğini savunur. Metinde ayrıca evlilik için en uygun zaman tartışılırken, önce rüşt sahibi olmanın ve sonra aileyi idare etme yeteneğinin gerekli olduğunu belirtilir. Aile idaresi, ailenin refahı için gereklidir. Ancak günümüzde dünyanın karmaşıklığı ve ihtiyaçların artması nedeniyle, evlilik kararı almadan önce kişinin maddi durumunu güvence altına alması gerektiğini vurgular.

Onuncu risale "Tüccarlarımızın Mühim Bir Hatası" başlığını taşımaktadır ve özellikle ticaretin toplum için kritik bir öneme sahip olduğunu vurgulamaktadır. Yazar insanların genel refahlarının, çalışma ve iş yapma faaliyetlerine bağlı olduğu görüşünü benimsemekte ve bu faaliyetlerin, zihinsel ve fiziksel uğraşlar olmak üzere iki temel kategoriye ayrıldığını ifade etmektedir. Yazar ticaretin toplumlar için taşıdığı büyük değeri ortaya koymaktadır. Tarih boyunca ticaret, bir milletin ekonomik gelişimini sağlayan bir anahtar unsur olarak kabul edilmiştir. Özellikle İslâm'ın ilk yıllarında ticaretin teşvik edildiği ve peygamberlerin ticaret ile uğraştıkları açıkça ifade edilmektedir. Ancak günümüzde bu alandaki ilginin ve önemin ciddi bir şekilde azaldığına dikkat çekmektedir. Yazar ticaretin büyüme ve kalkınma potansiyelini vurgulamakta, özellikle yabancı milletlerin ticaretteki başarılarını örnek göstererek yerel ticaretin geri planda kaldığını belirtmektedir. Bu durumun, yerel tüccarların kendi ürünlerini yeterince tanıtmama ve pazarlama konusundaki eksikliklerine bağlı olduğunu ifade etmektedir. Ayrıca yerel ürünlerin ulusal ve uluslararası pazarda daha etkin bir şekilde tanıtılması ve satılması gerektiğini vurgulayarak ticaretin, bir milletin ekonomik kalkınmasına katkı sağlayan hayati bir unsur olduğunu belirtmektedir.

"Gençlerimizin İlerlemesinin ve Olgunluğunun Kaynağı Ne Olmalıdır?" başlıklı onbirinci risale, İslâm medeniyetinin, İslâm değerlerine dayalı olarak nasıl büyük bir zenginliğe ulaştığını ve bu medeniyetin dünya çapında nasıl etkili olduğunu açıklamaktadır. İslâm'ın umdeleri ve peygamberin hadisleri, toplumu bir araya getirip rehberlik ederek güçlendirmiştir. Yazar bu noktadan sonra modern dünyadaki ilerlemeye ve yeniliklere dikkat çeker. Ancak bu ilerlemenin ve yeniliklerin temelini oluşturan şeyin İslâm medeniyeti olduğunu vurgular. Avrupalıların bilim ve teknoloji alanındaki başarılarının temelinde İslâm medeniyetinin yattığını savunur. Yazar risalenin devamında, gençlerin bilgi ve dil konularındaki tutumlarına odaklanır. Gençlerin yabancı dillere olan ilgilerinin Arapça diline olan ilgilerinden daha fazla olduğunu belirtir. Bu durum, Arapça dilinin ve ilimlerinin ihmali anlamına gelir. Yazar bu yanlış yönlendirmenin ve kaynakların bilinçsizce harcanmasının cehaleti artırdığını iddia ederek gençlerimizin ilerlemesi ve olgunlaşması için İslâm medeniyetinin köklerine, diline ve ilimlerine dönme gerekliliğini vurgular. Gençlerin bu değerleri öğrenmeleri ve geliştirmeleri, toplumun gelişimi için kritik bir rol oynayacaktır. İslâm medeniyetinin bu özgün katkılarını anlamanın sadece tarihsel bir saygı gereği değil, aynı zamanda geleceğe yönelik bir ilham kaynağı olacağı belirtilmektedir.

Onikinci Risale, "Niçin Her Dilde Sabuna Sabun Denir?" başlığıyla yayımlanmıştır. Yazar makalede Arap toplumunun tarih boyunca hidayet ve kahramanlık kılıcı olarak kabul edildiği dönemde yaşanmış bir hikâyeyi anlatıyor. "Şemsü'l-Maarif" adlı değerli eserin yazarı Şeyh Abdurrahman Elbûni Hazretleri, o dönemin en temel ihtiyaçlarından biri olan sabunun icadı üzerinde çalışmaktadır. Hoca, sabunun icadını başarıyla tamamlar ve bu başarıyı gurur ve mutlulukla paylaşır. Kimyagerler, bu icadı hayranlıkla karşılarlar ve bu önemli icada bir isim verme gerekliliği doğar. İnsanlar, "Asap elbûni" ismini seçerler. Bu isim "Bûni Hazretleri'nin bu şaşırtıcı icadına ait" anlamına gelir. Bu takdir kararı ve düşünce süreci sonucunda bu önemli icat "asab el-bûni" olarak anılmaya başlar. Bu takdir kararıyla birlikte bu önemli icadın adı farklı dillerde çevrilirken bazı değişikliklere uğrayarak dünya genelinde yayılır. Yunanlılar, Arapların ilim ve marifetlerini alırken bu kelimeyi "sapuni" olarak değiştirirler. Çünkü Yunanca'da bulunmayan "be" harfini "pe" harfiyle değiştirirler. Türkler, ise "ya" harfini kaldırarak bu kelimeyi alırlar. Fransızlar ise kelimeyi biraz daha değiştirerek "savon" adını kullanır. Sonuç olarak yazar, sabunun tarihî ve kültürel kökenini anlatarak bu önemli icadı dünya genelinde nasıl benimsendiğini ve farklı dillerde nasıl adlandırdığını vurgulamaktadır.

On üçüncü risalede, Gül ve Gülcülük konusu ele alınmıştır. Risale, insanların hayatlarını sürdürebilmeleri için gerekli olan temel ihtiyaçların, Cenab-ı Hak tarafından bolca yaratılıp insanlara ihsan edilmesini vurgulamaktadır. Bu ihtiyaçlardan biri de güzel kokulu ve estetik görünümlü çiçeklerdir. Özellikle gül, insanların gönlünü ferahlatan ve zihinlerinde güzel izler bırakan bir çiçektir. İnsanlar bu güzel çiçeğin öz suyunu ve yağını çıkarmaya çalışmışlar ve bu alanda büyük başarı elde etmişlerdir. Gül, sadece süsleme amacıyla değil, aynı zamanda insan sağlığına da olumlu etkileri olduğu için önemli bir bitki haline gelmiştir. Bu nedenle gül yağı, tedavi amaçlı kullanımında da popülerlik kazanmıştır. Gül yağının rağbet görmesi, bu zarif çiçeğin dünya genelinde tanınmasına rağmen, ülkemizdeki üretim ve sanayi imalatının kısıtlı olduğu gerçeğine işaret etmektedir. Ancak bazı geleneksel alışkanlıklar ve görenekler nedeniyle bu önemli bitki sanayii, gereken ilgiyi ve gelişmeyi görmemiştir. Bununla birlikte, bilinmelidir ki gül yetiştiriciliği ülkemizin dört bir yanında başarılı bir şekilde yapılabilir ve bu alanda ciddi gelir fırsatları mevcuttur. Hükümetin bu sektörü teşvik etmeye yönelik adımlar atmış olmasına rağmen, sanayi tesisleri sadece Konya'ya bağlı Isparta ve Karahisar civarındaki Sandıklı'da kurulmuştur. Bu nedenle gül yağı üretimi ve gülcülük sektörünün daha geniş coğrafyalara yayılması için geleneklerin ve yanlış inançların aşılmaya ihtiyaç vardır. Yazar makalede hükümetin bu alandaki teşviklerine ek olarak, ziraat müfettişleri ve ilgili tarafların işbirliğiyle, gül bahçelerinin daha etkili bir şekilde kurulması ve yönetilmesi için çalışmaların hızlandırılması gerektiğini vurgulamaktadır.

Ondördüncü risale, bir önceki risalenin uzantısıdır ve gül bahçelerinin estetik yapısı, organizasyonu ve düzenlemesi hakkında ayrıntılı ve kapsamlı bilgiler sunulmaktadır.

Onbeşinci risale, "Kurra İlkokulunun İyileştirilmesi Stratejileri"ni ele almaktadır. Yazar Osmanlı Devleti topraklarındaki neredeyse tüm şehirlerin ve kasabaların, Yüce Padişah'ın önderliğinde, eğitim ve kültür alanındaki başarılarından yararlanarak medeniyet yolunda ilerlediğine dikkat çekmektedir. Ancak köylerin çoğu eğitim ışığından hâlâ tam olarak faydalanmamıştır. Bu sorunun temelinde, köyün eğitim yöneticileri ve nahiye yetkililerinin ilgisizliği yatmaktadır. Eğitimin değerini ve gerekliliğini tam olarak takdir eden ve bu alanda özel bir görev olarak görenlerin sayısı oldukça sınırlıdır. Bu nedenle köylerde eğitim isteği ve bilgiye erişme arzusu istenen düzeyde gelişmemiştir. Son birkaç yılda, birçok müdür ve öğretmen, eğitimin düzenlenmesi ve denetlenmesi görevleriyle atanmış olsalar da bu denetimlerin ve çabaların sonuçlarının sınırlı olacağı açıktır. Çünkü her bir nahiyenin ve köyün ayrıntılı denetimi, kısa bir süre içinde tamamlanması gereken zorlu bir süreci gerektirir.

Ayrıca etkili sonuçlar elde etmek için ziyaret edilen her yerde yeterli zaman harcanmalı ve sürekli bir izleme yapılmalıdır. Aksi takdirde bir yere sadece ziyaret ederek işaretleme yapılmış gibi olur; ancak gerçekte herhangi bir gelişme kaydedilmez. Yazar denetimlerin genellikle okulların tatil olduğu dönemlerde yapıldığına dikkat çekerek öğretmenlerin yeterliliği, mevzuata uyumu ve öğrencilerin öğretmenlerinden yeterince faydalanıp faydalanmadığı gibi önemli konuların geri dönüş bilgilerinin eksik toplandığını düşünmektedir.

"Sanayi ve İç Pazar Ürünlerine Bir Bakış" başlıklı onaltıncı makale, yazarın temel tezi olan tarımın insanların geçim kaynağı olduğu fikrine vurgu yapmaktadır. Yazar medeniyetlerin ve refahın temel bir parçası olarak sanata odaklanmış, sanatın yokluğunda medeniyetlerin olumsuz etkileneceğini ayrıntılı bir şekilde anlatmıştır. Metinde aynı zamanda İslâm dünyasındaki sanatın önemi ve değeri hakkında yetersizlikleri ve sanat alanındaki ilerlemelerin eksikliğini eleştirmektedir. Tembellik ve dışa bağımlılık gibi faktörler, bu gerilemenin temel nedenleri olarak belirtilmektedir. Avrupa ve Amerika'nın bu alandaki ilerlemesini göz önüne alarak yazar, ilerleme ve başarı sağlamak için iş birliği ve güven oluşturmanın gerekliliğine vurgu yapmaktadır. Ayrıca iç dokuma işlerinin ülkenin doğal kaynaklarıyla desteklenen bir alan olduğuna dikkat çekerek, dokuma sanayisini geliştirmenin önemini belirtmektedir.

Yazar 'Çocukların Eğitimi' başlıklı on yedinci makalede, çocukların toplumsal birimler olan kavimlerin ve milletlerin taşıyıcıları olduğu vurgusu yapmaktadır. Metinde çocukların bir devletin ve hükümetin geleceğinin yönlendiricileri olduğuna odaklanılmıştır. Bu bağlamda çocukların fiziksel gelişimi, görünüşleri ve eğitimlerinin nasıl ele alınması gerektiği konusunda ayrıntılı bilgiler sunulmaktadır. Çocukların eğitiminin önemine dikkat çekerek, onların fıtri yeteneklerini açığa çıkarmak için gereken eğitim ve terbiyenin sağlanmasının ne kadar hayati olduğu belirtilmektedir. Ayrıca metinde, çocukların doğdukları anda başlayan eğitim sürecinin ihmali halinde, doğal yeteneklerinin körelebileceği, şuur eksikliği yaşayabileceği ve insani meziyetlerden yoksun kalabileceği konusunda uyarılarda bulunulmuştur. Anne ve babaların çocuklarının eğitimine gereken önemi vermemeleri durumunda, toplumun en kıymetli varlıkları olan çocuklarını kaybetme riski taşıdıklarına vurgu yapılmaktadır.

"Tarımın İlerlemesi ve Gelişmesi Nasıl Sağlanır?" başlıklı on sekizinci makalede yazar, ziraatin toplumların gündelik yaşamını sürdürebilmek ve refah seviyelerini artırmak için kritik bir öneme sahip olduğunu açıkça ifade etmektedir. Bu bağlamda, metinde tarımın stratejik bir öneme sahip olduğu vurgulanmakta, tarımın sadece ekonomik bir faaliyet olmanın ötesinde, toplumların hayatta kalması ve gelişmesi için temel bir unsur olduğu üzerinde durulmaktadır. Yazar ziraatin, diğer sektörlerin ve toplumsal gelişmenin temelini oluşturduğunu savunurken, sanayi, ticaret, servet, kamu hizmetleri ve refah gibi faktörlerin tamamının ziraate bağlı olduğuna dikkat çekmektedir. Tarımın yokluğu veya zayıflığı, diğer tüm sektörlerin etkilenmesine ve toplumun yaşam koşullarının olumsuz yönde etkilenmesine neden olur. Metin çiftçilerin geleneksel yöntemlere sıkı sıkıya bağlı kaldıklarını ve modern tarım aletlerini kullanmaktan kaçındıklarını belirtir. Ayrıca tarım müfettişlerinin ve bilim insanlarının tavsiyelerine uyulmadığını ve toprak hazırlığı, tohum seçimi gibi temel konulara yeterince önem verilmediğini vurgular. Ziraat bankalarından alınan kredilerin, gereksiz harcamalarda tüketildiğini ve bu tür davranışların tarımın ilerlemesini engellediğini belirtir. Yazar çiftçilerin modern tarım yöntemlerini benimsemeleri, bilim insanlarının tavsiyelerine kulak vermeleri ve ziraat bankalarından aldıkları kredileri tarımsal gelişme için akıllıca kullanmaları gerektiğini vurgular.

“Hızlı Yolculuk" başlıklı on dokuzuncu makalede yazar, demiryolu ve vapurlar gibi son yüzyılın teknolojik icatlarının insanlığa sağladığı büyük faydaları ve bu gelişmelerin insanlık için taşıdığı önemi ele almaktadır. Yazar medeniyetin temel amacının insanlığın refahını artırmak olduğu gerçeğini kabul etmek gerektiğini vurgulamaktadır. Medeniyet, insanların yaşamlarını kolaylaştırmak, ekonomilerini büyütmek ve genel olarak insanlığın yaşam standartlarını yükseltmek amacıyla gelişmektedir. Bu bağlamda, medeniyetin insanlığa zarar verdiğine dair somut bir örnek veya tarihsel bir belirti bulunmamaktadır. Tam aksine medeniyet, insanlığın karşılaştığı zorlukları aşma ve ilerleme amacı güder. Bu nedenle, demiryolu ve vapurlar gibi ulaşım araçlarının geliştirilmesi ve yaygınlaştırılmasının insanlığa zarar verdiğini iddia etmek akılcı bir görüş değildir. Yazar bu tür teknolojik gelişmelerin insanların hızlı ve etkili bir şekilde uzak mesafelere seyahat etme ihtiyacını karşılamakta olduğunu belirtmektedir. İnsanlar geleneksel yöntemlerle uzun mesafeli seyahatler sırasında karşılaştıkları zorlukları ve güçlükleri hafifletmek için bu ulaşım araçlarına yönelmişlerdir. Deve veya katır gibi geleneksel taşıma yöntemlerinin modern lokomotiflere üstünlüğü yoktur. İleri teknoloji, hızlı iletişim ve ulaşımın insanların hayatını kolaylaştırması için gereklidir. Ayrıca demiryolu ve vapurların geliştirilmesi, ürünlerin daha hızlı ve verimli bir şekilde taşınmasına olanak tanır. Yazar bu durumun üreticilere daha fazla gelir sağlayacağını ve ekonomik büyümeyi teşvik edeceğini vurgulamaktadır. Ürünlerin hızlı bir şekilde pazara ulaşabilmesi, tüketicilere daha fazla çeşitlilik sunar ve ekonomik büyümeyi destekler.

"Gebeliğin Sonlandırılması Üzerine Bir İnceleme" başlıklı yirminci makalede yazar, Sabah gazetesinde yer alan ve toplumun dikkatini çeken çocuk düşürme meselesini detaylı bir şekilde ele alarak bu hassas konunun altında yatan gerçekleri açığa çıkarmayı ve tartışmayı amaçlamaktadır. Çocuk düşürme terimi, genellikle korkutucu ve dehşet verici bir anlam taşır. Bu makalede yazar, bu eylemin büyük bir suç ve etik bir sorun olduğunu vurgulamaktadır. Yazar çocuk düşürmeyi düşünen annelerin, insanlık, merhamet ve vicdan gibi temel insani değerlere sahip olup olmadıklarını sorgulamaktadır. Bu eylemin, masum ve savunmasız bebeklerin hayatlarına son verme anlamına geldiğini vurgulayarak, bu durumun kesinlikle kabul edilemez olduğunu ifade etmektedir. Bu tür zalimce eylemleri gerçekleştirmek isteyen annelere karşı caydırıcı cezaların uygulandığını ve bu sayede masum çocukların haklarının korunduğunu belirtmektedir. Bununla birlikte konunun ele alınmasında toplumun ve devletin daha geniş rolünün göz ardı edilmemesi gerektiğine dikkat çekmektedir. Çocuk düşürmenin nedenleri ve bu eylemi engelleme yöntemleri, derinlemesine incelendiğinde daha net anlaşılabilir. Yazar fuhuş, ekonomik güçsüzlük, annelerin doğum korkusu gibi faktörlerin çocuk düşürme eğilimini artırabileceğini açıklamaktadır. Yazarın üzerinde durduğu en önemli neden, bazı annelerin eğlenceye aşırı düşkünlüğüdür. Bu anneler, bedenlerinin güzelliğine zarar gelmemesi için çocuk düşürme fikrini benimsemektedirler. Özellikle genç ve eğlenceye düşkün bireyler arasında yaygın olan bu istek, yazar tarafından kötü, ayıp ve eleştirilebilir bir şekilde değerlendirilmektedir. Ayrıca yazar, anne babaların çocuk yetiştirme konusundaki bilgisizliğinin, birçok ailenin çocuklarının sağlıklı büyüme ve gelişmelerini olumsuz etkilediğini belirtmektedir. Anne babalar, çocuklarının gereksinimlerini anlamadan ve onlara rehberlik etmeden önce çocuklarının davranışlarından sürekli yakınarak sorunlarına çözüm aramaktadırlar. Yazar bu yaklaşımın yanlış olduğunu ve ailelerin çocuk yetiştirme konusunda daha bilinçli ve destekleyici olmaları gerektiğini vurgulamaktadır.

"Günümüzde Medeniyetin Yetersiz Kaldığı Boyut" adını taşıyan yirminci birinci makalede yazar, günümüzde sıklıkla dile getirilen medeniyet kavramının içeriğini ve gerekliliklerini anlamak için bir çağrıda bulunmaktadır. Çoğu zaman, medeniyetin ne anlama geldiği, onu en üst düzeye çıkarmak için neler yapılması gerektiği ve bu terimin gerçek anlamının ne olduğu, genel olarak toplumun çoğunluğu tarafından tam olarak anlaşılmamaktadır. Bu nedenle medeniyet denildiğinde, insanların genellikle dışsal görünüş, Avrupai giyim tarzı, lüks ayakkabılar veya şık elbiselerle süslenmiş bir bireyin akıllarına geldiğini gözlemlemekteyiz. Şehirlerdeki büyük lokantalar, kıraathaneler, lüks meyhaneler, tiyatrolar, balolar ve gösterişli yapılar, bir medeniyetin varlığına işaret ediyor gibi görünmektedir. Ancak yazar, makalesinde bu genel bakış açısının yetersiz olduğunu ve medeniyetin en önemli yönü olan ahlâkın göz ardı edildiğini öne sürmektedir. Yazar medeniyetin, toplumun ahlâki değerlerinin üzerine inşa edildiğini ve ahlâkın temel bir bileşen olduğunu vurgulamaktadır. Ancak günümüzde bu önemli özelliğin genellikle göz ardı edildiğine ve önemsenmediğine dikkat çekmektedir. Dahası yazar, içki tüketiminin, medeniyetin ahlâki temellerine zarar verdiğini ve bu tüketimin insanlara getirdiği sorunları dile getirmektedir. İçki tüketimi, ahlâki değerleri sarsan ve toplumda sıkıntılara neden olan bir zararlı alışkanlık olarak ele alınmaktadır. Yazar içki tüketiminin, hastalıklara yol açtığını, ahlâki yozlaşmaya sebep olduğunu ve toplumsal huzuru bozduğunu belirtmektedir.

"Hakikat Bereketi" isimli yirmi ikinci ve son makale, İzmir ve Ahenk gazetelerinin son sayılarında gündeme gelen fuhşiyat konusunu ele almaktadır.

Yazar metinde, tartışmaların artarak devam ettiğini ve bunun nedeninin makalenin eksik bilgilerle eleştirilmesi olduğunu belirtmektedir. Yazar zinanın insan doğasının kaçınılmaz bir sonucu olarak kabul edilmesine karşı çıkmaktır. Yazar bu yanlış düşünceyi düzelterek zinadan kaçınmanın, ilim ve ahlâkın olgunlaşmasıyla mümkün olduğunu vurgulamaktadır. Ancak eğitim ve ahlâki bilinç henüz bu seviyeye erişmediği için insanların zina konusunda çaresiz hissettiğini ifade etmektedir. Temel sorun, cehalet ve ahlâki eksikliktir ve bu eksiklikler, insanları kötü davranışlara sürüklemektedir. Bu bağlamda yazar, fuhşiyatın önlenmesinin, toplumun ilim ve ahlâkla donatılması ile yakından ilişkilendirilmesi gerektiğini vurgulamaktadır. Ancak bu hedefin gerçekleşmesinin zorluğuna dikkat çekmektedir.

Toplam 22 makaleden oluşan bu eserdeki yazıların her biri ahlâk ve eğitimle ilgili değildir. Bu konuların dışında farklı içeriklerdeki yazıları da kapsamaktadır. Yine de yazarın bu kitabında bir yandan modern eğitim ve ahlâk anlayışlarını dikkate alan ama öbür yandan İslâm ahlâkına yaslanan anlayışıyla kendi dönemi içerisinde dikkat çekici bir sentez oluturmaya çalıştığı görülmektedir.

Kaynakça

Ağırakça, G. P. (2013). *Mekteplerde Ahlâk Eğitim ve Öğretimi (1839-1923).* Çamlıca Yayınları.

Çapar, Y. (2019). *Ali İrfan Eğribozî'nin Ahlâk Anlayışı* [Yayımlanmamış Doktora Tezi]. Necmettin Erbakan Üniversitesi, Sosyal Bilimler Enstitüsü.

Eğribozî, A. İ. (1895). *Çocuklara Tâlim-i Fezâil-i Ahlâk.* Mahmud Bey Matbaası.

Eğribozî, A. İ. (1897). *Şiven Yahud Hatırat-ı Şebabım.* Ahenk Matbaası.

Eğribozî, A. İ. (1900). *Rehber-i Ahlâk*: A. Asaduryan Şirket-i Mürettibiye Matbaası.

Eğribozî, A. İ. (1910). *Mufassal Ahlâk-ı Medeni.* Artin Asaduryan ve Mahdumları Matbaası.

Eğribozî, A. İ. (1911). *İlm-i Ahval-i Ruh.* Ruşen Matbaası.

Erdem, C., ve Er, H. (2021) Abdurrahman Câmî'nin Çihl Hadis'inin Türkçe Kırk Hadisler Üzerindeki Etkisinin Eğitim Açısından Değerlendirmesi. *Türkiye Din Eğitimi Araştırmaları Dergisi 12,*317-331.

Erdem, C. (2023a). *Osmanlı'da Türkçe Yazılmış Matbu Kırk Hadisler ve Din Eğitimi Açısından Önemi.* Kriter Yayınevi.

Erdem, C. (2023b). Fütüvvetname ve Ahilik Teşkilatında Yaygın Din Eğitimi: Razavi'nin Fütüvvetnamesi Örneği. *Yakın Doğu Üniversitesi İslâm Tetkikleri Merkezi, 9(1)*, 64-80.

Fortna, B. C. (2005). *Mekteb-i Humayûn* (P. Siral, Çev.). İletişim Yayınları.

Kesgin, S. (2011). Cumhuriyet Dönemi Örgün Eğitim Kurumlarında Ahlâk Eğitimi. *Ankara Üniversitesi İlahiyat Fakültesi Dergisi*, *52*(1), 209-238.

Koç, A. (2015). *Ali İrfan Eğribozî* (M. F. Bayraktar, Ed.; ss. 199-213). Ensar Neşriyat.

Köse, N. (2013). *Türkiye'de Cumhuriyet Öncesi Bazı Telif Psikoloji Kitapları Üzerine Bir İnceleme* [Yayımlanmamış Yüksek Lisans Tezi]. Fırat Üniversitesi, Eğitim Bilimleri Enstitüsü.

Sağlık, S. (2022). *Okul sosyal hizmeti: Eğitimdeki yeri ve önemi.* Nobel Bilimsel Yayıncılık.

Sağlık, S. (2023). Tasavvufta insan ve toplum inşasına sosyolojik bir bakış: Şeyh Şerafeddin Dağıstanî hazretleri. *Türkiye Din Eğitimi Araştırmaları Dergisi,* 15, 83-104.

Toksöz, H., ve Parlayıcı, M. S. (2022). Geç Dönem Osmanlı Âlimlerinden Ali İrfan Eğribozî'nin İlm-i Ahvâl-i Ruh Adlı Kitabı (Transkripsiyon ve Değerlendirme). *Süleyman Demirel Üniversitesi İlahiyat Fakültesi Dergisi, 49,* 119-166.

Ünal, S. (2023). *21. Yüzyıl Becerileri Çerçevesinde Ortaöğretim Din Kültürü ve Ahlâk Bilgisi Öğretim Programlarının Analizi* [Yayımlanmamış Doktora Tezi]. İstanbul Üniversitesi, Sosyal Bilimler Enstitüsü.